# DAS GEHEIMNIS DER ENIGMA

**Bibliografische Information der Deutschen Nationalbibliothek**
Die Deutsche Nationalbibliothek verzeichnet diese Publikation in der Deutschen Nationalbibliografie. Detaillierte bibliografische Daten sind im Internet über http://d-nb.de abrufbar.

**Für Fragen und Anregungen**
info@rivaverlag.de

**Wichtiger Hinweis**
Ausschließlich zum Zweck der besseren Lesbarkeit wurde auf eine genderspezifische Schreibweise sowie eine Mehrfachbezeichnung verzichtet. Alle personenbezogenen Bezeichnungen sind somit geschlechtsneutral zu verstehen: Die gewählte männliche Form bezieht sich immer zugleich auf weibliche, männliche und diverse Personen.

1. Auflage 2022

Türkenstraße 89
80799 München
Tel.: 089 651285-0
Fax: 089 652096


Übersetzung: Elisabeth Liebl
Redaktion: Ulrike Strerath-Bolz
Umschlaggestaltung: Karina Braun
Umschlagabbildung: shutterstock.com/Doczky, EQRoy, GLYPHstock
Layout: SKGD-Création, Sophie Rivoire
Franz. Programmleitung: Carine Girac-Marinier
Franz. Lektorat: Antoine Caron
Franz. Künstlerische Leitung: Uli Meindl
Satz: Müjde Puzziferri, MP Medien, München
Druck: Livonia Print, Riga
Printed in Latvia

ISBN Print 978-3-7423-2042-1

Weitere Informationen zum Verlag finden Sie unter
**www.rivaverlag.de**
Beachten Sie auch unsere weiteren Verlage unter www.m-vg.de

# DAS GEHEIMNIS DER ENIGMA

NICOLAS TRENTI

riva

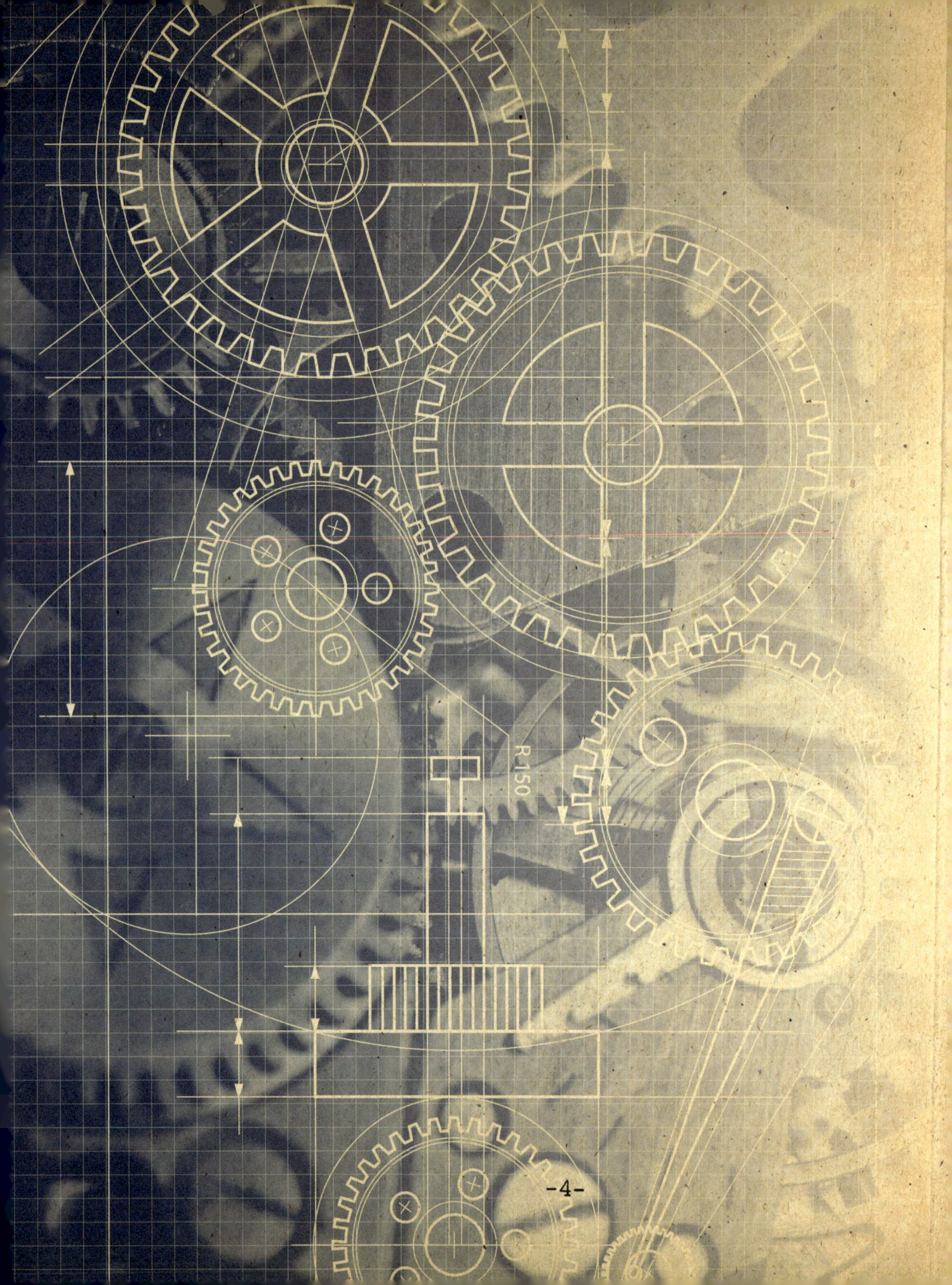
R150

# INHALT


Gebrauchsanleitung ........ 6

Inventar ........ 9

Universität Oxford – In Kriegszeiten ........ 11

*Am Bahnhof von Bletchley – Der erste Kontakt* ........ 19

Das Pub in Bletchley – Spiel und Gelächter ........ 27

*Die Unterkunft – Home Sweet Home* ........ 35

*Eingang zu Bletchley Park – GCCS* ........ 43

*Das Herrenhaus – Eine befremdliche Begegnung* ........ 51

*Der Wasserturm – Die Männer von Station X* ........ 59

*Baracke 1 – Victory* ........ 67

*Baracke 2 – Tea Time* ........ 75

*Baracke 3 – Die Atlantikschlacht* ........ 83

*Baracke 4 – Gärtnern auf hoher See* ........ 91

*Baracke 6 – Die Nachrichten der Luftwaffe* ........ 99

*Baracke 8 – Das Innenleben der Enigma* ........ 107

*Block D – Die Frauen von Bletchley Park* ........ 115

*Am See – Besuch des Premierministers* ........ 123

*Das Cottage von Alan Turing*
*– Ein Leben voller Geheimnisse* ........ 131

Nachwort – Turings Geheimnis ........ 139

Überprüfung der Schlüsselwörter ........ 143

Tipps ........ 145

Die Lösungen ........ 149

Montageanleitung – Der Nachbau der Enigma ........ 153

# GEBRAUCHSANLEITUNG

**Ein Escape-Buch, angesiedelt im Herzen des britischen Geheimdienstes, mitten im Zweiten Weltkrieg.**

1. September 1939: Die deutschen Truppen fallen in Polen ein. Zwei Tage später erklären Frankreich und Großbritannien Hitler-Deutschland den Krieg: Der Zweite Weltkrieg beginnt. Ein bewaffneter Konflikt, der die ganze Welt erfasst – der großräumigste und mörderischste, den die Welt je sah …

Sein Ausgang wird nicht zuletzt in einem kleinen Ort im Südwesten Englands entschieden: Bletchley Park. Dort bringen die britischen Geheimdienste ihre Leute unter. Speziell ein Mann wird die Codes knacken, welche die Deutschen bei der Befehlsübermittlung verwenden: ein gewisser Alan Turing.

Aber bevor Sie nun eintauchen in die Geschichte dieses mathematischen Genies, müssen Sie sich ein paar Blatt Papier und einen Stift besorgen, um sich Notizen zu machen. Dann können Sie auf Seite 11 mit dem ersten Kapitel beginnen.

Beim Lesen werden Sie immer wieder auf Rätsel stoßen, die Sie lösen müssen, bevor Sie die nächsten Seiten lesen dürfen. Die Lösung für jedes dieser Rätsel ist ein Schlüsselwort mit fünf Buchstaben: Das kann ein Eigenname sein, aber auch ein ganz normales Wort. Die Anweisungen auf der gegenüberliegenden Seite zeigen Ihnen, wie Sie Ihre Antwort überprüfen können. Am Ende des Buches finden Sie Tipps zur Lösung bzw. die Auflösungen jedes einzelnen Rätsels.

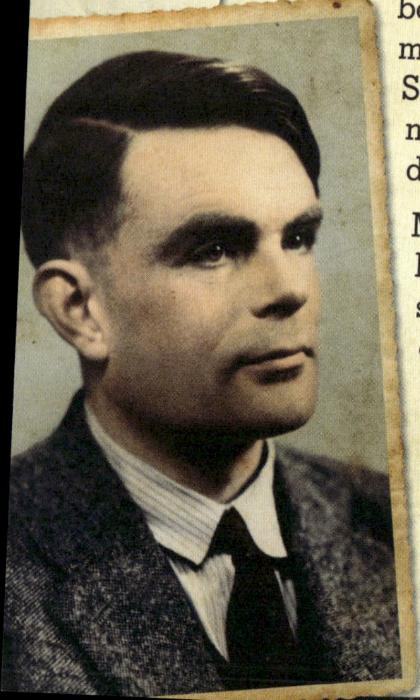

Mit der Lösung des Rätsels dürfen Sie weiterlesen. Am Ende des Kapitels erhalten Sie verschiedene Objekte (Passierschein, Akkreditierung etc.), die Ihnen den Zugang zu anderen Kapiteln ermöglichen. Haben Sie die Einladung zum Weitermachen bekommen, kreuzen Sie auf Seite 9 an, welches Objekt Sie erhalten haben. Es ist allerdings bequemer, die Seite vorher zu kopieren.

Auf Seite 5 (Inhalt) können Sie anhand der Symbole überprüfen, zu welchen Kapiteln Sie mittlerweile Zugang haben.

Das mit »Baracke 8 – Das Innenleben der Enigma« überschriebene Kapitel erfordert beispielsweise folgende Besitztümer:

- Nachbau der Enigma
- die kodierte Botschaft
- den Tagesschlüssel der Deutschen
- die Tasse von Alan Turing
- den Lageplan von Bletchley Park

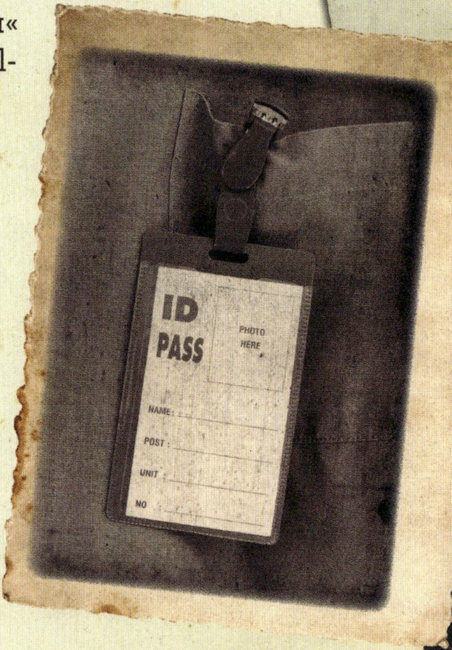


Ihr Abenteuer läuft also nicht unbedingt linear ab: Sie müssen Bletchley Park in der Reihenfolge erkunden, wie die Objekte in Ihrem Besitz es erlauben.

**VIEL GLÜCK!**

## WIE KONTROLLIEREN SIE IHRE ANTWORTEN?

Mit der Tafel auf Seite 143 können Sie Ihre Antwort auf jedes Rätsel überprüfen.

Zunächst suchen Sie in der ersten Spalte Ihr gefundenes Codewort. Können Sie es nicht finden, dann ist die Antwort leider falsch. Probieren Sie es noch einmal oder sehen Sie bei den Tipps nach!

Haben Sie das Lösungswort gefunden, suchen Sie als Nächstes das Piktogramm, das zu dem Ort gehört, an dem Sie sich gerade aufhalten.

☺ = Die Antwort ist richtig: Sie können weitermachen.

☹ = Die Antwort ist falsch. Sie müssen es noch mal versuchen oder sich einen Tipp holen.

$\delta(q_1, x) = (q_2, y, \leftarrow)$

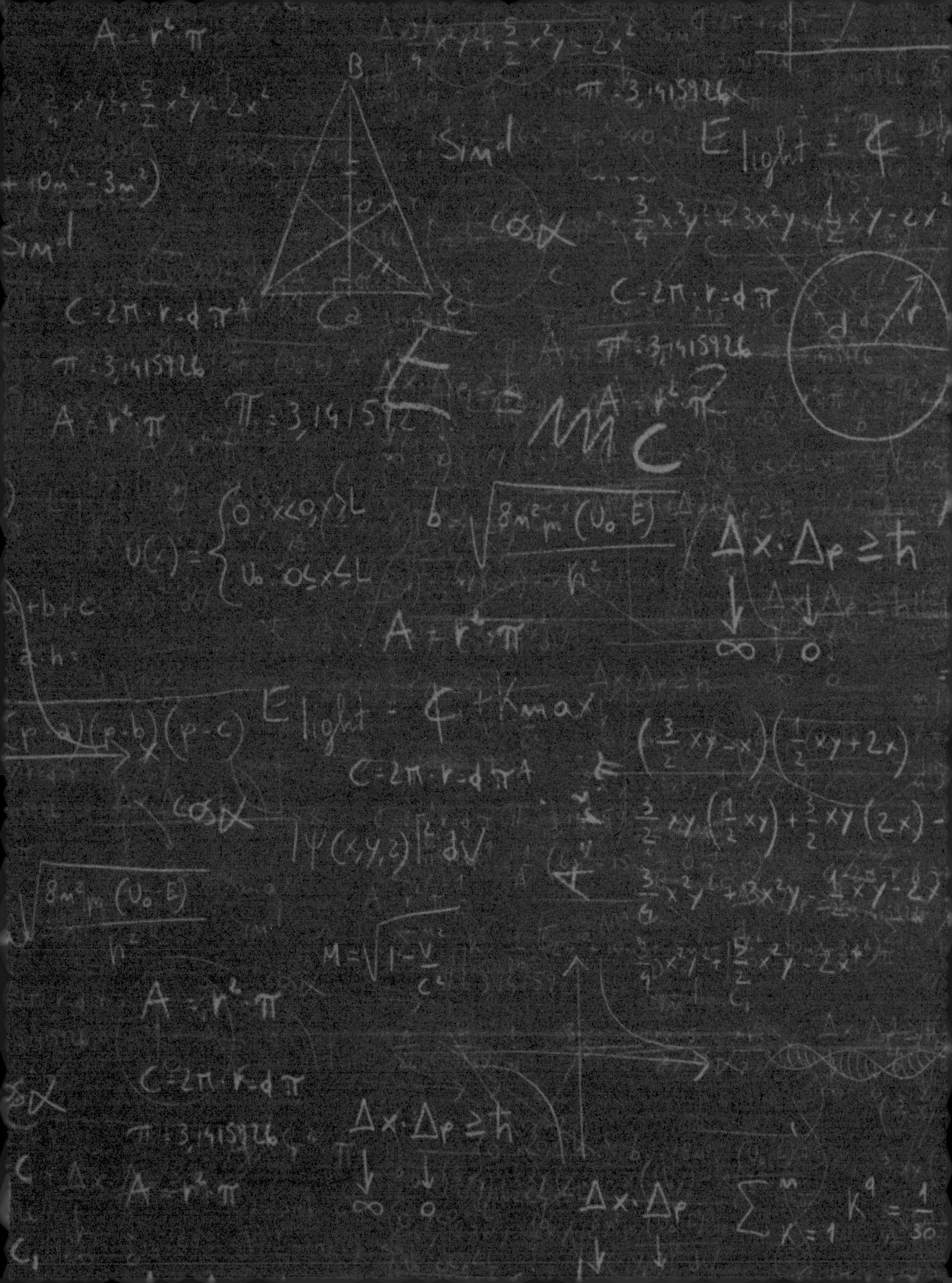

# INVENTAR

- ☐ Einladung nach Bletchley Park
- ☐ Vorläufiger Passierschein
- ☐ Lageplan von Bletchley Park
- ☐ Feste Akkreditierung
- ☐ Schlüssel zur Unterkunft
- ☐ Nachbau der Enigma
- ☐ Kodierte Nachricht
- ☐ Tagesschlüssel der deutschen Luftwaffe
- ☐ Alan Turings Tasse
- ☐ Eleganter Anzug
- ☐ Dekodierte Nachricht
- ☐ Bedienungsanleitung der Victory
- ☐ Einladung zum Besuch von Winston Churchill
- ☐ Eine gute Idee
- ☐ Einladung ins Pub
- ☐ Brief an Winston Churchill
- ☐ Neue Finanzmittel

m-vg.de/link/enigma

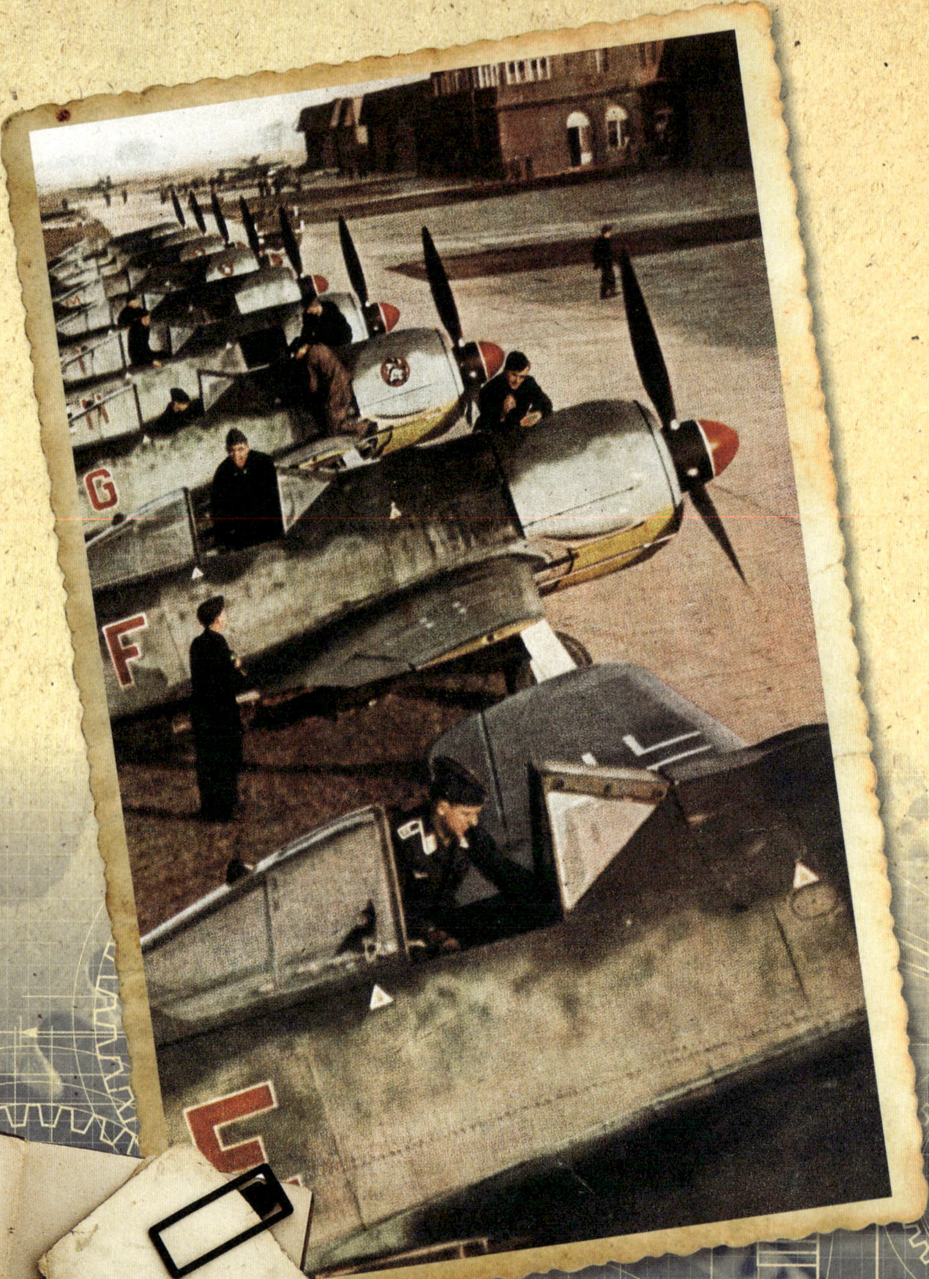

UNIVERSITÄT OXFORD

# IN KRIEGSZEITEN

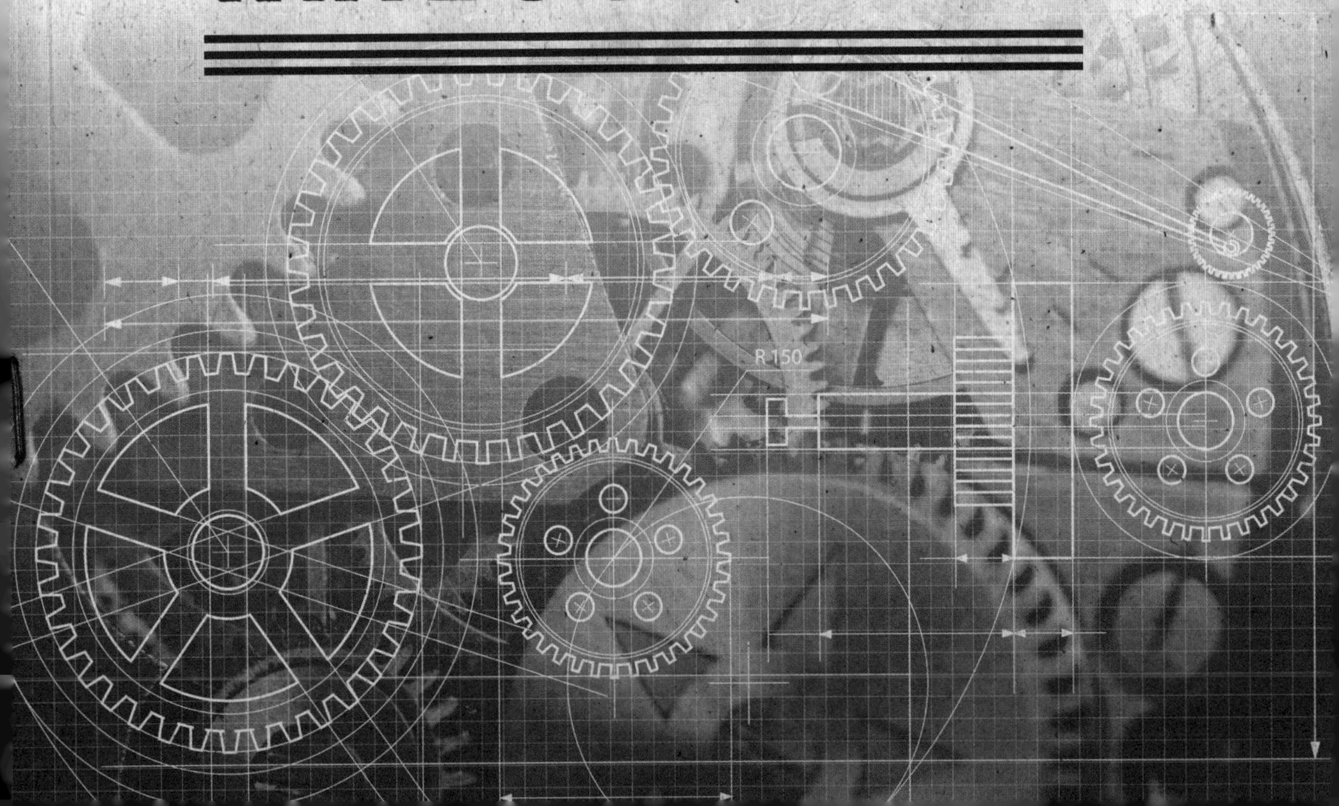

# UNIVERSITÄT OXFORD, APRIL 1941

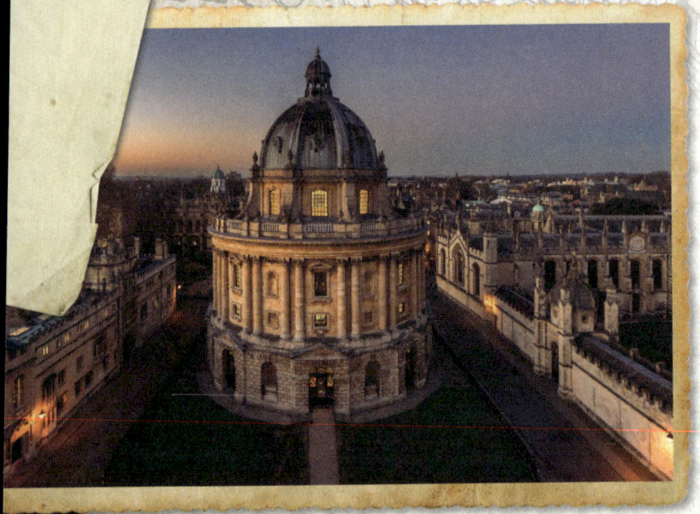

Vom Fenster des kleinen Zimmers, in dem die Universitätsverwaltung Sie untergebracht hat, beobachten Sie den Campus, der an diesem Donnerstag Ende April nahezu menschenleer ist.

Nach einem langen Tag voller Mathevorlesungen an der Universität und Ihrer Arbeit als Helfer im Pflegedienst haben Sie endlich eine kurze Verschnaufpause, die Sie in Ihrem mäßig warmen Zimmer an der Uni genießen. Eine Stunde Ruhe und Frieden vor dem Schlafengehen; morgen früh geht es wieder frisch ans Werk.

Natürlich wollen Sie wissen, wie es mit dem Krieg steht, daher schlagen Sie den Daily Telegraph auf, den Sie sich auf dem Campus besorgt haben. Wie stets in den letzten Wochen sind die neuesten Nachrichten nicht gerade beruhigend: Bombardements, Rationierungen und Appelle an die Solidarität der Menschen beherrschen die Seiten.

## DIE LUFTSCHLACHT UM ENGLAND

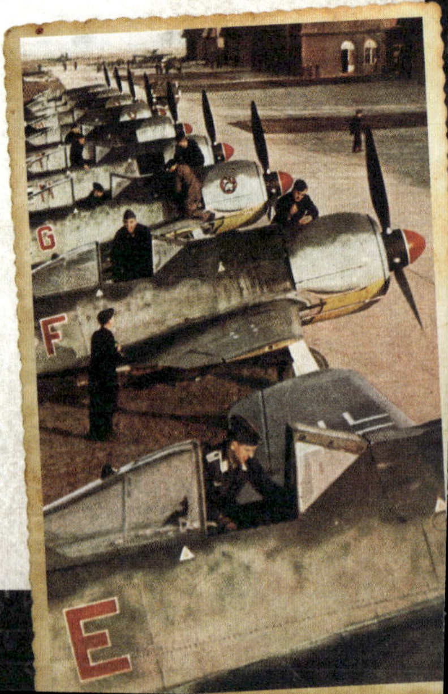


Seit nunmehr acht Monaten tobt die Luftschlacht und verwüstet die wichtigsten Städte Englands: Jede Nacht fliegen deutsche Bomber, eskortiert von den Jagdgeschwadern, Angriffe auf Wohnhäuser und Monumente und

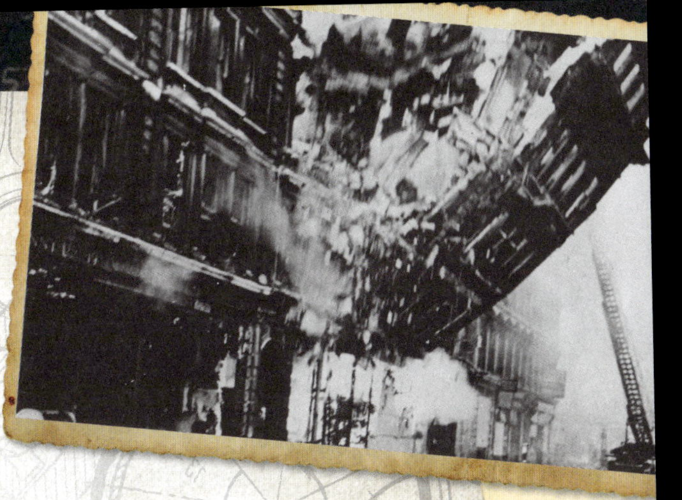

legen sie in Schutt und Asche. Die unaufhörlichen Wellen der Flächenbombardements gegen die Stadtzentren versetzen die Bewohner allabendlich in Angst und Schrecken. Die deutsche Luftwaffe greift nur nachts an, um der britischen Flugabwehr zu entgehen.

London, Manchester, Coventry ... Selbst das Westend, eines der schicksten Viertel der Hauptstadt, und der Buckingham Palast entgingen dem Bombardement nicht. Im April zählen die Opfer schon mehrere Zehntausend Tote und mehrere Hunderttausend Verletzte.

Doch trotz der Rationierungen und der nächtlichen Bomben bleibt die Moral der Engländer ungebrochen. Winston Churchill hat dem britischen Volk Mut zugesprochen und es mit Optimismus erfüllt. Und so unterwirft man sich unerschütterlich den Anstrengungen, die der Krieg allen abverlangt.

## OXFORD – DIE AUSNAHME

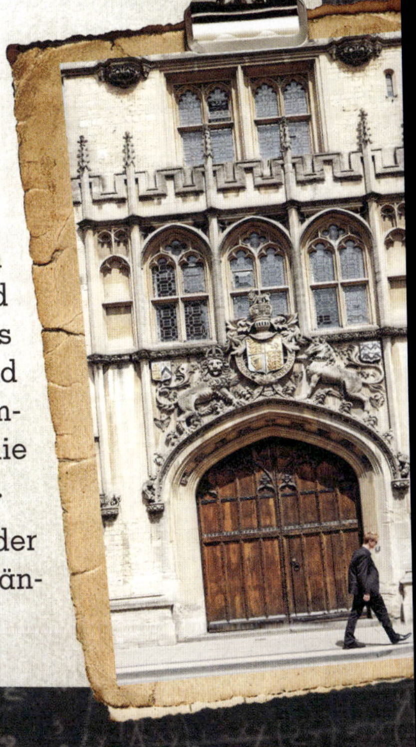

Trotz der ständigen Bombardements ist Oxford bislang verschont geblieben. Doch warum? Die Antwort auf diese Frage variiert, je nachdem, von welcher Universität der Wissenschaftler kommt, der sie gibt. Manche Historiker glauben, dass Hitler Oxford zur neuen Hauptstadt Englands machen wollte, sobald er das Land besiegt hätte. Andere wiederum gehen davon aus, dass es geheime Abkommen zwischen Großbritannien und Deutschland gab, die Universitätsstädte Oxford und Cambridge nicht zu bombardieren. Im Gegenzug sollten die Alliierten auch deutsche Universitätsstädte verschonen.

Wie dem auch sei: Mit dem Beginn des Krieges und der Luftschlacht um England hat Oxford sich massiv verän-

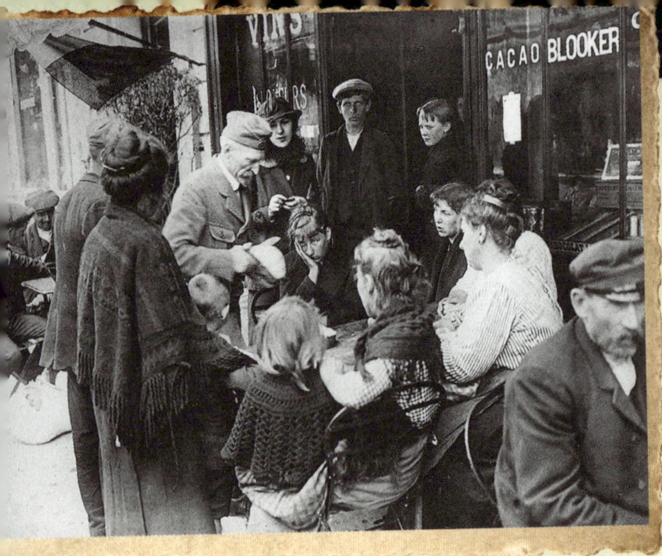


dert. Viele Zivilisten haben die gefährdeten Großstädte verlassen und suchen in kleineren Orten wie Oxford und deren umliegenden Gemeinden Schutz. Dort sind sie vor den Angriffen der deutschen Luftwaffe vergleichsweise sicher.

Nach den Bomben auf London wurden sogar einige Ressorts der britischen Regierung nach Oxford ausgelagert. Waren die Einwohner der Stadt früher überwiegend männlichen Geschlechts, so sind jetzt die Frauen in der Mehrheit.

## PROFESSOR BRANDT – EIN JUNGER DOZENT

Sie für Ihren Teil haben gerade einen Ruf an einen prestigeträchtigen Lehrstuhl für Mathematik in Oxford erhalten. Und natürlich wollen auch Sie dazu beitragen, dass Ihr Land siegreich aus dem Krieg hervorgeht: Für dieses Jahr haben Sie deshalb mehrere Vorlesungen über Statistik und Logik geplant.

Die Begeisterung für Naturwissenschaften und Mathematik begleitet Sie schon von frühester Kindheit an. Und so haben Sie auch in Oxford studiert und Ihren Doktor gemacht, gerade als der Krieg ausbrach.

Die architektonische Schönheit Oxfords mit seinen unzähliges Colleges sowie die Nähe zur Natur haben Sie immer schon bezaubert. Das war mit ein Grund, warum Sie in dieser Stadt unterrichten wollten. Sie sind in Hochstimmung, weil nun seit September eben das Ihre Auf-

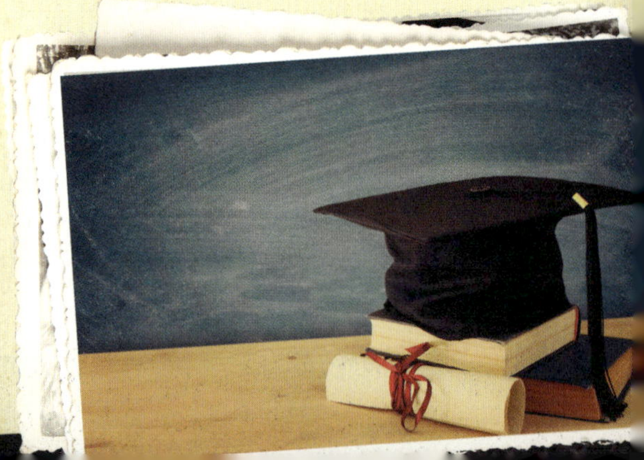

gabe ist. Und Ihr Herz macht immer noch einen Sprung, wenn jemand Sie mit Ihrem frisch erworbenen Titel anspricht: Herr Professor Brandt!

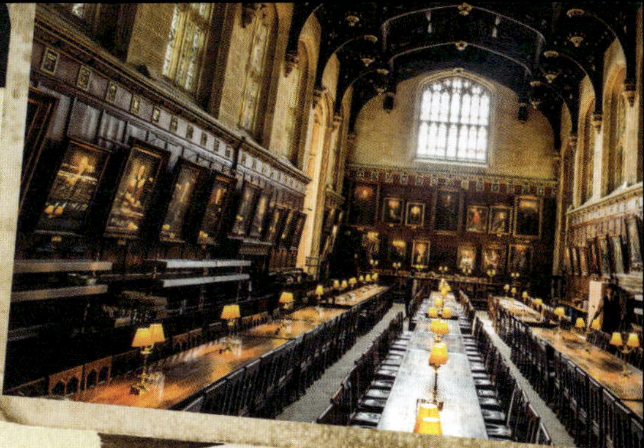

## EINE KODIERTE BOTSCHAFT

Sie legen den Daily Telegraph auf Ihren Schreibtisch, der unter dem Gewicht Ihrer Bücher beinahe zusammenbricht, als plötzlich eine Beilage herausfällt. Darin heißt es, dass die Person, die das unten stehende Rätsel löse, eine Belohnung von 100 Pfund erhalten würde. Zu diesem Zweck soll man einen anscheinend unverständlichen Text dechiffrieren.

s always the chance,
ich has excited and
of many Continental
es that are told. We
methods will be
ee the originality of
ggression, which our
y certainly prepare
of novel stratagem
al and treacherous
at no idea is so
not be considered
ing, but at the same
eye. We must never
es of sea power and
r power if it can be

would carry on the struggle, until, in God's good time, the new world, with all its power and might, steps forth to the rescue and the liberation of the old. »

**DEKODIEREN SIE DIESE NACHRICHT UND GEWINNEN SIE 100 PFUND!**

$+\pi$

**D D N L V E D F V P C**

Schicken Sie Ihre Antwort (ein Wort mit 5 Buchstaben) an die Zeitung, um Ihre Belohnung zu erhalten.

Gut, Sie sind müde, aber solche Herausforderungen haben Sie immer schon interessiert. Also werfen Sie noch einen Blick auf das Rätsel. Außerdem ist ein kleiner finanzieller Bonus in diesen schwierigen Zeiten auch nicht zu verachten …

Und tatsächlich scheint dieses Rätsel genau Ihre Kragenweite zu sein.

**Schicken Sie Ihre Lösung an die Zeitung!**

**BLÄTTERN SIE NICHT WEITER!**

**Bevor Sie weiterlesen, müssen Sie das oben stehende Rätsel lösen.**

$\delta(q_1, x) = (q_2, y, \leftarrow)$

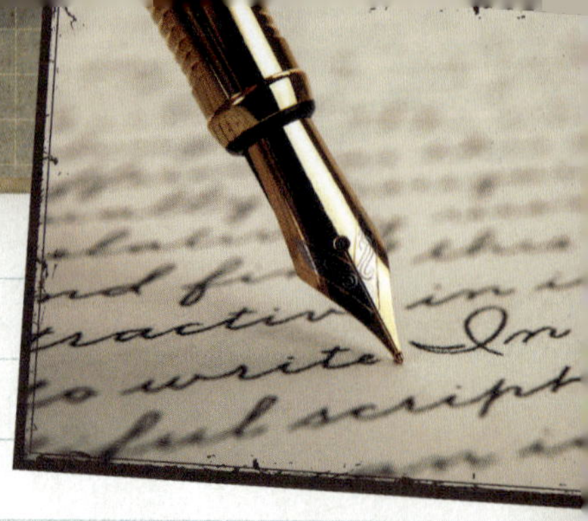

## DIE ERHOFFTE BELOHNUNG

Sie waren sich absolut sicher, dass Sie dieses Rätsel lösen würden! Sie schnappen sich ein Blatt Papier, einen Füller und einen Umschlag und schicken einen Brief mit der Lösung an den *Daily Telegraph*. Ein wenig merkwürdig finden Sie die ganze Geschichte trotzdem. Ob die Zeitschrift Ihnen wirklich 100 Pfund auszahlt? Vielleicht waren Sie ja einfach nur naiv. Wenn Sie dieses Rätsel lösen konnten, so werden das vermutlich auch viele andere tun. Ob der Preis dann unter allen richtigen Einsendungen aufgeteilt wird?

Na ja, ist ja auch egal. So richtig wollen Sie sich nicht eingestehen, dass Sie mit der Lösung dieses Rätsels möglicherweise ein kostbares Viertelstündchen Schlaf drangegeben haben! Sie geben noch Ihre Adresse an und legen sich dann schlafen. Den Brief werden Sie morgen einwerfen, auf dem Weg zur Universität.

Schnell fallen Ihnen die Augen zu, wobei Sie immer noch auf das Preisgeld hoffen. Und natürlich ahnen Sie auch kein bisschen, dass Ihr Brief an den *Daily Telegraph* Ihnen weit mehr einbringen wird als nur ein bisschen Geld …

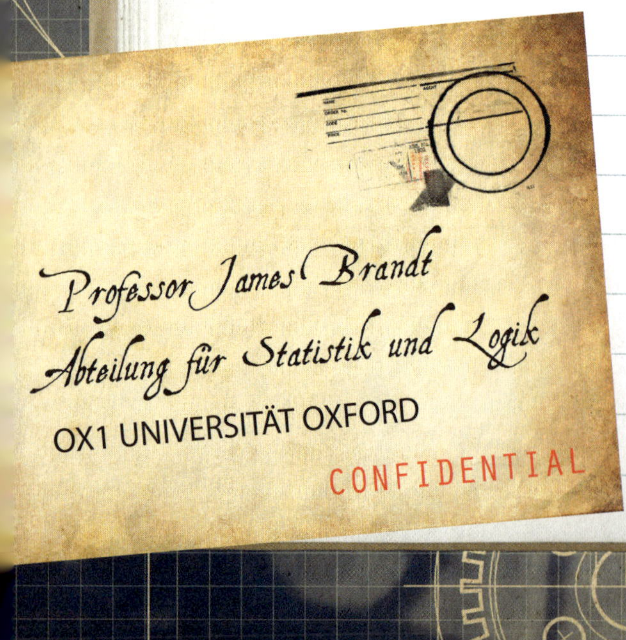


## DIE EINLADUNG NACH BLETCHLEY PARK

Eine Woche später. Über den Bergen an Arbeit haben Sie das Rätsel in der Zeitung schon vollkommen vergessen, als Sie bei der Heimkehr in Ihre Unterkunft einen Brief vorfinden. Man hat ihn unter der Tür durchgeschoben. Auf dem Umschlag prangt groß und breit eine Aufschrift in roter Tinte: **CONFIDENTIAL – VERTRAULICH.**

Als Sie den Brief öffnen, fällt Ihnen sofort das Siegel des MI6, des britischen Geheimdienstes, ins Auge. Was kann wohl der britische Nachrichtendienst, ebenso berühmt wie geheimnisvoll, von einem bescheidenen jungen Professor der Mathematik wollen?

MILITARY INTELLIGENCE
SECTION 6

Sehr geehrter Herr Professor Brandt,

meine Mitarbeiter haben meine Aufmerksamkeit kürzlich auf Ihre Kompetenz als Mathematiker und Logiker gelenkt. Sie haben sich bei einem Test hervorgetan, der letzte Woche im *Daily Telegraph* erschienen ist. Er sollte uns helfen, die besten Köpfe des Landes zu identifizieren.

Sie werden verstehen, verehrter Professor, dass ich in diesem Brief nicht weiter auf die Mission eingehen kann, die wir Ihnen gerne anvertrauen würden. Außerdem würde ich Sie bitten, mir eine ebenso direkte wie unbestimmte Frage zu beantworten: Wären Sie bereit, mit Ihrer Begabung Ihren Teil zu den Kriegsanstrengungen unseres Landes beizutragen?

Wenn ja, würde ich Sie bitten, so bald wie möglich nach Bletchley zu kommen. Bringen Sie bitte diese Einladung mit, damit wir persönlich besprechen können, wie Sie Ihr Land künftig unterstützen können.

Wenn Sie auf dem Bahnhof von Bletchley aus dem Zug steigen, sehen Sie eine Telefonzelle. Wählen Sie 85872 und erwarten Sie weitere Instruktionen. Bitte seien Sie ebenso vorsichtig wie diskret.

Ein letzter Rat: Sprechen Sie mit niemandem über dieses Schreiben.

Hochachtungsvoll,

Commander Alastair Denniston
Government Code & Cypher School
Bletchley Park

Was das wohl ist, fragen Sie sich: Government Code and Cypher School? Eine »Staatliche Code- und Chiffrierschule«? Was soll das? Was spielt sich in Bletchley Park wirklich ab?

Das hat doch alles weder Hand noch Fuß. Aber als Wissenschaftler macht diese unerwartete Wendung der Ereignisse Sie natürlich neugierig. Praktischerweise enden die Kurse an der Universität am Freitag. Danach haben Sie zwei Wochen Ferien.

Der beste Weg, um herauszufinden, was Bletchley Park ist, ist wohl, sich das Ganze mal anzusehen …

**Nun können Sie Ihrem Inventar folgendes Objekt hinzufügen. Und damit können Sie zum nächsten Kapitel übergehen:**

**EINLADUNG NACH BLETCHLEY PARK**

AM BAHNHOF VON BLETCHLEY

# DER ERSTE KONTAKT

**ACHTUNG!**

Um dieses Kapitel aufschlagen zu können, müssen Sie folgendes Objekt besitzen:

## DAS GEHEIMNIS VON BLETCHLEY PARK

Freitagabend. Ihre Kurse sind vorbei. Sie eilen zurück in Ihr Zimmer und packen einen Koffer mit einigen Kleidungsstücken und Ihrem Kulturbeutel. Sie gehen vor 22 Uhr schlafen, weil Sie für die Reise morgen ausgeruht sein wollen.

Vier Stunden später liegen Sie immer noch wach ... Ihre Gedanken kreisen um diese Geschichte da in Bletchley Park, um diese geheimnisvolle Regierungsabteilung. Sie erinnern sich vage an den kleinen Ort Bletchley, der ungefähr 60 Kilometer von Oxford entfernt liegt, ziemlich genau auf halber Strecke nach Cambridge ... Aber das Städtchen scheint Ihnen recht uninteressant. Was kann der MI6 dort wollen?

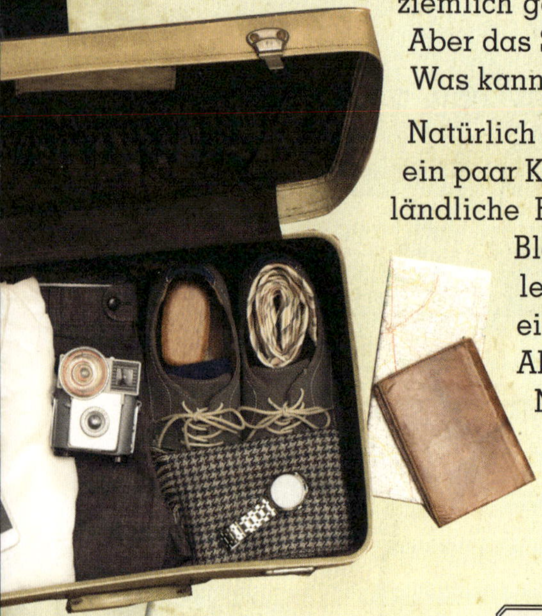

Natürlich konnten Sie es nicht verkneifen, tagsüber ein paar Kollegen zu befragen. Angeblich, weil Sie das ländliche England erkunden bzw. einer Tante, die in Bletchley wohnt, einen Besuch abstatten wollen. Ob es da außerhalb der Stadt irgendwo einen Park geben würde oder einen Landsitz? Aber die Antwort war jedes Mal die gleiche: Nein. In Bletchley gibt es wirklich gar nichts zu sehen ...

## DIE VARSITY LINE

L Am Samstagmorgen stehen Sie kurz nach acht Uhr auf dem Bahnsteig, an dem der Zug nach Bletchley halten soll. Hier verkehrt die Varsity Line, die Oxford und Cambridge verbindet. Es wird nicht ganz eine Stunde dauern, bis Sie in Bletchley ankommen. Da Sie wirklich wenig geschlafen haben, lassen Sie sich vom Schaukeln des Waggons einlullen und machen ein Nickerchen.

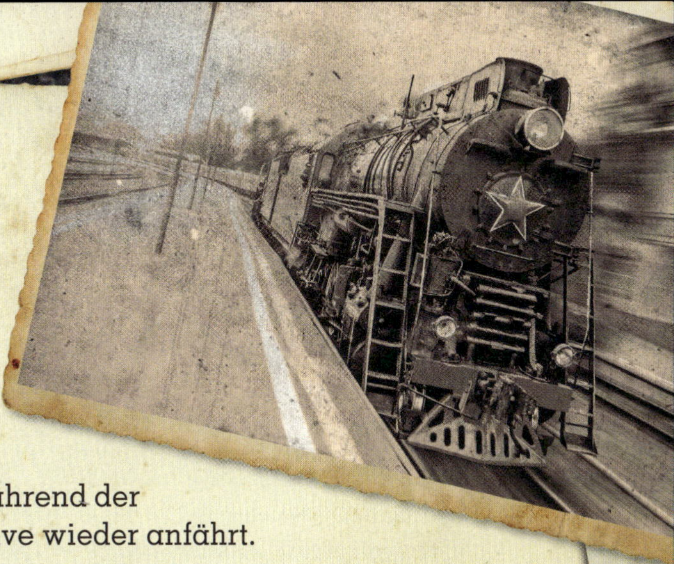

Als der Zug in Bletchley einfährt, schrecken Sie hoch. Eiligst steigen Sie aus und hätten dabei fast eine ältere Dame über den Haufen gerannt, die gerade einsteigen wollte. Sie entschuldigen sich wortreich, zupfen Ihr Tweedjackett zurecht und sehen sich um, während der Zug unter dem Pfeifen der Lokomotive wieder anfährt.

Der Bahnsteig ist fast menschenleer. Nur ein Mann im braunen Anzug lehnt sich gegen einen der Pfeiler des Vordaches. Weiter vorne sehen Sie die Telefonzelle, die in dem Brief erwähnt wurde.

## WIE IM SPIONAGEFILM

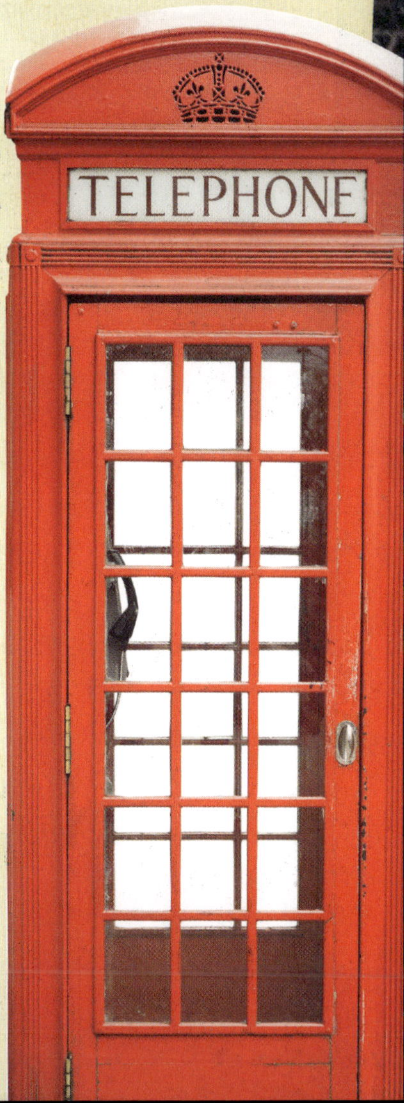


Sie geben sich Mühe, so natürlich und lässig wie möglich zu wirken, während Sie darauf zuschlendern. Obwohl der April dieses Jahr recht kalt ist, schwitzen Sie ordentlich unter Ihrem Jackett.

Sie erinnern sich an die Worte von Commander Denniston: »Sprechen Sie mit niemandem über dieses Schreiben.«

Sie tragen Ihren schwarzen Koffer in der Hand und haben das komische Gefühl, Protagonist in einem schlechten Spionagefilm zu sein. Professor Brandt, Geheimagent Ihrer Majestät … Das ist doch alles Unfug … Warum sind Sie nur hierhergekommen?

Trotzdem stehen Sie schon im nächsten Moment vor der Telefonzelle. Es ist zu spät, um noch einen Rückzieher zu machen.

# EIN MERKWÜRDIGES GESPRÄCH

Da Sie den Brief mindestens zwanzig Mal gelesen haben, wissen Sie die genannte Nummer auswendig.

Kaum haben Sie die fünf Ziffern gewählt, meldet sich eine weibliche Stimme: »Radio-Manufaktur Bletchley, guten Tag. Was kann ich für Sie tun?«

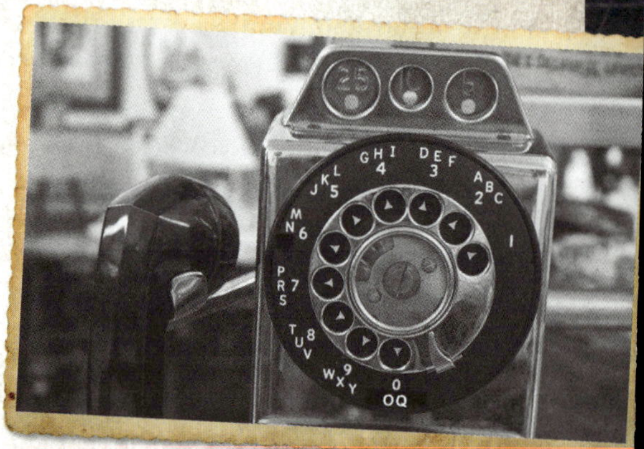

Gute Frage ... Sie zögern einige Sekunden und die Vermittlungskraft hakt nach: »Hallo? Was kann ich für Sie tun?«

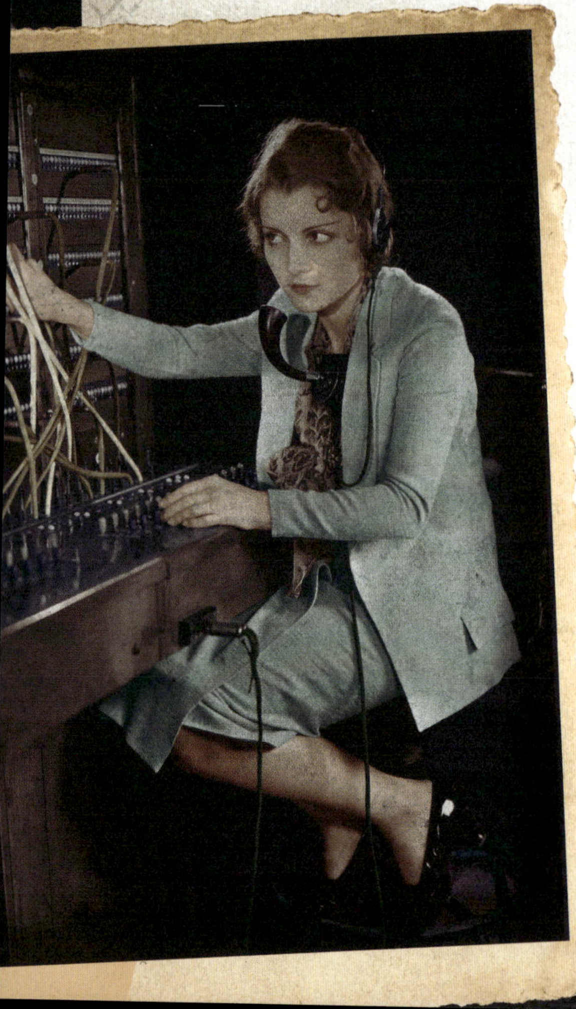

»Ich ... Ähm, ich bin Professor Brandt. Ich habe einen Brief erhalten, dass ich nach Bletchley kommen und diese Nummer anrufen soll. Ich melde mich vom Bahnhof aus. Ich soll weitere Anweisungen erhalten, aber ich ...«

»In Ordnung, Professor Brandt. Ein Mann wird Sie abholen und nach Bletchley Park bringen. Sie müssen ihm das Passwort nennen, das aus der Zahl hervorgeht, die aus den folgenden Ziffern besteht: 2-3-1-2-1. Ich wiederhole: 2-3-1-2-1. Guten Tag, Herr Professor.«

»Moment mal, welches Passwort ... Fräulein? Fräulein, sind Sie noch dran?«

# DER MANN IM BRAUNEN ANZUG

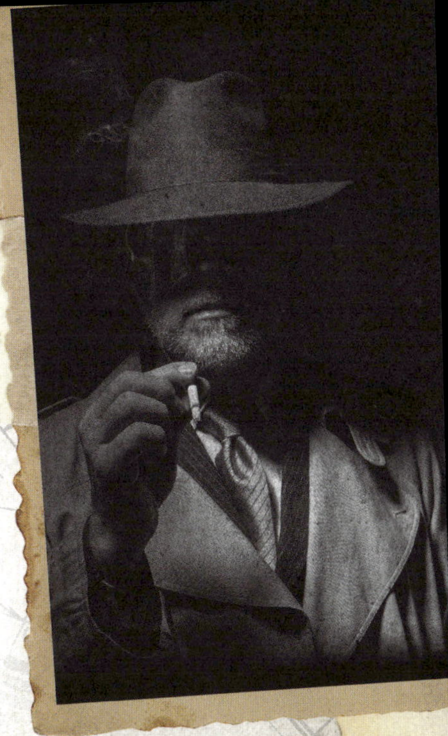

In dem Moment, als Sie den Hörer auflegen, tippt Ihnen jemand auf die Schulter. Sie zucken zusammen. Dieser Tag ist wirklich recht anstrengend für einen braven Akademiker, wie Sie einer sind!

Sie drehen sich um und siehe da: Vor Ihnen steht der Mann im braunen Anzug. Er zieht noch einmal an seiner Zigarette und schnippt dann den Stummel weg, der im hohen Bogen auf den Gleisen landet.

»Guten Tag, Professor Brandt.«

»Sie … Sie kennen meinen Namen?«

»Sie werden erwartet, Professor. Also keine Zeit für Plaudereien. Wie lautet das Passwort?«

»Ich … ich weiß nicht genau … Ach, einen Moment!«

Sie überlegen ein paar Sekunden lang. Sie erinnern sich, wie Sie in der Telefonzelle die Nummer gewählt haben. Und Sie rufen sich ins Gedächtnis, was die Vermittlung Ihnen gesagt hat.

»Das Passwort, das aus dieser Zahl hervorgeht … die aus den folgenden Ziffern besteht …«

Natürlich. Alles klar!

**Wie lautet das Passwort?**

**BLÄTTERN SIE NICHT WEITER!**

**Bevor Sie die nächsten Seiten lesen, müssen Sie das oben stehende Rätsel lösen.**

## DAS PASSWORT

Der Mann im braunen Anzug reißt Sie aus Ihren Überlegungen und bohrt nach: »Professor Brandt? Haben Sie das Passwort?«

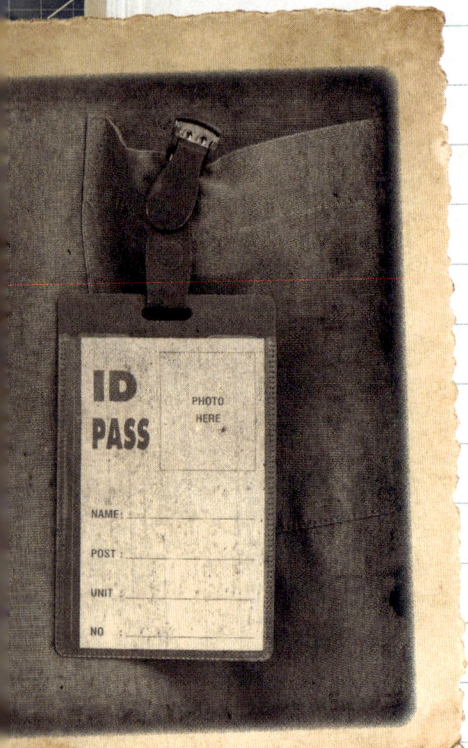


»ULTRA! Das Passwort lautet: ULTRA!«

»Sie müssen nicht schreien, Professor. Bitte zügeln Sie Ihre Erregung. Das ist für alle Beteiligten das Beste …«

Der Mann schaut sich um, ob Ihr Ausbruch vielleicht die Neugier anderer Wartender erregt hat. Aber der Bahnhof ist immer noch menschenleer. Und so zeigt er auf einen der Ausgänge.

»Gehen Sie dort entlang. Nehmen Sie die erste Straße nach rechts und gehen Sie geradeaus weiter. Wenn Sie am Sherwood Drive vorbei sind, biegen Sie rechts in die Church Green Road ein. Zweihundert Yards weiter sehen Sie ein großes Tor. Dort zeigen Sie den Wachleuten Ihre Einladung und diesen Passierschein.«

Mit diesen Worten reicht er Ihnen eine kleine Ausweiskarte. Dann lächelt er: »Einen schönen Tag, Professor Brandt. Und willkommen in BP!«

## EIN GUT BEWACHTES HAUS

Nach der Aufregung, die dieses Gespräch verursacht hat, können Sie sich bei einem kurzen Spaziergang durch die liebliche südenglische Landschaft wieder einigermaßen beruhigen.

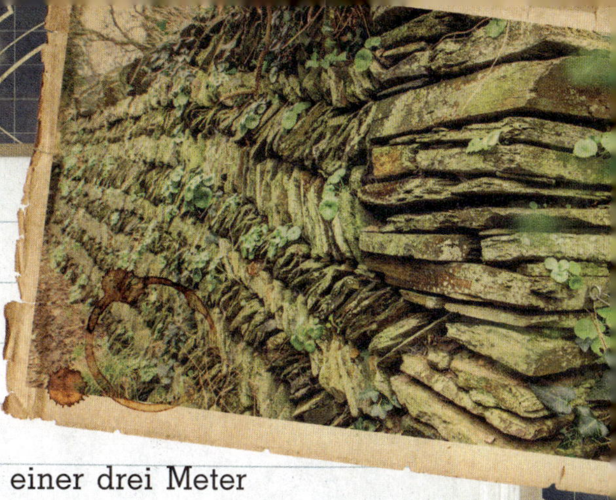

Wenige Schritte führen Sie aus dem Städtchen heraus und über nicht befestigte Straßen durch die umliegenden Felder. Ihre Kollegen an der Universität hatten absolut recht: Fünf Minuten genügen und Sie haben Bletchley gesehen.

An der Church Green Road gehen Sie an einer drei Meter hohen Steinmauer entlang, die oben mit Stacheldraht bewehrt ist. Alle zehn Meter findet sich ein Schild: »Privatbesitz! Zutritt für Unbefugte verboten!« Das soll wohl die Neugierigen abhalten.

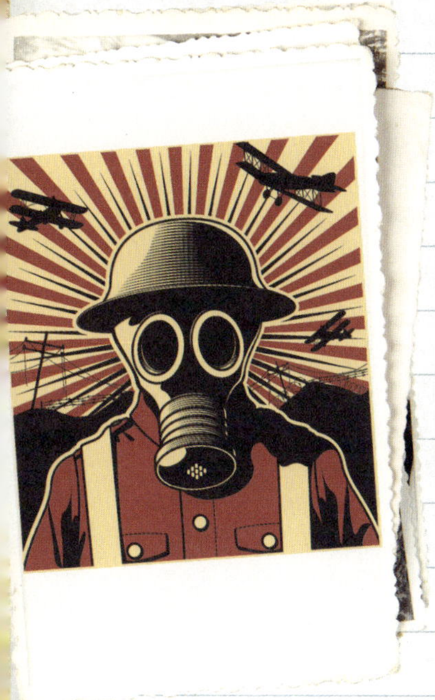

Hundert Meter vor sich erblicken Sie das angekündigte Eingangstor. Ein Fahrrad überholt Sie, ein bisschen zu schnell. Fast wären Sie gestolpert und in den Graben gefallen. Der Radler dreht sich um und macht eine entschuldigende Geste mit der Hand, radelt aber trotzdem in Höchstgeschwindigkeit weiter. Erstaunt bemerken Sie, dass er eine Gasmaske trägt. Offensichtlich ein Irrer …

Ein paar Minuten später stehen Sie vor dem Tor. Drei schwer bewaffnete Soldaten treten Ihnen entgegen.

Am Tor prangt ein schlichtes Schild aus Metall. Darauf steht: »Radio-Manufaktur Bletchley«.

**RADIO-MANUFAKTUR BLETCHLEY**

**Nun können Sie folgendes Objekt zu Ihrem Inventar hinzufügen. Es ermöglicht Ihnen den Zugang zu anderen Kapiteln:**

**VORLÄUFIGER PASSIERSCHEIN**

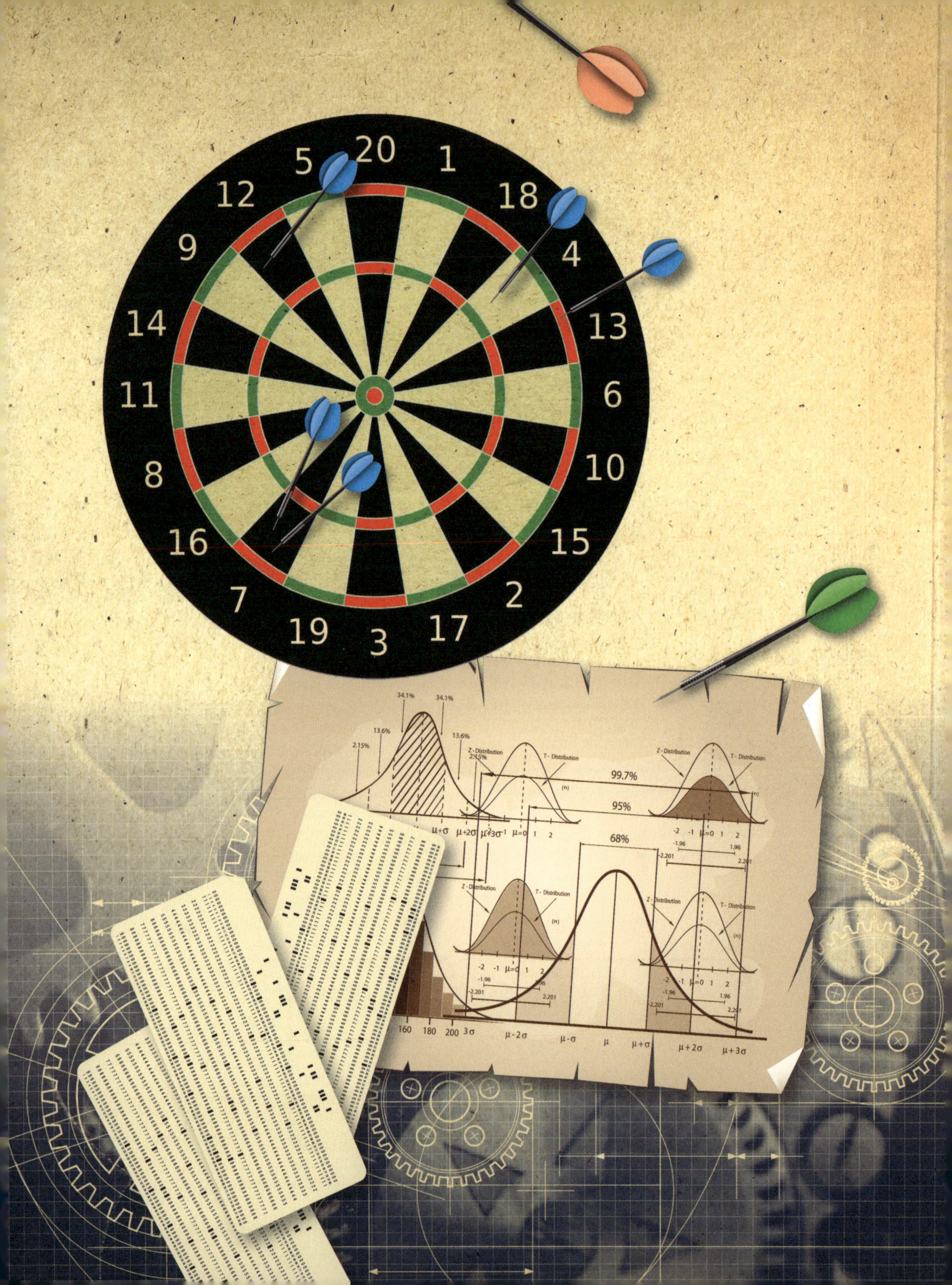
20
1
18
4
13
6
10
15
2
17
3
19
7
16
8
11
14
9
12
5
34.1%
34.1%
13.6%
13.6%
2.15%
Z- Distribution
T- Distribution
99.7%
95%
68%
160
180
200
μ-2σ
μ-σ
μ
μ+σ
μ+2σ
μ+3σ

DAS PUB IN BLETCHLEY

# SPIEL UND GELÄCHTER

**ACHTUNG!**

Um dieses Kapitel aufschlagen zu können, müssen Sie folgendes Objekt besitzen:

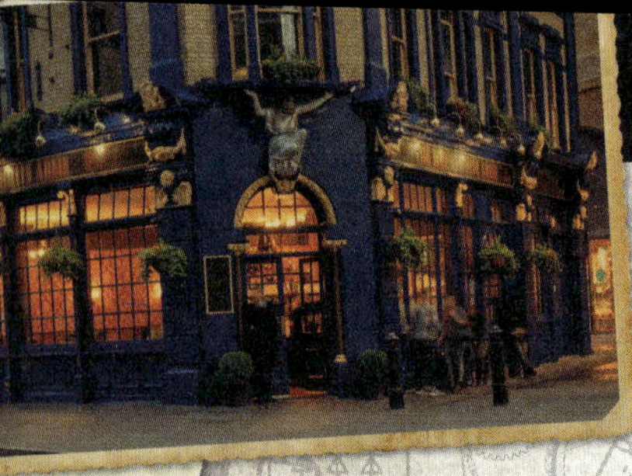

## HARTE ARBEIT

Etwa um 20 Uhr kommen Sie am Pub The Old Swan in der Stadtmitte von Bletchley an. Obwohl Sie todmüde sind, sind Sie der Einladung von Alan Turing gefolgt, weil Sie das Team von Baracke 8 in einem weniger formellen Rahmen kennenlernen möchten.

An diesem Freitag haben Sie von 8 Uhr morgens bis 16 Uhr in Bletchley Park gearbeitet. Diese Schicht gilt als die angenehmste. Morgen sieht die Sache schon anders aus, denn dann werden Sie von Mitternacht bis um 8 Uhr morgens im Einsatz sein. Die Schichtarbeit und die anstrengende Tätigkeit fordern ihren Tribut. Ihre Moral hat ebenso gelitten wie Ihre Konzentrationsfähigkeit.

Nachdem Sie Bletchley Park verlassen haben, sind Sie sofort zurück in Ihr Zimmer bei Ihrer Hauswirtin Mrs Bowden gegangen und haben sich drei gute Stunden Schlaf gegönnt. Das anschließende Bad verleiht Ihnen neue Kräfte, ebenso wie das Abendessen mit Ihrer Vermieterin. Danach haben Sie das Haus verlassen. Die letzten Tage haben Sie viel Kraft gekostet. Auf dem Weg ins Pub fangen Sie unwillkürlich an zu gähnen.

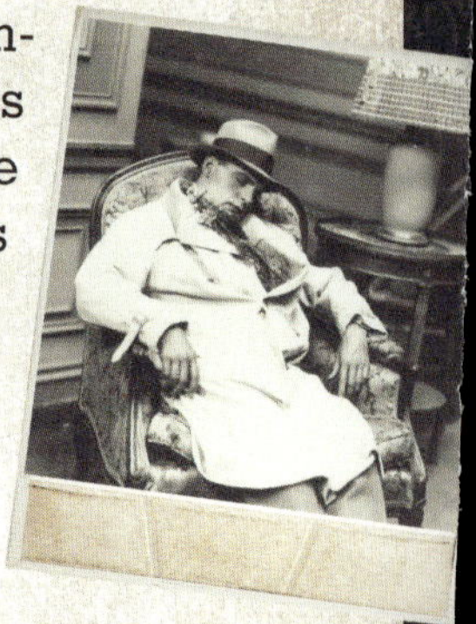

## IN EINEM ENGLISCHEN PUB

The Old Swan ist ein typisch ländliches Pub und jetzt am Abend ziemlich voll. Auf dem Podium spielen vier Musiker mitreißende Lieder, können jedoch das Stimmengewirr und das Klirren der Gläser kaum übertönen.

Freunde trinken Bier und spielen Dart, Shuffleboard oder Domino. Das eine oder andere Paar wagt ein paar Tanzschritte in der Mitte des Saales. Andere Gäste lehnen am Tresen und führen alkoholschwangere Debatten.

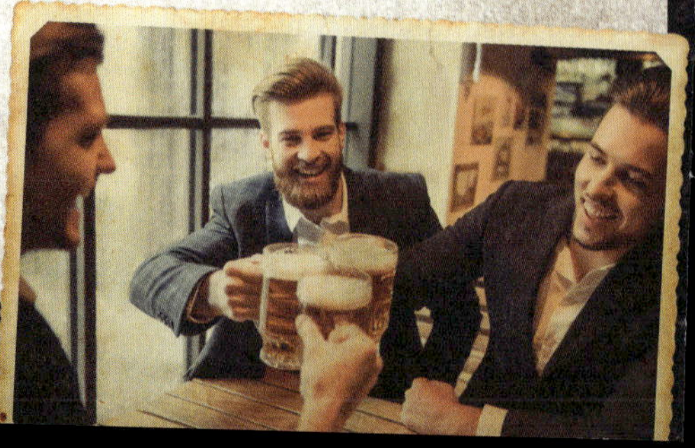

Sie kennen die meisten Leute, weil sie Ihnen in Bletchley Park schon begegnet sind. Die jungen Leute kommen nach einem anstrengenden Arbeitstag gern hierher, um sich zu entspannen und die Bürde zu vergessen, die auf ihren Schultern lastet. Vermutlich macht der Wirt zehnmal so viel Umsatz wie früher, seit der MI6 sich in Bletchley niedergelassen hat!

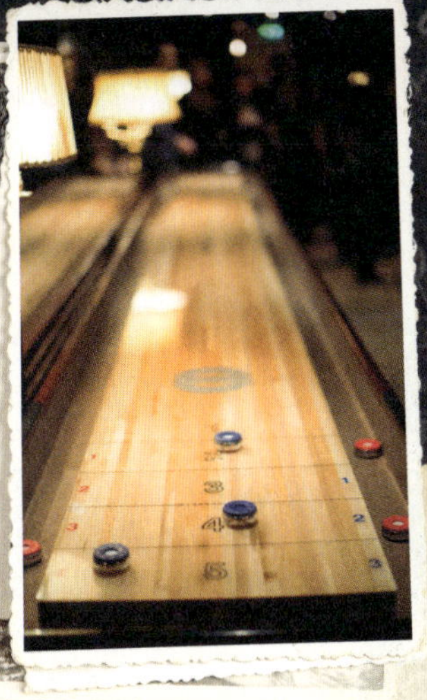

In einer entlegenen Ecke des großen Raumes sitzen die Teamkameraden von Baracke 8 auf Hockern um einen hohen Tisch herum. Sie winken Ihnen zu, Sie sollen sich ihnen zugesellen.

## DER BANBURISMUS

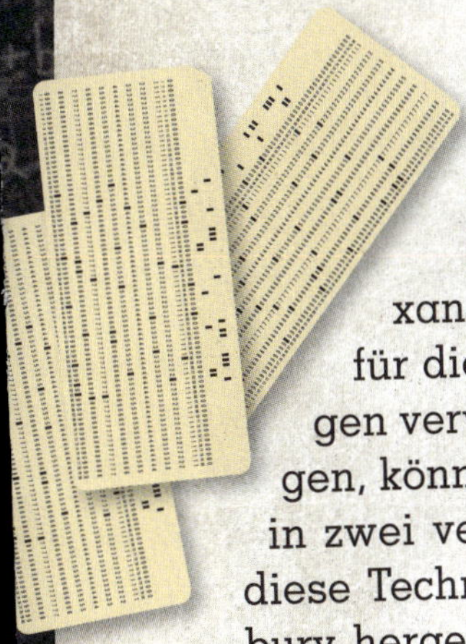

Brandt! Leider sind Sie ein bisschen zu spät dran. Ich habe Joan Clarke, Gordon Welchman und Hugh Alexander gerade eine statistische Methode vorgestellt, die ich für die Ermittlung der wahrscheinlichsten Enigma-Einstellungen verwenden werde. Mit Lochblättern, die wir übereinanderlegen, können wir recht schnell feststellen, welche Buchstaben sich in zwei verschiedenen Nachrichten häufig wiederholen. Ich habe diese Technik ›Banburismus‹ genannt, weil die Lochkarten in Banbury hergestellt werden. Aber ich kann gerne noch mal von vorne anfangen, wenn Sie das wünschen!«

»Ach, ich … ich wollte mir gerade etwas zu trinken holen. Wer möchte noch? Die Runde geht auf mich. Miss Clarke, darf ich Ihnen ein Bier bringen?«

»Für mich lieber einen Cider, Professor Brandt.«

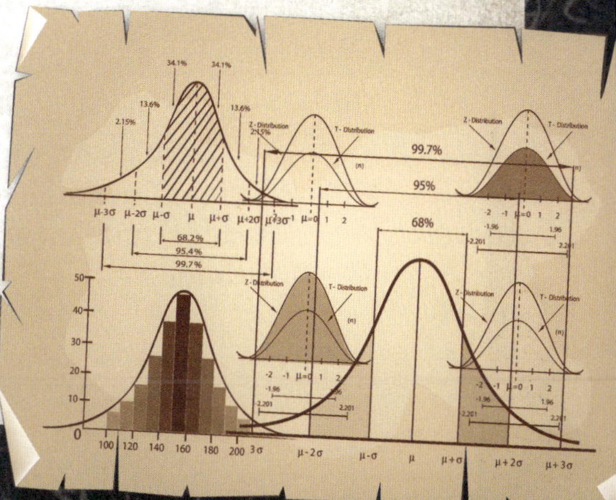

Zum zweiten Mal innerhalb weniger Tage hören Sie Turing murmeln: »Tauch den Apfel tief hinein …«

Alexander stößt einen frustrierten Seufzer aus, den Joan Clarke und Welchman mit einem Lachen quittieren. Alexander erhebt sich, legt Ihnen den Arm um die Schulter und geht mit Ihnen zur Bar.

»Jetzt geht das wieder los … Kommen Sie, Brandt, ich helfe Ihnen mit den Getränken. Ich werde verrückt, wenn ich mir den Ohrwurm jetzt noch mal anhören muss.«

## DIE OBSESSION MIT DEM APFEL

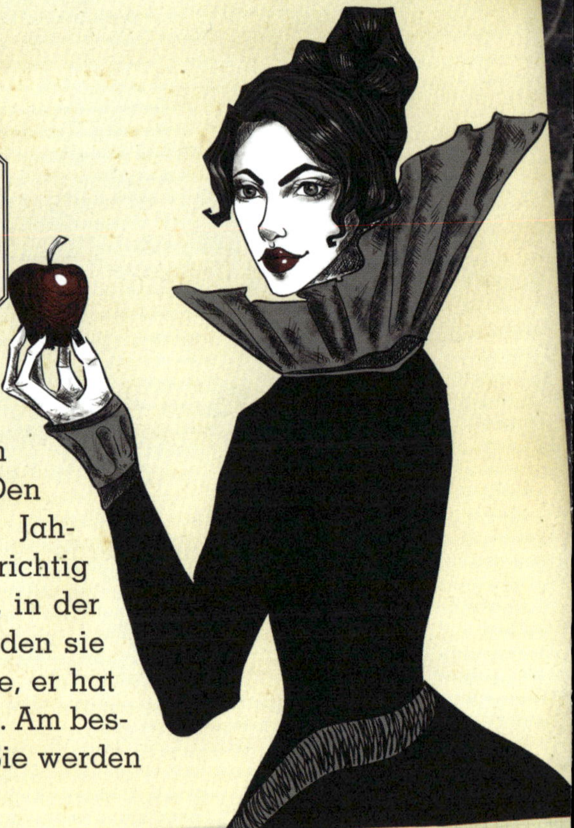

»Aber was soll das mit dem Apfel denn überhaupt?«

»Haben Sie zufällig Schneewittchen und die sieben Zwerge gesehen? Den Walt-Disney-Film, der vor einigen Jahren herausgekommen ist? Turing ist richtig besessen davon. Vor allem die Szene, in der die böse Königin den Apfel vergiftet, den sie Schneewittchen geben will. Ich glaube, er hat den Film gut ein Dutzend Mal gesehen. Am besten gewöhnen Sie sich gleich daran. Sie werden diesen Satz immer wieder hören …«

»Verstehen Sie sich denn gut mit Turing?«

»Er lebt einfach in seiner eigenen Welt. Aber er ist ein absolutes Arbeitstier und als Mathematiker eine Ausnahmeerscheinung. Ohne ihn wäre der Kampf gegen die Enigma schon längst verloren.«

# EIN DARTSPIEL

Als Sie mit den Gläsern an den Tisch zurückkommen, sehen Sie, dass Clarke und Turing sich in eine ruhige Ecke des Raumes zurückgezogen haben, um etwas zu besprechen. Nach ein paar erfrischenden Schlucken Bier schlagen Alexander und Welchman Ihnen eine Partie Dart vor.

»Behertschen Sie das Spiel, Brandt?«

»Ich habe es als Student einige Male gespielt, aber ich weiß wirklich nicht mehr, wie man die Punkte zählt.«

»Das ist weiter nicht schwierig, wie Sie gleich sehen werden. Die schwarzen und weißen Felder zählen einfach: Sie schreiben die Punkte auf, die am äußeren Ring stehen. Das dünne rot-grüne Band außen zählt doppelt: Sie multiplizieren die Zahl am äußeren Ring mit zwei. Das zweite rot-grüne Band innen zählt dreifach. Treffen Sie das grüne Mittelstück dann gibt es fünfundzwanzig Punkte, und die rote Mitte bringt Ihnen ganze fünfzig.«

Sie und Ihre beiden Mitspieler schreiben die Anfangsbuchstaben Ihrer Vornamen auf die Tafel. Alexander warnt Sie vor: »Eines ist noch wichtig: Spielen Sie nie mit Welchman um Geld. Er kennt nicht nur die Enigma mit ihren Walzen aus dem Effeff, er ist auch ein Dart-Champion! Hoppla! Anscheinend will er uns eine Botschaft übermitteln …«

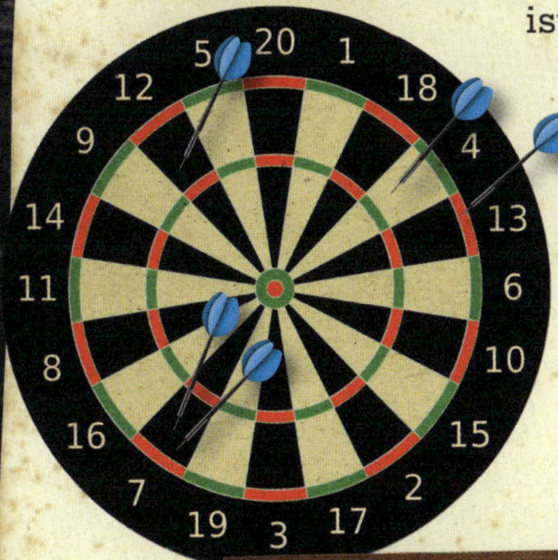


**Welche Botschaft hat Welchman mit seinen 5 Pfeilen und den Buchstaben auf der Tafel versteckt?**

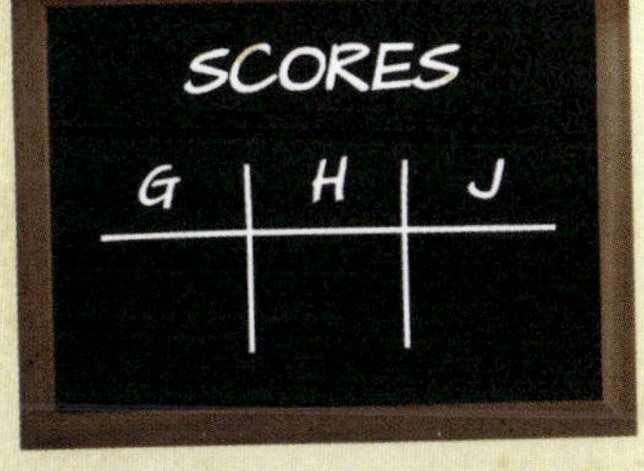


**BLÄTTERN SIE NICHT WEITER!**

Bevor Sie die nächsten Seiten aufschlagen, müssen Sie das obige Rätsel lösen.

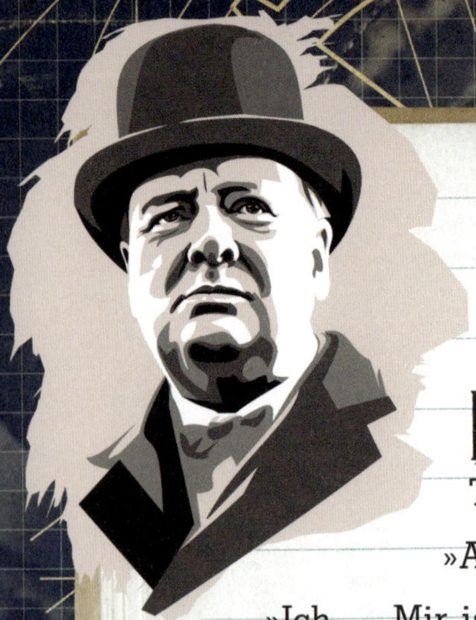

# DER BRIEF AN CHURCHILL

Nach dem Dartspiel, das Welchman haushoch gewonnen hat, kehrt Turing mit verdrießlichem Gesicht an Ihren Tisch zurück. Miss Clarke ist verschwunden.

»Alles in Ordnung, Turing? Sie wirken beunruhigt.«

»Ich … Mir ist gerade wieder unser letztes Treffen mit Birch eingefallen, in der Abteilung Marine. Er hat unseren Antrag auf mehr Finanzmittel weitergegeben, aber wir haben immer noch keine Antwort erhalten. Denniston wird uns keine zusätzlichen Mittel genehmigen, da bin ich mir sicher. Er setzt einfach nicht genug Vertrauen in unsere Arbeit. Daher bleibt uns keine andere Wahl: Wir müssen uns direkt an Churchill wenden. Der Premierminister soll nächste Woche nach Bletchley Park kommen. Das ist die beste Gelegenheit, um ihn auf unseren Bedarf aufmerksam zu machen. Wenn Sie, meine Herren, damit einverstanden sind, unterschreiben wir alle diesen Brief, den ich aufgesetzt habe, und geben ihn an zuverlässige Hände weiter …«

VERTRAULICH

Ausschlie×lich an den Herrn Premierminister

Verehrter Herr Premierminister,

Sie erweisen uns heute die Ehre Ihres Besuches, was unserer Ansicht nach zeigt, dass Sie unsere Arbeit als wichtig ansehen. Obwohl wir mittlerweile mehrere ×Bomben× einsetzen, um die Enigma-Codes der Deutschen zu knacken, wird unsere Arbeit doch behindert, weil wir zu wenig Personal haben. Wir haben monatelang unter Einhaltung des Dienstweges versucht, Finanzmittel und Personal zu bekommen. Leider erfolglos. Wir glauben nicht mehr, da× es ohne ein Eingreifen Ihrerseits zu einer Verbesserung kommen kann. Daher erlauben wir uns heute, uns direkt an Sie zu wenden, um die für unsere Arbeit nötigen Ressourcen zu erhalten.

Mit vorzüglicher Hochachtung
A. Turing
G. Welchman
H. Alexander
J. Brandt

# EINE BESONDERE BOTSCHAFT

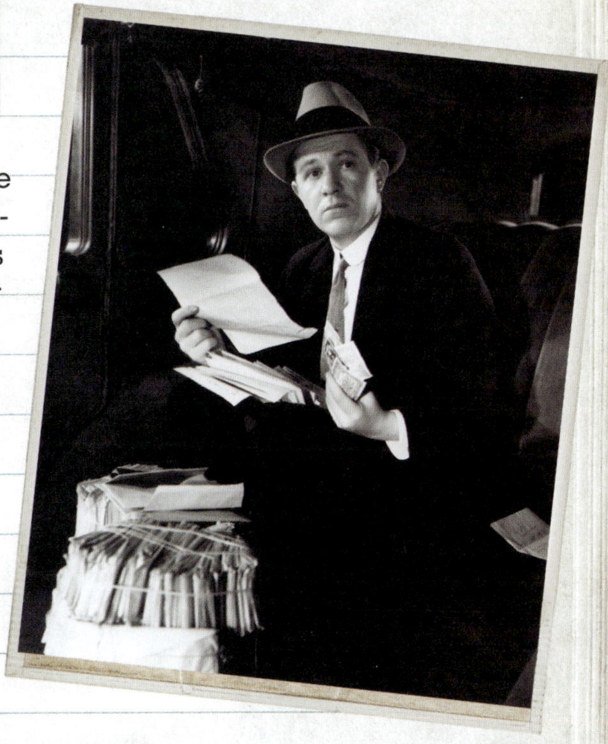

Welchman unterzeichnet, ohne groß zu überlegen, aber Alexander zögert: »Ihnen ist klar, dass Denniston sauer sein wird, wenn er mitbekommt, dass wir ihn umgangen haben.«

»Ich weiß, aber wir haben ja keine Wahl. Für euch beide, Welchman und Alexander, sowie für mich, wird es ohnehin unmöglich sein, Churchill den Brief zu überreichen. Denniston und sein Adjutant Travis werden uns während des Besuches sicher im Auge behalten ...«

Mit breitem Lächeln dreht Turing sich zu Ihnen um: »Aber einen Neuling wird Denniston kaum verdächtigen. Ich flehe Sie an, Brandt: Geben Sie Churchill diesen Brief. Sie sind unsere einzige Hoffnung!«

Nun können Sie folgendes Objekt zu Ihrem Inventar hinzufügen. Es verschafft Ihnen Zugang zu anderen Kapiteln:

**BRIEF AN WINSTON CHURCHILL**

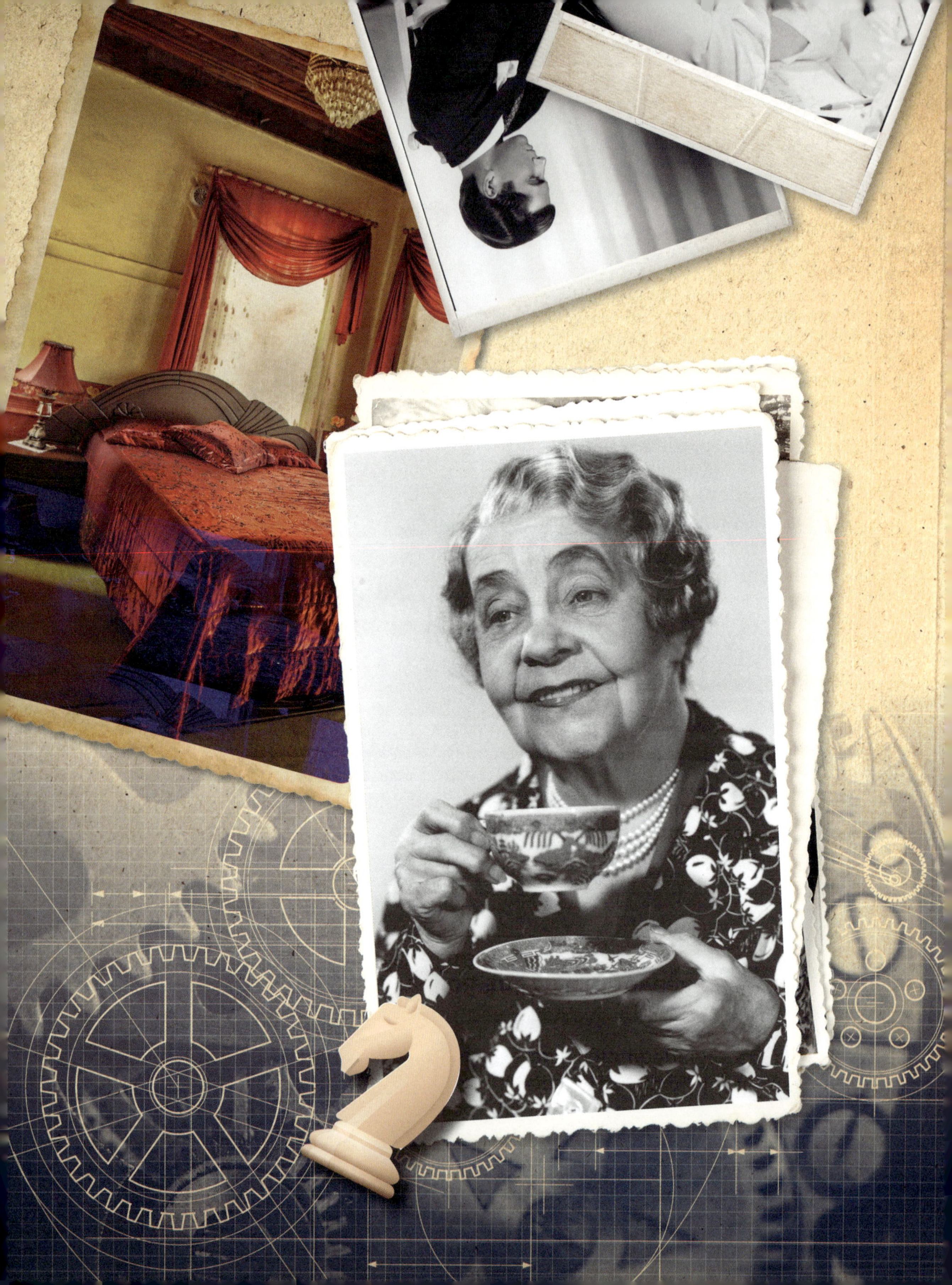

DIE UNTERKUNFT

# HOME SWEET HOME

**ACHTUNG!**

Um dieses Kapitel aufschlagen zu können, müssen Sie folgendes Objekt besitzen:

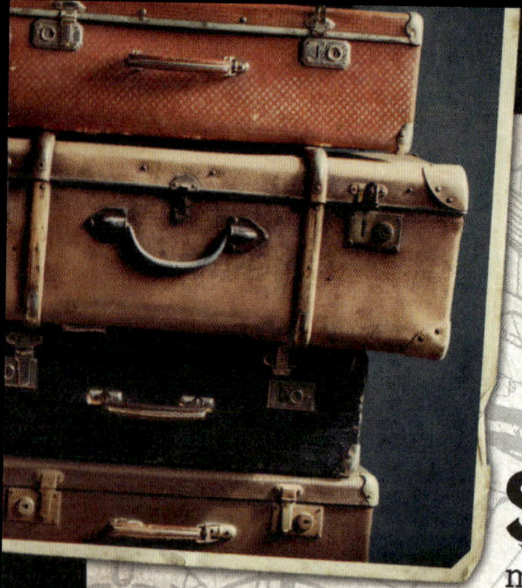

# DIE NEUEN EINWOHNER VON BLETCHLEY

Spät am Abend verlassen Sie Bletchley Park und begeben sich zu der Unterkunft, die Ihnen Commander Denniston zugewiesen hat.

Aus den Gesprächen mit anderen Mitarbeitern der Government Code and Cypher School wissen Sie, dass die Frage der Unterkunft recht heikel war. Und zwar aus gutem Grund … Von einem Tag auf den anderen mussten in einem Städtchen mit wenigen Hundert Einwohnern plötzlich mehrere Tausend Menschen untergebracht werden, ohne dass dies groß Aufmerksamkeit erregte.

Der MI6 hat wochenlang daran gearbeitet, Pensionen, Hotels und Privatzimmer aufzutreiben. Man hat Cottages, Bauernhöfe oder Landhäuser gemietet oder gekauft, um so heimlich wie möglich Militärangehörige, Akademiker und junge Aristokraten unterzubringen. Dass alle diese Menschen rund um Bletchley Park untergebracht sind, verleiht dem Ort eine Art Campusfeeling.

Nach fünfzehn Minuten Fußmarsch über Land kommen Sie im Dorf Old Bletchley an und begeben sich zu der angegebenen Adresse. Ein hübsches Steinhäuschen mit einem sehr gepflegten Garten. Hier werden Sie in den nächsten Monaten wohnen …

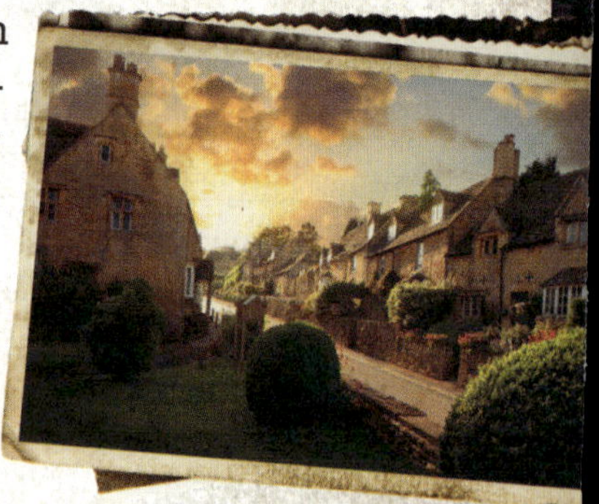

# LIEBE MRS BOWDEN

Auf der Treppe steht eine etwa sechzig Jahre alte Frau, die schon stundenlang auf Sie zu warten scheint. Der kleine Yorkshire-Terrier neben ihr bellt, als Sie das Gartentor aufstoßen.

»Guten Tag, Madam. Ich bin Professor Brandt. Sie sollen eine Unterkunft für mich haben?«

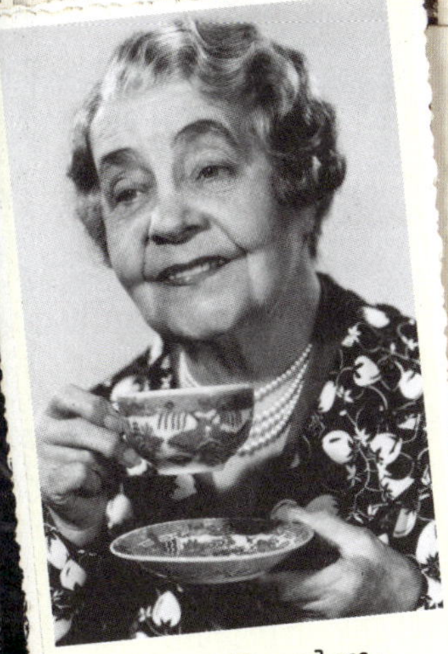

Mrs Bowden

»Sehr erfreut, Professor. Ich bin Mrs Bowden. Ich habe mich schon gefragt, ob Sie noch kommen. Ich wusste nicht genau, wann Sie eintreffen sollten. Kommen Sie, ich führe Sie ins Obergeschoss.«

Sie folgen Ihrer Zimmerwirtin ins Innere des Hauses. Das Wohnzimmer ist altmodisch eingerichtet, aber Ihnen fällt sofort auf, dass auf dem Wohnzimmertisch ein halb fertiges Puzzle liegt. Auf einem kleinen runden Tisch prangt ein Schachspiel aus Marmor, neben dem Sofa stapeln sich Zeitschriften mit Kreuzworträtseln. Ihre Wirtin scheint Denkspiele zu lieben. Sie sollten sich also gut verstehen …

## EIN STUDENTENZIMMER

Im ersten Stock öffnen Sie Ihr Zimmer mit dem Schlüssel, den Denniston Ihnen ausgehändigt hat. Das Zimmer ist nett eingerichtet und erinnert Sie vom Inventar her an Ihre Unterkunft in der Universität: ein einfaches Bett, ein kleiner Schreibtisch und ein alter Schrank aus Massivholz. Badezimmer und Toilette auf dem Gang. Nun, wenigstens werden Sie sich hier nicht fremd vorkommen!

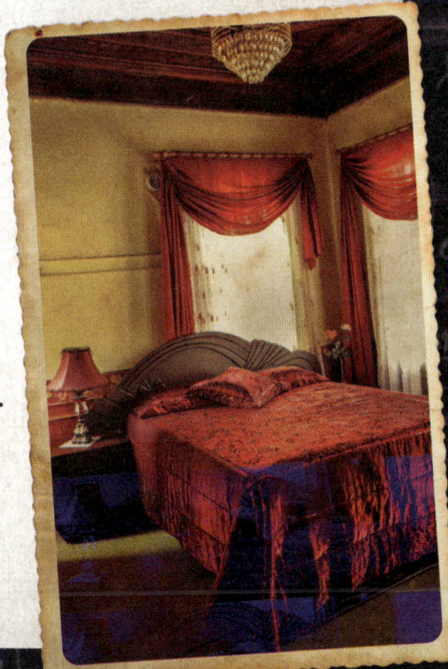

»Ich hoffe, das Zimmer gefällt Ihnen, Professor. Am Morgen ist es um diese Zeit immer noch ganz schön kalt. Mit der Rationierung kann ich mir nicht allzu viel Heizöl leisten …«

»Keine Sorge. Es ist alles in Ordnung. Ich danke Ihnen, Mrs Bowden.«

»Frühstück gibt es um sieben Uhr, jeden Morgen. Das Abendessen wird um halb sieben serviert.«

# DENKSPIELE

Sie merken schnell, dass Ihre Zimmerwirtin gerne plaudert.

»In letzter Zeit kommen ja ganz schön viele Leute nach Bletchley … Mrs Bidwell, die drei Häuser weiter wohnt, hat auch einen Logiergast. Offenbar ein Spezialist für Kreuzworträtsel. Mögen Sie so etwas, Professor Brandt? Ich bin ein absoluter Schachfan, wissen Sie! Manchmal gebe ich sogar Kurse! Und auch Mr und Mrs Webster haben im Moment zwei Professoren aus Cambridge zu Gast. Was hat das alles zu bedeuten? Eine Konferenz etwa? Oder eine Art Ferienlager?«

»Ja, in gewisser Weise …«

Sie bleiben vage, weil man Ihnen das nahegelegt hat. Schließlich muss das Geheimnis um Bletchley Park gewahrt bleiben. Doch Ihre Zimmerwirtin, die sich über den Gesprächspartner freut, bohrt weiter.

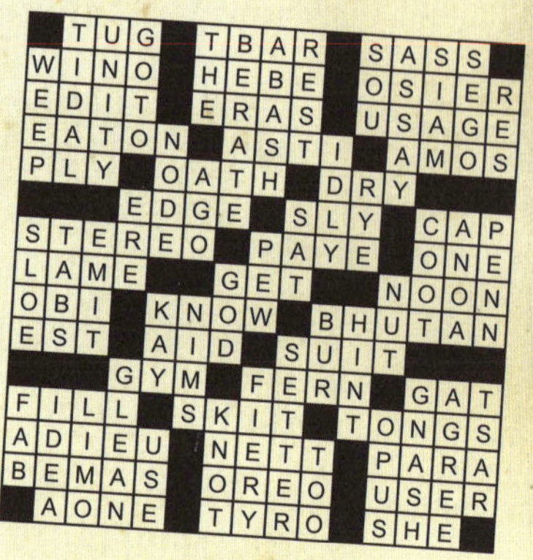


»Darf ich wissen, in welchem Fach Sie tätig sind, Professor? Sind Sie verheiratet? Wie lange haben Sie denn vor, hier zu bleiben?«

»Liebe Mrs Bowden, es tut mir ja leid. Ich möchte nicht unhöflich sein, aber ich hatte einen schrecklich langen Tag und …«

»Kein Wort mehr. Ich lasse Sie in Ruhe und bitte um Entschuldigung. Seit mein Mann gestorben ist, habe ich wenig Gelegenheit zu einem Plausch. Daher freue ich mich, einen Gast zu haben! Wenn Sie etwas brauchen, finden Sie mich im Wohnzimmer.«

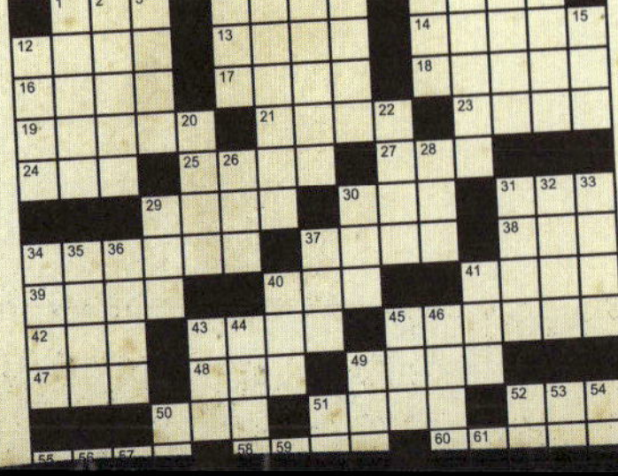

# DER KODIERTE SCHRANK

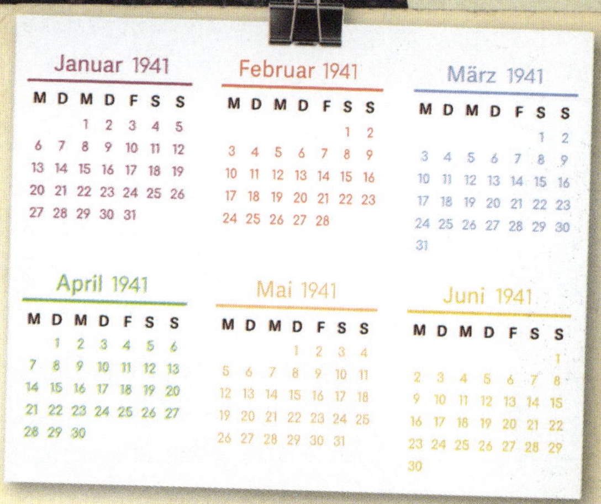


Als sie endlich allein sind, inspizieren Sie Ihr Zimmer. Keine Bilder, nur ein Kalender hängt an der Wand. Sie prüfen das Bett, aber es quietscht nur ein bisschen und ist sehr bequem. Dann legen Sie Ihre Bücher auf den Schreibtisch und packen Ihren Koffer aus.

Commander Denniston hat Ihnen gesagt, dass Sie in Ihrer Unterkunft mehrere Anzüge zum Wechseln vorfinden würden. Vermutlich im Kleiderschrank. Aber der ist mit einem Vorhängeschloss versperrt, dessen Kombination Sie nicht kennen. Mrs Bowden hat vergessen, sie Ihnen zu nennen!

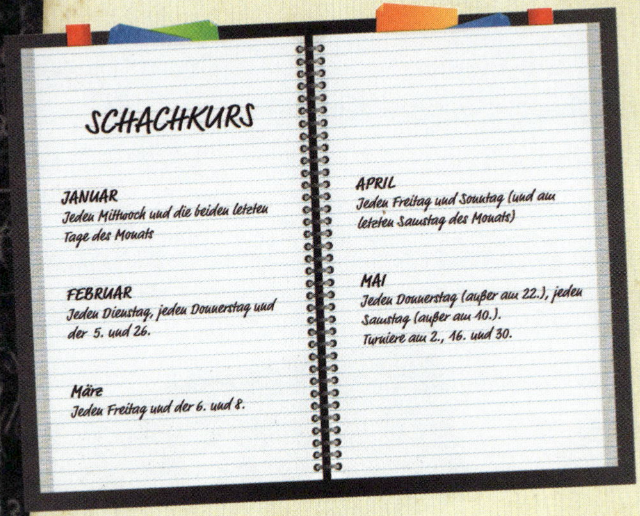


Sie gehen runter und finden Sie schlafend auf einem Sessel im Wohnzimmer, ein Notizbuch auf den Knien …

Nein, Sie wollen die alte Dame nicht wecken. Irgendwie müssen Sie aber den Schrank öffnen. Vielleicht hat Ihre Zimmerwirtin Ihnen ja einen Hinweis hinterlassen.

**Welches Schlüsselwort öffnet das Schloss am Schrank?**

**BLÄTTERN SIE NICHT WEITER!**

**Bevor Sie die nächsten Seiten lesen dürfen, müssen Sie das obige Rätsel lösen.**

$\delta(q_1, x) = (q_2, y, \leftarrow)$

# MASSANZÜGE

Sie haben das Codewort: LOTUS. So können Sie den Schrank öffnen. Wie Commander Denniston versprochen hat, finden Sie darin mehrere Anzüge, die Ihnen passen. Sie sind begeistert vom guten Geschmack der Person, die Ihre neue Kleidung ausgewählt hat. Die Anzüge sind von ausgesuchter Eleganz. Sie fragen sich, bei welcher Gelegenheit Sie diese wohl tragen wollen …

Der erste Tag in Bletchley Park ist vorüber. Sie strecken sich auf dem Bett aus und lassen die Ereignisse Revue passieren. Sie haben Alan Turing kennengelernt, wissen aber noch nicht so recht, was Sie von ihm halten sollen … Obwohl er häufig sehr herablassend wirkt, sind Sie von dem Mathematiker fasziniert. Sie freuen sich auf den Austausch mit ihm.

An Ihrem ersten Abend in Bletchley schlafen Sie auf der Stelle ein …

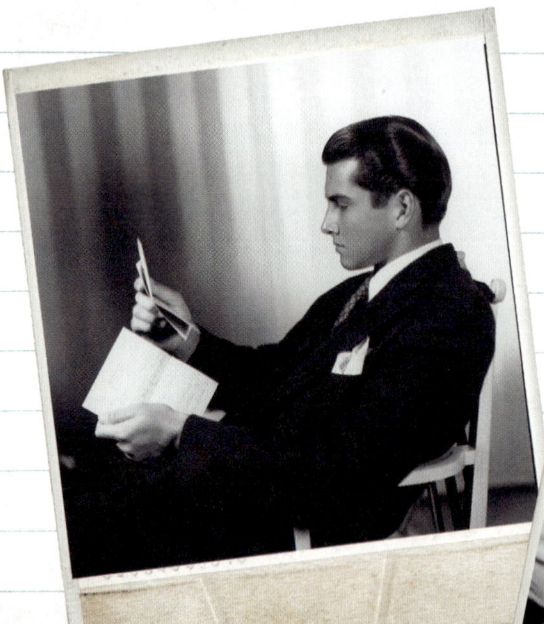

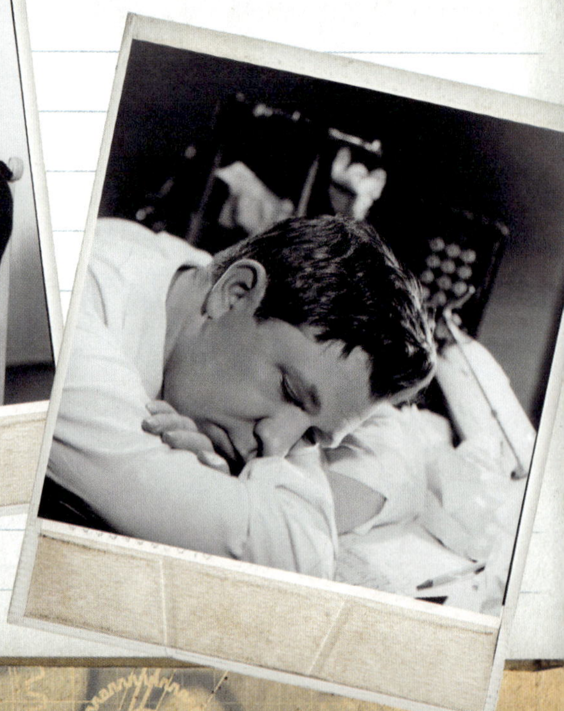

# EINE WELT VOLLER GEHEIMNISSE

In den folgenden Monaten freunden Sie sich mit Mrs Bowden an, weil Sie beide sich ständig an Denkspielen messen.

Natürlich hat Ihre Zimmerwirtin auf Ihre eher unregelmäßigen Arbeitszeiten mit weiteren Fragen reagiert. Schließlich kommen Sie manchmal erst um acht Uhr morgens heim. Aber bisher ist es Ihnen immer gelungen, eine Ausrede zu finden.

Wenige Wochen später aber finden Sie sich an einem Donnerstag im Mai plötzlich Ihrer Zimmerwirtin gegenüber. In Bletchley Park!

»Mrs Bowden? Aber was machen Sie denn hier?«

»Hm, Professor ... Was wohl? Ich gebe Schachkurse. Das wussten Sie doch!«

»In Bletchley Park? Ich habe nicht erwartet, Sie hier zu sehen!«

»Tja, offensichtlich sind Sie nicht der Einzige, der ein Geheimnis bewahren kann.«

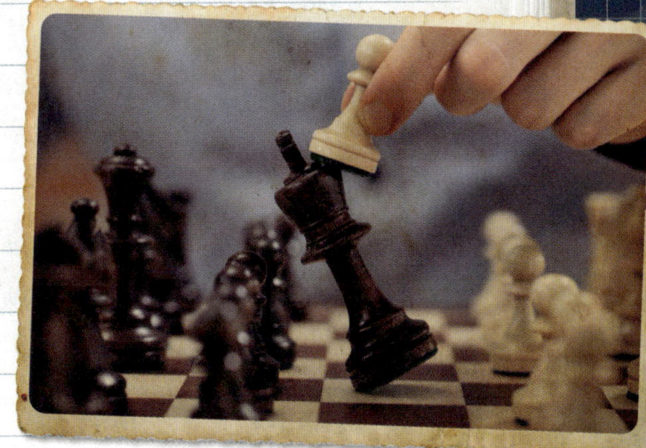

**Nun können Sie folgendes Objekt zu Ihrem Inventar hinzufügen. Es verhilft Ihnen zum Zugang zu anderen Kapiteln:**

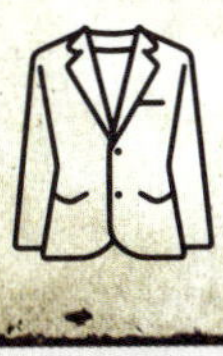

**EIN ELEGANTER ANZUG**

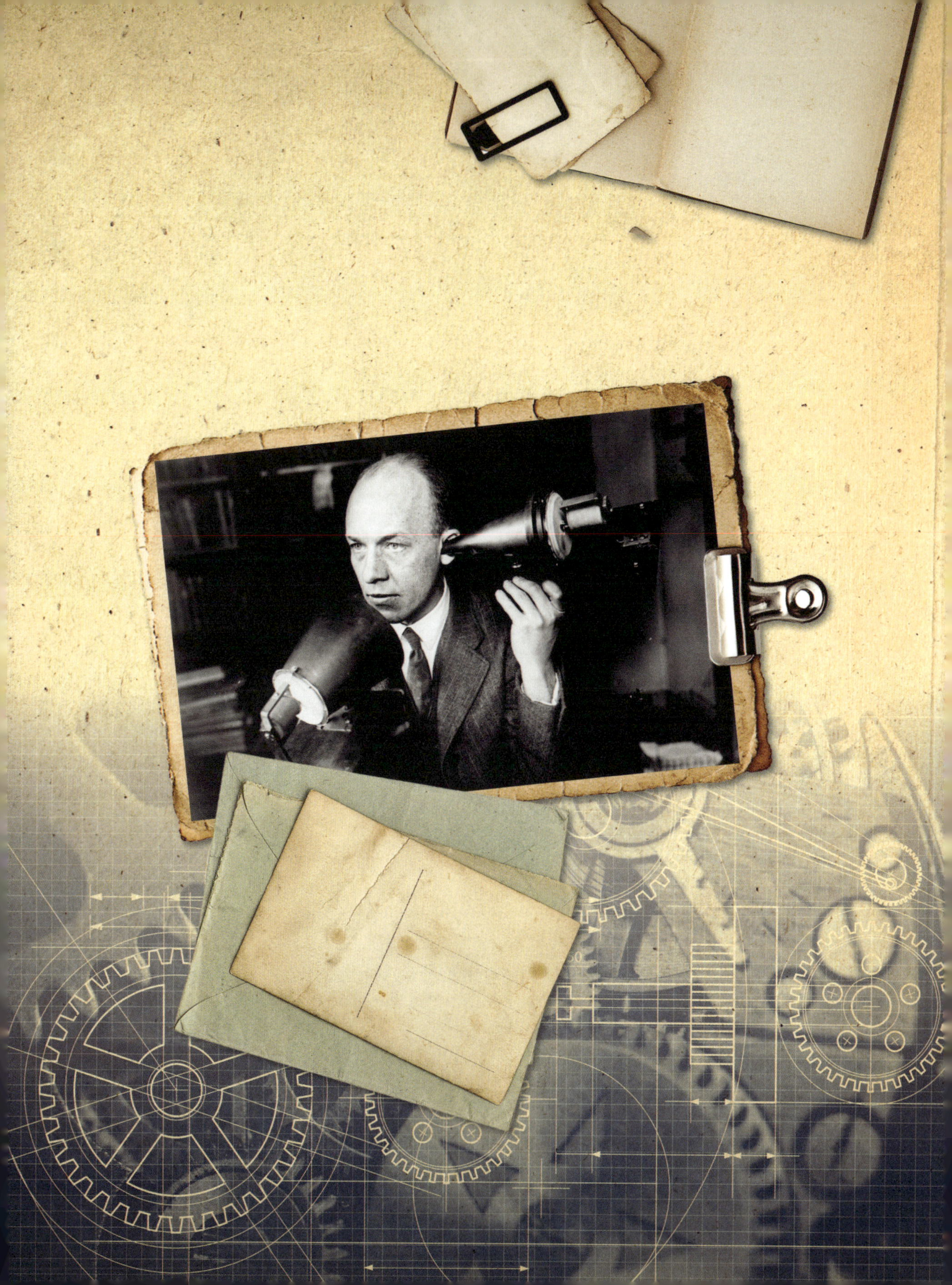

EINGANG ZU BLETCHLEY PARK

# GCCS

ACHTUNG!

Um dieses Kapitel aufschlagen zu können, müssen Sie folgendes Objekte besitzen:

## SICHERHEITSVORKEHRUNGEN IN BLETCHLEY PARK

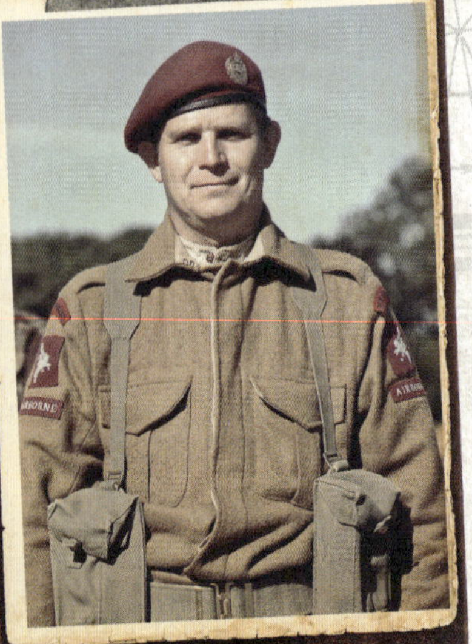

Leutnant Petterson

Die drei Wachleute kommen auf Sie zu, die Maschinenpistole im Anschlag. Doch sobald sie den Passierschein sehen, nehmen sie die Waffen wieder herunter. Sie ergreifen die Initiative und stellen sich vor: »Guten Tag, meine Herren. Ich bin Professor Brandt. Ich werde von Commander Denniston erwartet.«

Einer der Männer, vermutlich der Ranghöchste, überfliegt die Einladung, die Sie ihm aushändigen, und studiert genauestens Ihren Passierschein. Dann wendet er sich an seinen Unterleutnant: »Unterleutnant Morris, unterrichten Sie das Herrenhaus, dass Professor Brandt angekommen ist. Professor, ich bin Leutnant Petterson und für die Sicherheit in Bletchley Park verantwortlich. Willkommen bei der GC & CS. Wenn Sie mich bitte begleiten wollen: Sie müssen noch verschiedene Dokumente unterzeichnen.«

## DIENSTGRADE DER ARMEE

Mit einer Handbewegung verweist Petterson auf ein Häuschen aus Beton, das der Eingangspforte gegenüberliegt. Sie versuchen, ein Gespräch anzubahnen:

»Verzeihen Sie, Adjutant, vermutlich kommt meine Frage Ihnen recht naiv vor ...«

»Leutnant!«

»Ich, ähm ... wie bitte?«

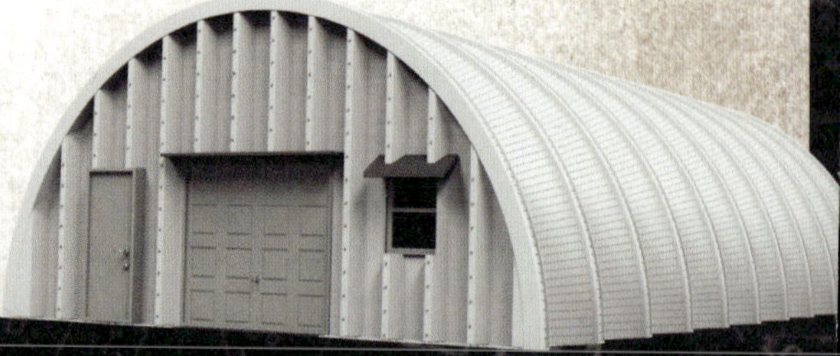

»Ich bin Leutnant, kein Adjutant. Sie sind mit den militärischen Dienstgraden wohl nicht vertraut?«

»Ja, genau.«

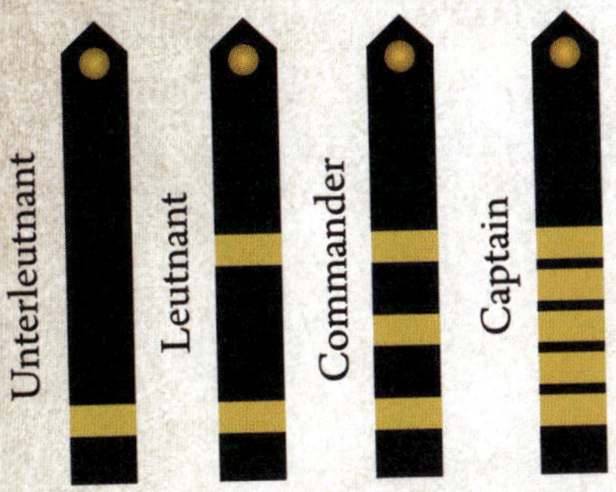


»Im Grunde ist es sehr einfach. Sie müssen nur auf die Streifen der Rangabzeichen achten. Das hier sind die vier wichtigsten Dienstgrade der Royal Navy. Am besten lernen Sie sie auswendig, das kann Ihnen hier in Bletchley Park nur von Nutzen sein! Aber Sie hatten doch noch eine Frage?«

## DER OFFICIAL SECRETS ACT

Nach dieser kurzen Aufklärung nehmen Sie das Gespräch mit Leutnant Petterson wieder auf: »Ja, genau. Meine Frage ist recht simpel: Können Sie mir erklären, warum man mich hierher beordert hat? Und welche Rolle spielt dieser Ort überhaupt?«

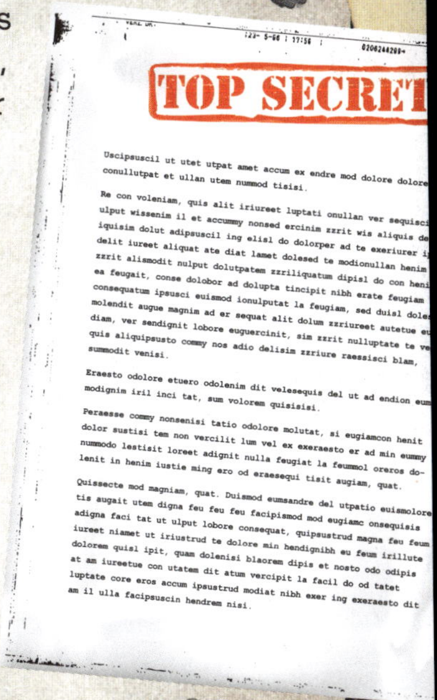


»Ein wenig Geduld, bitte. Sie werden bald Antwort auf all Ihre Fragen bekommen. Aber solange Sie die Erklärung zum Gesetz über den Schutz von Staatsgeheimnissen nicht unterzeichnet haben, bin ich nicht berechtigt, Ihre Fragen zu Bletchley Park zu beantworten.«

»Gesetz zum Schutz von Staatsgeheimnissen? Was soll das denn sein?«

»Das da!« Leutnant Petterson reicht Ihnen einen Stapel Papiere. »Bletchley Park und alles, was hier vorgeht, ist eng mit der nationalen Sicherheit verbunden. Indem Sie diese Papiere unterzeichnen, verpflichten Sie sich, nie über all das zu sprechen, was Sie hier sehen.

Und Sie erklären sich einverstanden, dass man Sie wegen Hochverrats anklagt, wenn Sie Staatsgeheimnisse weitergeben.«

Sie überfliegen das Dokument, das auf mehreren Dutzend Seiten alle möglichen Formen der Spionage aufzählt: Weitergabe von geheimen Informationen (Fotografien, Pläne, Schlüsselwörter, Skizzen etc.), Einmischung in militärische Angelegenheiten, Zurückhaltung von geheimdienstlichen Erkenntnissen, missbräuchliche Benutzung von Uniformen … Auf jede dieser Gefährdungen der nationalen Sicherheit steht Gefängnis, das Strafmaß erreicht in manchen Fällen gar lebenslänglich.

Kein Zweifel: Hier in Bletchley Park ist man nicht zu Scherzen aufgelegt …

## GC & CS

Nachdem Sie die Dokumente durchgelesen haben, unterschreiben Sie. Leutnant Petterson scheint schon ein bisschen ungeduldig zu sein. Aber das Dokument hat nun mal Ihre Neugierde geweckt.

»Jetzt habe ich ja unterschrieben. Können Sie mir nun sagen, was Bletchley Park überhaupt darstellt?«

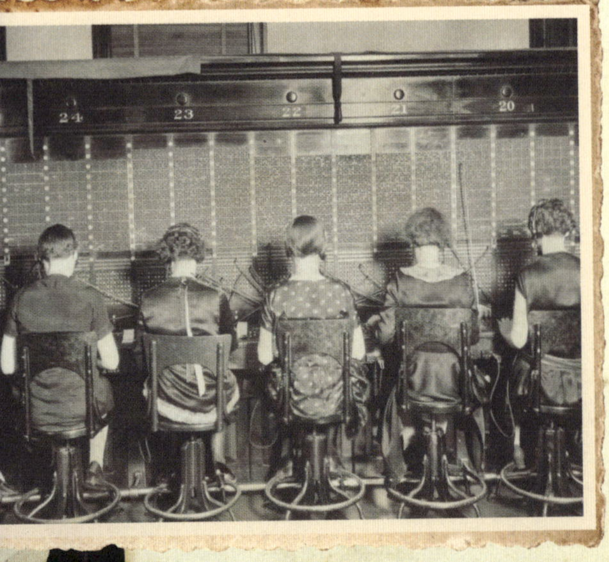


»Ich glaube, Commander Denniston wird Ihnen BP – wie die Eingeweihten es nennen – gerne vorstellen. Aber vorab schon mal so viel: Bletchley Park ist seit neunzehnhundertneununddreißig der Sitz der Government Code and Cypher School, auch ›GCCS‹ genannt. Auf dem zweiundzwanzig Hektar großen Grundstück sind 7000 Menschen Tag und Nacht damit beschäftigt, die Nachrichten der Deutschen zu entschlüsseln.«

Sie wollten gerade nachhaken, als Unterleutnant Morris eintritt. Er runzelt die Stirn.

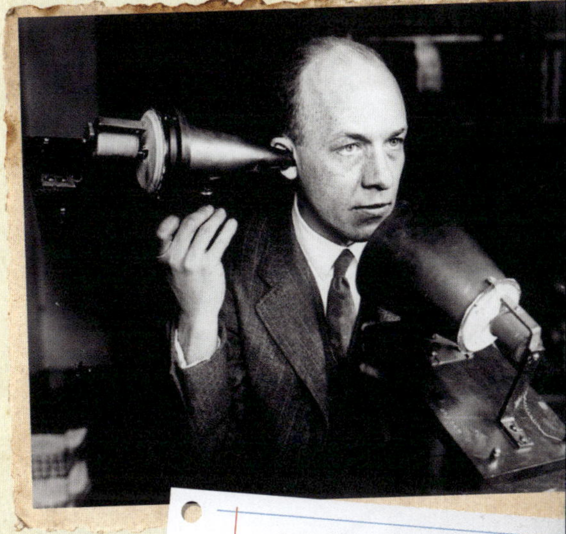

## ÜBERTRAGUNGS-PROBLEME

Es tut mir leid, Sie unterbrechen zu müssen, Leutnant, aber wir haben ein Problem. Ich komme nicht ins Herrenhaus. Turing hat wieder mal die Funksprechanlage lahmgelegt.«

»Schon wieder? Und wahrscheinlich hat er uns wieder ein Rätsel gestellt, um sich über uns lustig zu machen, wie er es auch sonst immer tut.«

»Ja, genau. Er hat ein Blatt mit mehreren Namen hinterlassen. Alles Offiziere, die hier Dienst tun. Ich kapiere gar nichts, aber das ist wahrscheinlich ein Hinweis auf das Codewort der Rufanlage.«

»Zeigen Sie mir das mal, Morris!«

Sie linsen dem Leutnant über die Schulter. Sie wollen sich ja nicht einmischen, aber Sie werden langsam ungeduldig: »Lassen Sie mich doch helfen!«

Captain Cunningham
Commander Denniston
Leutnant Grahams
Captain Pridham
Unterleutnant Morris
Unterleutnant James
Captain Rogers
Captain Oliver
Captain Davis
Leutnant Petterson
Captain Francis
Leutnant Nicolls
Captain Edwards
Commander Keyes
Leutnant Blake

**Welches Passwort mit fünf Buchstaben schützt die Funksprechanlage?**

**BLÄTTERN SIE NICHT WEITER!**

**Bevor Sie die nächsten Seiten aufschlagen können, müssen Sie das obige Rätsel lösen.**

$\delta(q_1, x) = (q_2, y, \leftarrow)$

# ÜBERTRAGUNG GELUNGEN

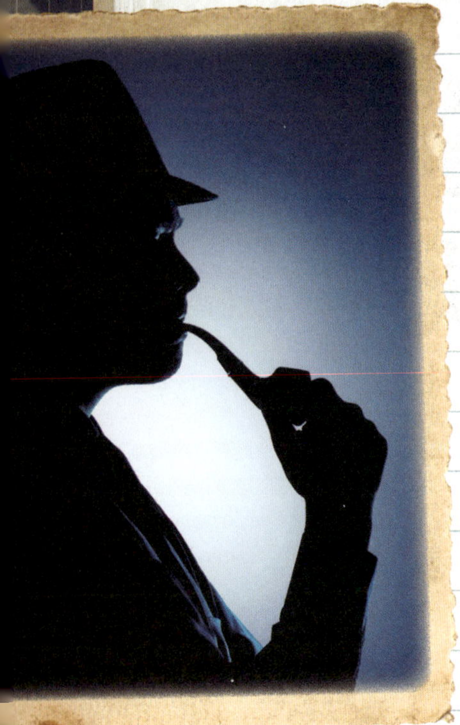

Aus dem angrenzenden Raum hören Sie Unterleutnant Morris jubeln: »Es funktioniert, Leutnant Petterson! Wir können wieder mit dem Herrenhaus kommunizieren.«

Leutnant Petterson bedankt sich mit einem Handschlag. »Gute Arbeit, Professor!«

»Aber ich bitte Sie. Wer ist denn dieser Turing, von dem Sie da reden?«

»Ach, das werden Sie bald selbst herausfinden! Außerdem ist er Ihnen vermutlich gerade eben begegnet. Der Typ auf dem Fahrrad mit der Gasmaske … Er meint, das schützt ihn vor Heuschnupfen … Alan Turing mag weder das Militär noch Autoritäten im Allgemeinen. Und diese Art von Scherzen ist absolut typisch für ihn. Aber wir haben jetzt schon genug Zeit verloren. Der Commander erwartet Sie im Herrenhaus. Das ist das große viktorianische Gebäude am Ende dieser Allee. Versuchen Sie, sich nicht zu verlaufen. Hier ist der Plan, mit dem Sie sich zurechtfinden können.«

Endlich durchschreiten Sie das große Tor.

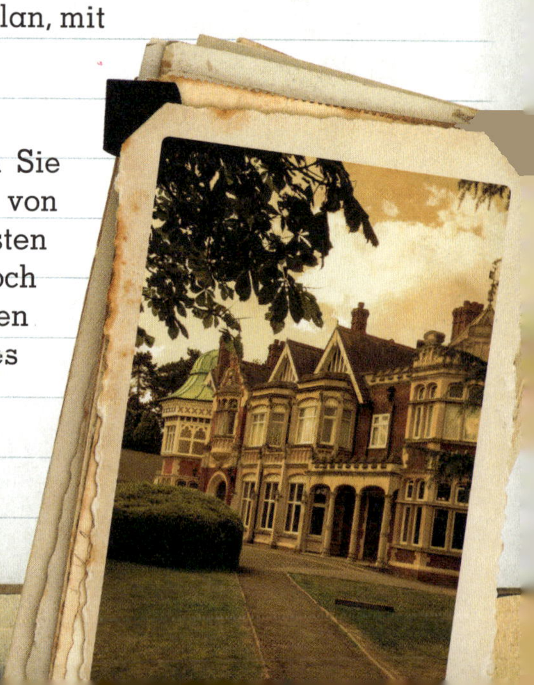

Mit dem Plan in der Hand durchmessen Sie zunächst die Allee, die auf beiden Seiten von großen Rasenflächen gesäumt ist. Ihre ersten Schritte in Bletchley Park. Sie wissen es noch nicht, aber die folgenden Monate werden Ihr Leben verändern. Und den Verlauf des Krieges.

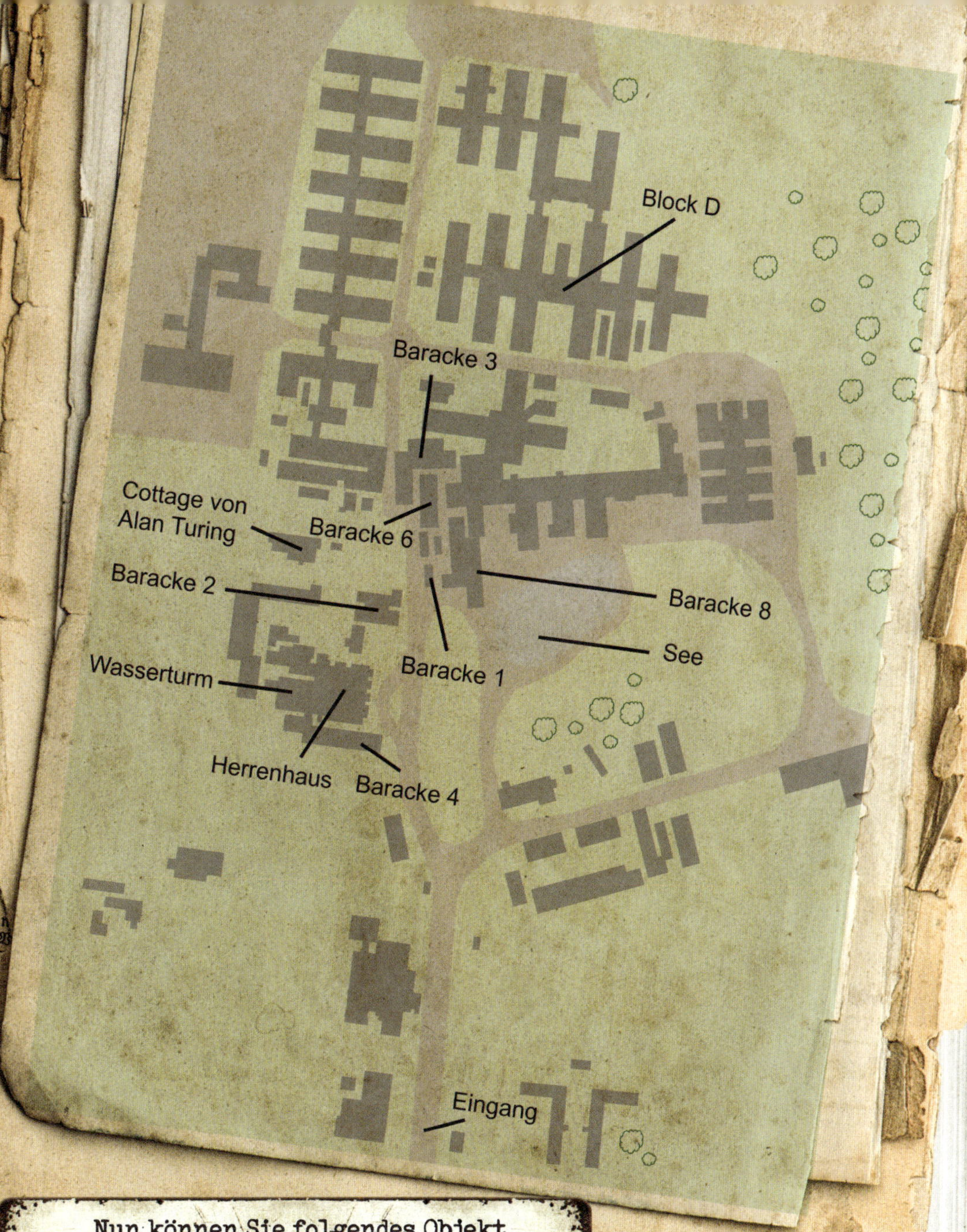


Nun können Sie folgendes Objekt zu Ihrem Inventar hinzufügen. Es verschafft Ihnen Zugang zu anderen Kapiteln:

**LAGEPLAN VON BLETCHLEY PARK**

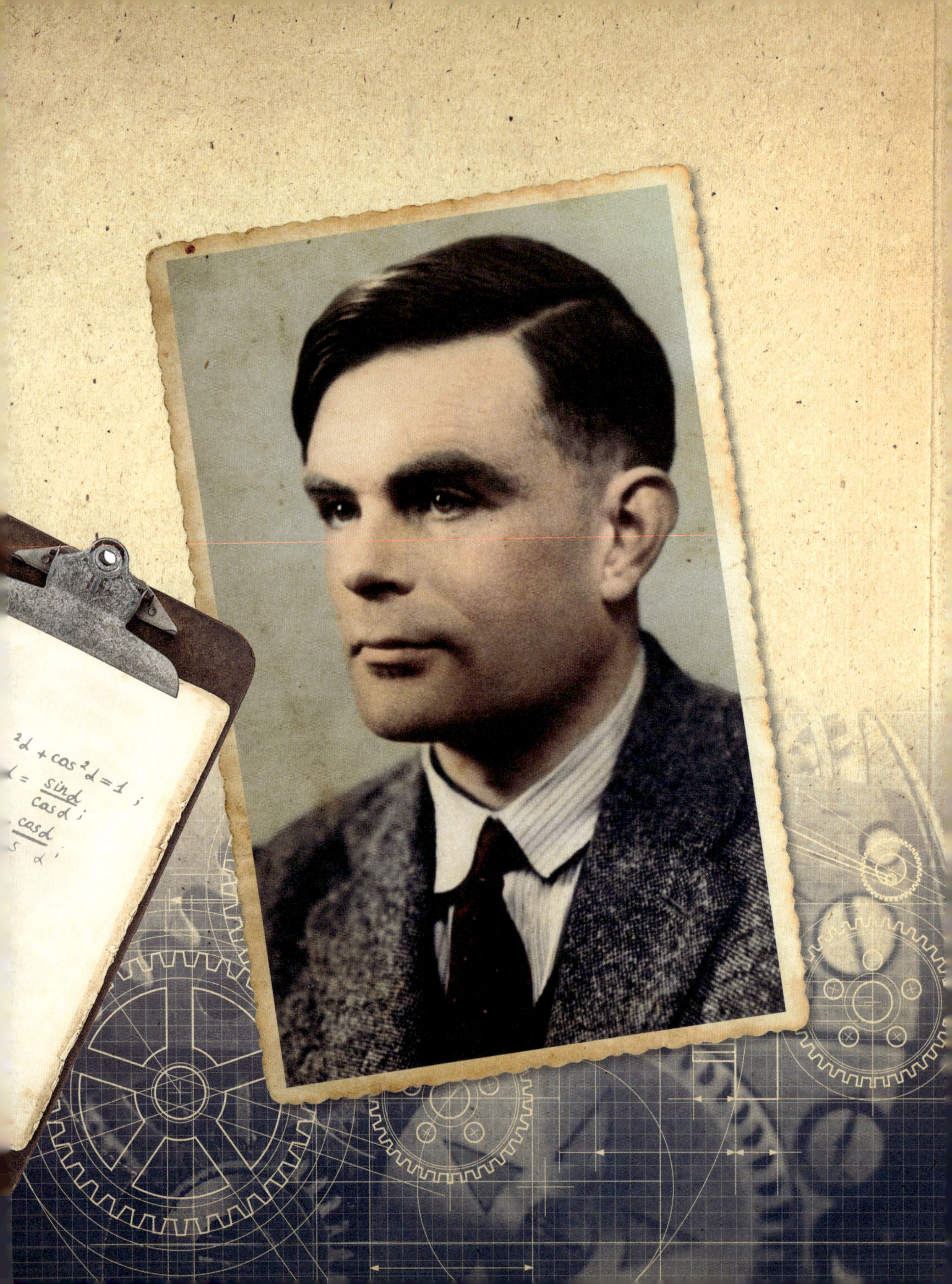

DAS HERRENHAUS

# EINE BEFREMDLICHE BEGEGNUNG

**ACHTUNG!**

Um dieses Kapitel aufschlagen zu können, müssen Sie folgende Objekte besitzen:

## STILMISCHMASCH

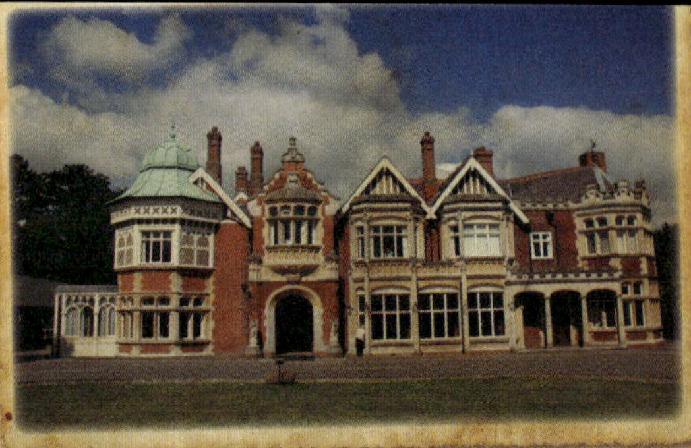

Sie stehen auf dem Rasen vor dem Herrenhaus und betrachten das Gebäude mit einiger Skepsis. Vorbauten, Säulen, Ziegelmauern, Bogenfenster, Ziegel- und Kupferdächer und Dachvorsprünge. Das Herrenhaus, das architektonisch so einige Zweifel erweckt, ist ein Mischmasch aus allen möglichen Stilen: viktorianisch, neugotisch und barock.

Am Eingang steht wieder ein Wachsoldat, der Ihren Passierschein prüft. Dann begleitet er sie ins Gebäude. Sie folgen ihm durch einen holzgetäfelten Gang mit grünem, geblümtem Teppichboden. Schließlich stehen Sie vor dem Büro von Commander Denniston.

Der Soldat klopft dreimal, öffnet die Tür und lässt Sie eintreten.

## COMMANDER DENNISTON

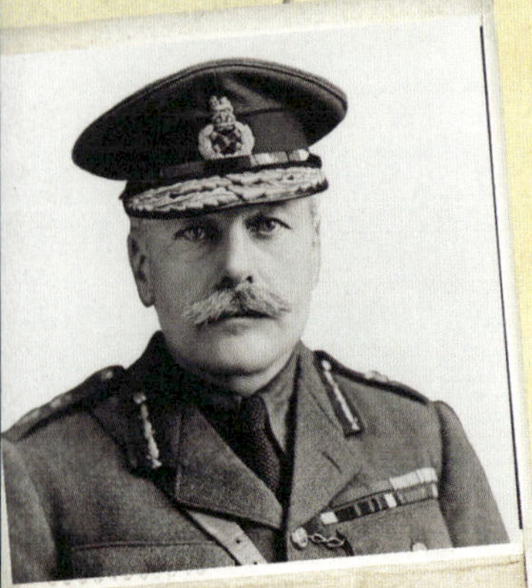

Alastair Denniston

Commander Alastair Denniston kommt Ihnen entgegen und begrüßt Sie jovial: »Professor Brandt! Ich bin erfreut, dass Sie zu uns stoßen. Ich hoffe, Ihre Reise von Oxford nach Bletchley verlief angenehm?«

Obwohl Denniston klein und schon um die sechzig ist, hat er ein stattliches Auftreten. Er deutet auf einen Sessel und bittet Sie, Platz zu nehmen.

Hinter dem Schreibtisch, in einem der Fenstererker, steht ein Mann, der Ihnen den Rücken zudreht. Er scheint ganz in die Betrachtung des Parks versunken und wendet sich nicht um.

# EINE ÄUSSERST BUNT GEMISCHTE TRUPPE

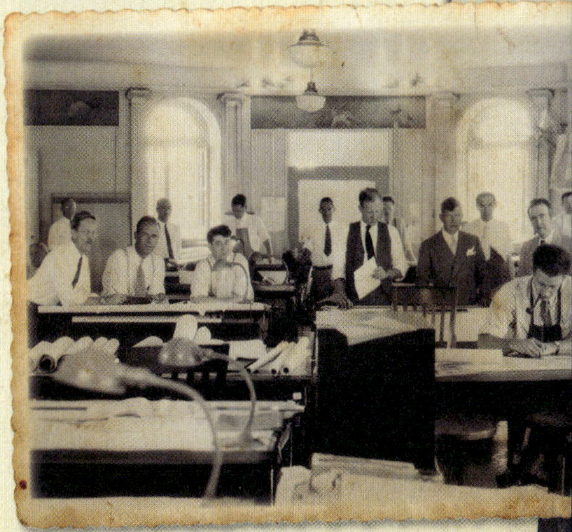

Sicher fragen Sie sich, weshalb wir Ihre Dienste benötigen. Nun, seit einigen Monaten haben wir hier in Bletchley Park die besten Köpfe Großbritanniens versammelt, um eine einzige Aufgabe zu lösen: die Codes der Deutschen zu knacken. Wenn wir die Nachrichten der Achsenmächte entschlüsseln können, verleiht uns dies einen enormen Vorteil in diesem Krieg. Ich habe Ihren Lebenslauf studiert, Professor. Sie sind Inhaber eines Lehrstuhls für Mathematik an der Universität Oxford und …«

In diesem Moment ist ein spöttischer Seufzer aus dem Erker zu vernehmen. Denniston achtet weiter nicht darauf und fährt fort: »… und Ihre Leidenschaft für Denkspiele und Puzzles hat mich zu der Auffassung gebracht, dass Sie gut zu uns passen würden. Mathematiker, Ingenieure, Schachmeister, Kreuzworträtsler, Sprachwissenschaftler … Unsere Gruppe ist recht bunt zusammengesetzt, aber es handelt sich durchweg um Menschen, die komplexe Probleme lösen, die frei denken können. Männer wie Sie, Professor Brandt, brauchen wir.«

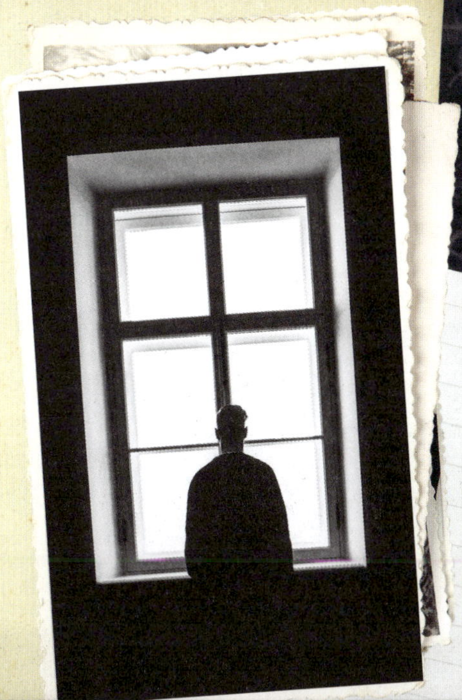

Wieder kommt ein spöttisches Lachen vom Fenster. Commander Denniston kann den Urheber nicht länger ignorieren. »Hm … also gut. Es ist soweit. Professor Brandt, ich möchte Ihnen Alan Turing vorstellen.«

# ALAN TURING UND DIE ENIGMA

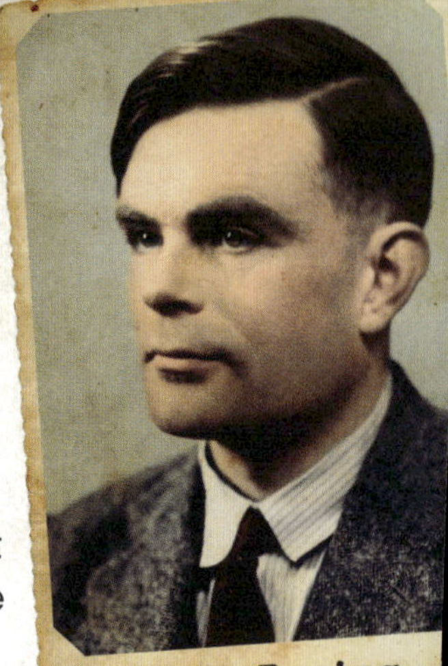
Alan Turing

Als er seinen Namen hört, dreht der Mann am Fenster sich endlich um. Er ist mittelgroß und ungefähr dreißig Jahre alt. Alan Turing scheint sich in seiner Haut nicht besonders wohlzufühlen. Sein Anzug passt nicht, die Hose wird von einer Schnur um die Taille gehalten.

Sie geben einander die Hand, während Commander Denniston die Vorstellung fortsetzt: »Alan Turing hat am King's College in Cambridge studiert und eine Goldmedaille in Mathematik gewonnen. Außerdem hat er für seine Arbeiten zur Wahrscheinlichkeitsrechnung den Smith-Preis erhalten. Nach Bletchley Park kam er im September Neununddreißig. Er leitet die Arbeit in »Baracke 8«, einem der Holzgebäude, die auf dem Gelände errichtet wurden. Dort befasst man sich mit der Entschlüsselung der deutschen Chiffriermaschine Enigma. Turing wird Sie mit dem Gerät vertraut machen.«

Das versteht Turing offensichtlich als Einladung. Mit seiner hohen Stimme erklärt er: »Die Enigma ist eine el... elektromechanische Maschine zum Chiffrieren und Dechiffrieren von Nachrichten. Ihre Erfinder halten sie für absolut sicher. Die Nachrichten werden chiffriert durch elektrischen Strom, der eine Reihe von El... Elementen ... durchfließt und ...«

Commander Denniston schneidet ihm das Wort ab. »Wie gesagt, Turing wird Ihnen die Enigma ausführlich erklären. Alles in allem haben wir durch die Arbeit in Bletchley Park in den letzten beiden Jahren enorme Fortschritte gemacht. Wir schaffen es regelmäßig, die Nachrichten der deutschen Luftwaffe zu entschlüsseln. Die Enigma, die für die Marine eingesetzt wird, ist komplexer aufgebaut. So weit sind wir noch nicht. Es gibt also noch viel zu tun, und dafür brauchen wir Leute wie Sie. Das ist es, was wir Ihnen anbieten: Nehmen Sie teil an diesem höchst geheimen Krieg. Dem Krieg gegen eine Maschine.«

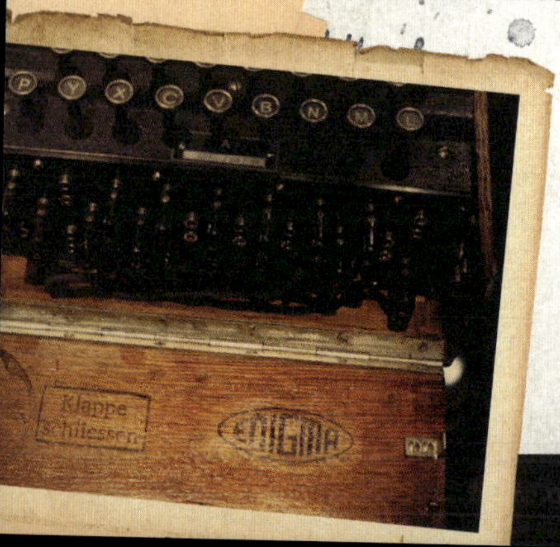

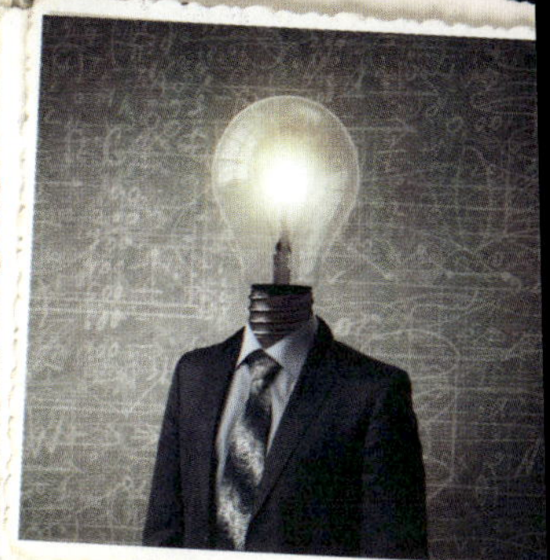

# EINE LETZTE HERAUSFORDERUNG

Sie machen klar, dass Sie an diesem Abenteuer tatsächlich sehr interessiert sind, doch Turing unterbricht Sie mit schneidenden Worten. Er tut so, als wären Sie gar nicht im Raum.

»Commander, ich möchte gegen diese Entscheidung Einspruch erheben. Wir sind ohnehin schon viele: Welchman, Twinn, Alexander und … wie heißt er doch noch gleich … ah ja, Barry! Ich möchte nur eine kleine Gruppe haben.«

»Sie, lieber Turing, würden am liebsten nur mit sich selbst zusammenarbeiten! Sie sind hier sicher einer der brillantesten Köpfe, aber nicht einmal Sie werden die Enigma im Alleingang knacken.«

»Dann möchte ich Brandt wenigstens einem letzten Test unterziehen, bevor er Zugang zu unserer Gruppe erhält. Wir können uns Fehler bei der Personalauswahl einfach nicht erlauben.«

»Ein letzter Test, sagen Sie? Nun gut. Wenn Professor Brandt das auch akzeptiert …«

Turing wartet erst gar nicht auf Ihre Antwort. Er zieht ein Blatt Papier aus der Tasche seines Jacketts. Als Sie es entfalten, sehen Sie folgende schematische Darstellung:

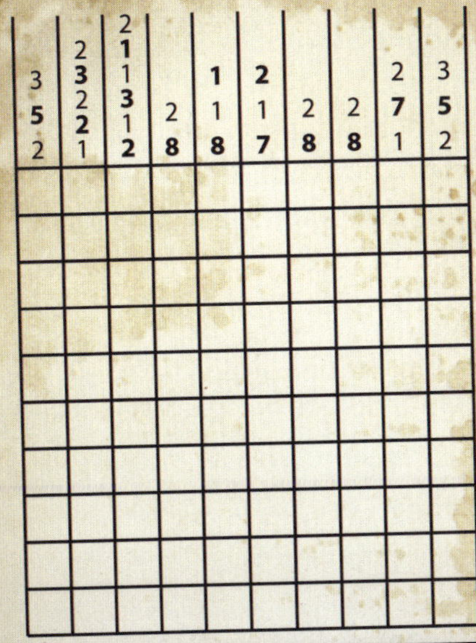


**Was kann das nur bedeuten?**

**BLÄTTERN SIE NICHT WEITER!**

**Bevor Sie die nächste Seite aufschlagen dürfen, müssen Sie das obige Rätsel lösen.**

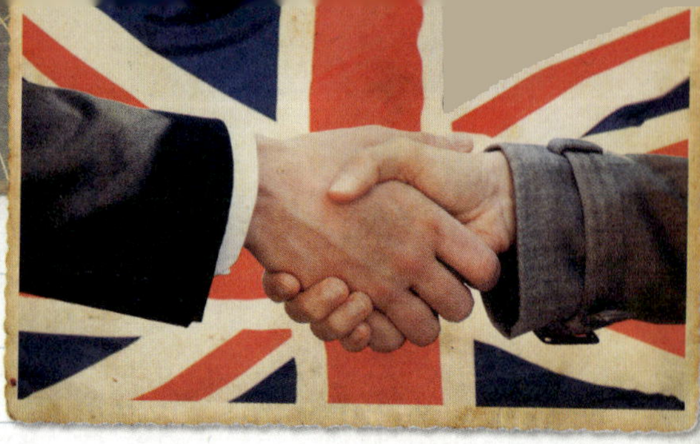

## ENGAGIERT!

Commander Denniston gratuliert Ihnen zur Lösung des Rätsels. »Bravo, Professor Brandt. Damit sind Sie nun also offiziell mit an Bord!«

Wieder versucht Turing, sich einzumischen: »Wirklich, Commander, ich bin mir da gar nicht sicher …«

»Turing, es reicht jetzt! Soweit ich weiß, erteile immer noch ich hier die Befehle. Also, Professor, was sagen Sie dazu?«

»Es wäre mir eine Ehre, meinem Land dienen zu können, indem ich in Bletchley Park arbeite, Commander.«

»Ausgezeichnete Entscheidung! Hier haben Sie Ihre Akkreditierung, die Ihnen den Zutritt zu fast allen Gebäuden von BP erlaubt. Turing, ich möchte, dass Sie Brandt in Ihre Arbeit mit der Enigma einweihen und ihm erklären, wie weit wir bei der Dechiffrierung schon sind.«

## DIE EINKAUFSLISTE

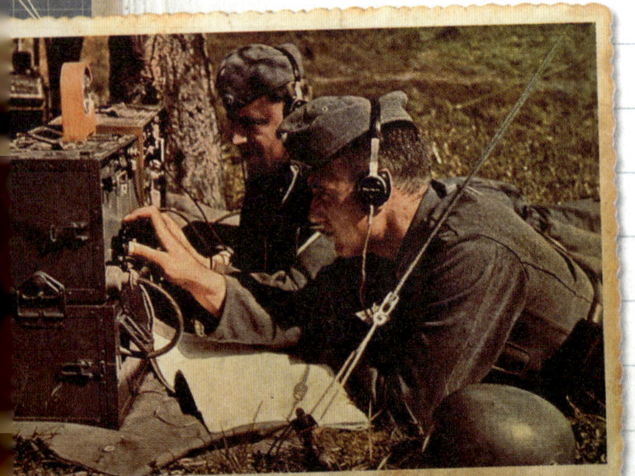

Angesichts von Dennistons Entschlossenheit gibt Turing sich geschlagen. »Nun gut. Vermutlich wird es das Einfachste sein, ich erkläre Ihnen, wie die Enigma funktioniert. Sie müssen wissen, wie sie chiffriert und dechiffriert, damit Sie uns nützlich sein können. Holen Sie sich bei Joan Clarke in Block D einen Nachbau der Maschine ab, mit dem wir Neuankömmlinge ausbilden. Damit wir an einem konkreten Beispiel arbeiten können, gehen Sie zuerst in den

Wasserturm. Dort werden die Funksprüche abgefangen. Holen Sie sich also einen Funkspruch zum Üben.«

Sie ziehen ein Büchlein aus der Tasche und machen sich Notizen. Turing aber spricht einfach weiter wie ein Maschinengewehr: »Außerdem brauchen wir den Tagesschlüssel. Um diese Zeit des Tages haben die Kryptoanalysten in Baracke 6 den vermutlich schon gefunden. Bitten Sie John Herivel darum. Sagen Sie, dass Sie von mir kommen. Das freut ihn. Für den Moment wäre das alles! Wenn Sie alles beisammen haben, kommen Sie zu mir in Baracke 8. Und bringen Sie mir meine Teetasse mit. Ich glaube, ich habe sie irgendwo stehen lassen, wahrscheinlich in Baracke 2. So kommen Sie wenigstens ein bisschen herum hier in BP! Stören Sie mich bitte nicht, bevor Sie nicht alles haben. Ich habe sehr viel Arbeit, und meine Zeit ist kostbar. Noch Fragen?«

»Ich … ich frage mich nur, was ich mit meinem Koffer anfangen soll … Wissen Sie, wo ich unterkomme, solange ich hier bin?«

Offensichtlich genervt von dieser elend praktischen Frage, dreht Turing sich zu Denniston um. Dieser beruhigt Sie: »Keine Sorge. Wir haben für Sie eine Unterkunft ganz in der Nähe gefunden, in einem besonderen Haus. Hier die Schlüssel und die Adresse. Sie können dort jederzeit einziehen. Und Sie werden Anzüge in Ihrer Größe vorfinden. Ich freue mich, Sie an Bord zu haben, Professor!«

**Nun können Sie folgende Objekte zu Ihrem Inventar hinzufügen.**
**Sie verschaffen Ihnen Zugang zu anderen Kapiteln:**

**AKKREDITIERUNG**
**SCHLÜSSEL ZUR UNTERKUNFT**

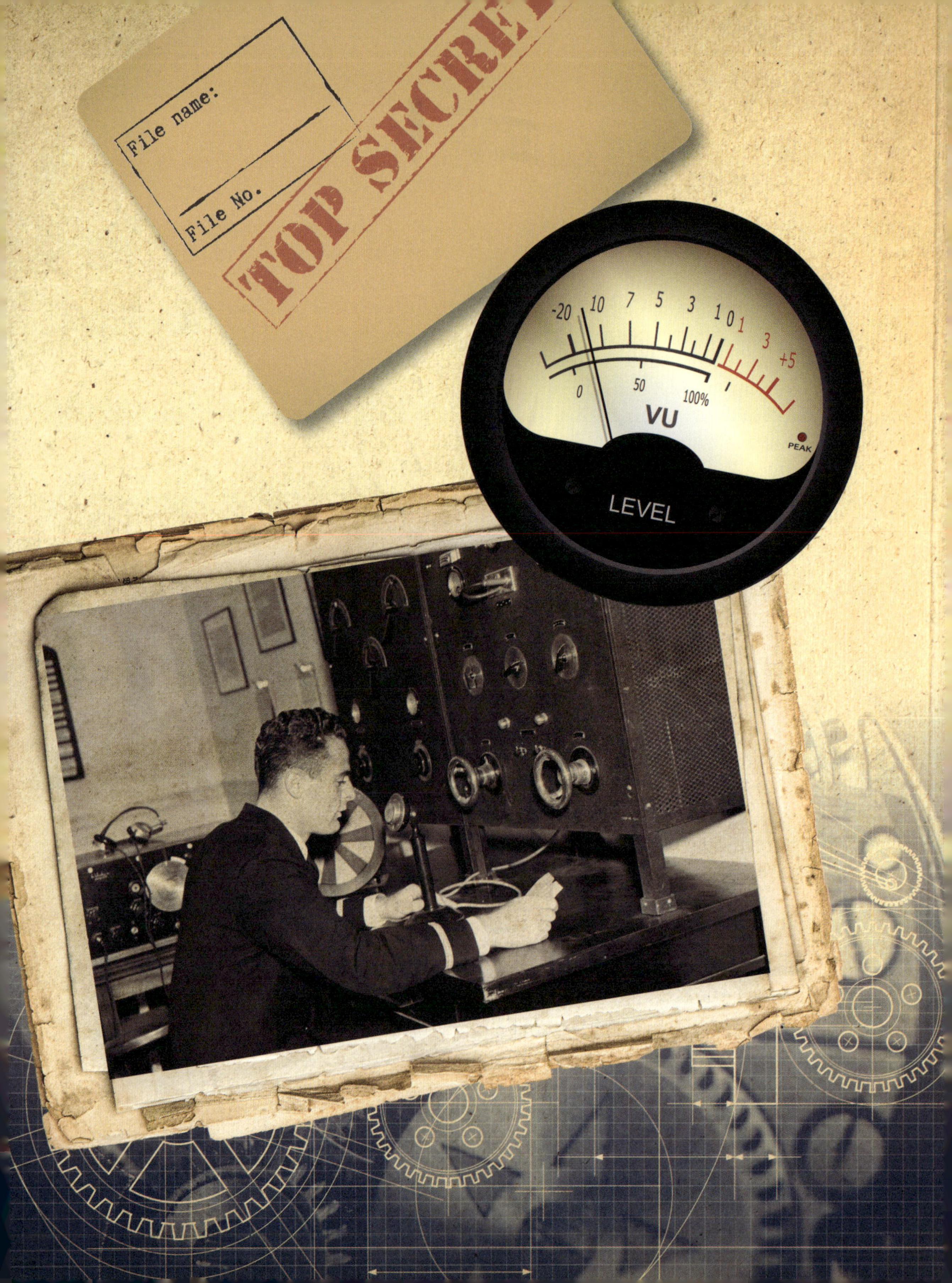
File name:
File No.
TOP SECRE
VU
LEVEL
PEAK

## DER WASSERTURM

# DIE MÄNNER VON STATION X

**ACHTUNG!**

Um dieses Kapitel aufschlagen zu können, müssen Sie folgende Objekte besitzen:

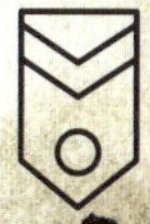

## DAS INNERE DES HERRENHAUSES

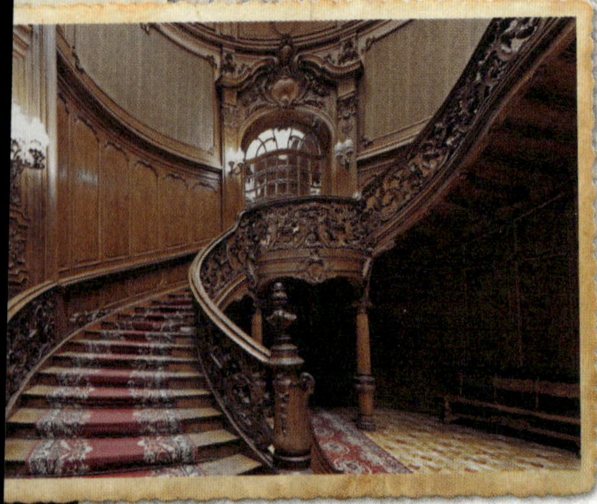

Der Soldat, der Sie in Commander Dennistons Büro brachte, hat Ihnen nur ein paar vage Erklärungen gegeben, was die Lage des Wasserturms angeht. Dieser ist in einem der Türmchen des Herrenhauses untergebracht und beherbergt die Funkabhörstation. Da Alan Turing Ihnen die Funktionen der Enigma anhand eines konkreten Beispiels zeigen möchte, müssen Sie sich von dort einen der abgefangenen deutschen Funksprüche besorgen.

Sie halten sich an die Anweisungen des Soldaten und durchmessen die Flure des Hauptgebäudes. Die Innenausstattung gefällt Ihnen ebenso wenig wie das Äußere. Von der Eingangshalle aus führt eine breite, mit Teppichboden belegte Holztreppe in die oberen Stockwerke. Sie durchqueren mehrere von Kristalllüstern erhellte Säle mit Fischgrätparkett. In diesem Gewirr von Gängen verlaufen Sie sich beinahe, bevor Sie endlich den Turm erreicht haben.

## DIE ABHÖRSTATION

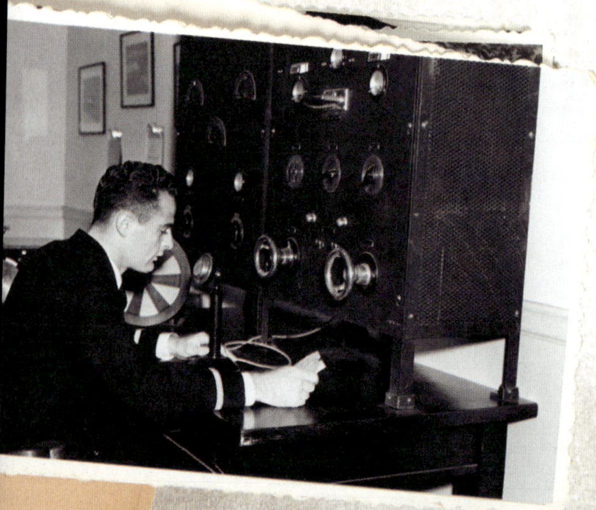

An der Tür zu einem Speicher hängt ein Schild: »Station X«. Sie klopfen dreimal und eine Stimme grummelt ein »Herein!«.

Ein winziger Raum, in dem ein etwa dreißigjähriger Mann sich über einen Tisch beugt und mehrere Tasten betätigt. Eine Funkstation. Er ist schwer beschäftigt und bemerkt Sie kaum. Sie räuspern sich kurz.

»Ähm, entschuldigen Sie bitte die Störung. Ich suche die letzten Meldungen von der deutschen Luftwaffe.«

»Ich werde sie wie üblich an Baracke 6 weitergeben. Sie müssen nicht hierherkommen, um mir noch mehr Druck zu machen. Ich habe wirklich viel zu tun.«

Trotz des sarkastischen Tonfalls spielen Sie Ihre Trumpfkarte aus, um die Dinge etwas zu beschleunigen: »Alan Turing schickt mich.«

»Aha. Nun, dann werde ich sehen, was ich tun kann. Setzen Sie sich. Es dauert noch ein paar Minuten.«

## CODENAME: STATION X

Sie setzen sich und sehen sich um. Die Abhörstation ist ein enger Raum voller Funkgeräte. Ein winziges Fenster geht auf den Park hinaus, aber die Aussicht wird von einem gewaltigen Mammutbaum verstellt. Der Funker dreht an den Knöpfen. Trotzdem fragen Sie: »Ich bin neu in Bletchley Park. Warum heißt das hier ›Station X‹?«

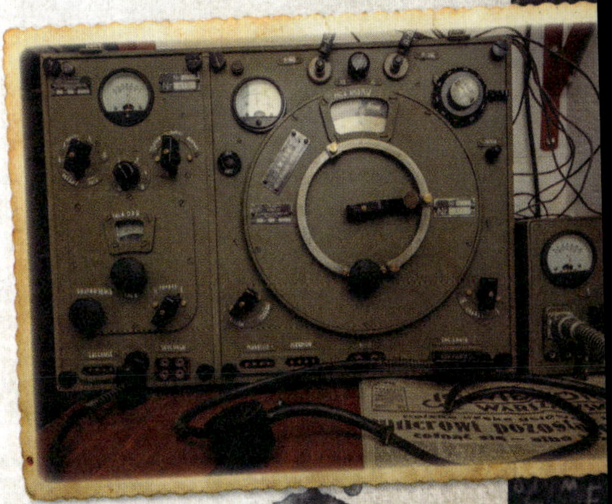

»Das X steht für die römische Ziffer Zehn. Es handelt sich hier um die zehnte Abhörstation, die der Secret Intelligence Service eingerichtet hat. Heute steht ›Station X‹ für die gesamte GC & CS.«

Seit der Funker gehört hat, dass Sie von Alan Turing kommen, ist er sehr viel gesprächiger.

»Diese Abhörstation wird allerdings bald verschwinden. Die riesigen Antennen ziehen zu viel Aufmerksamkeit auf Bletchley Park.

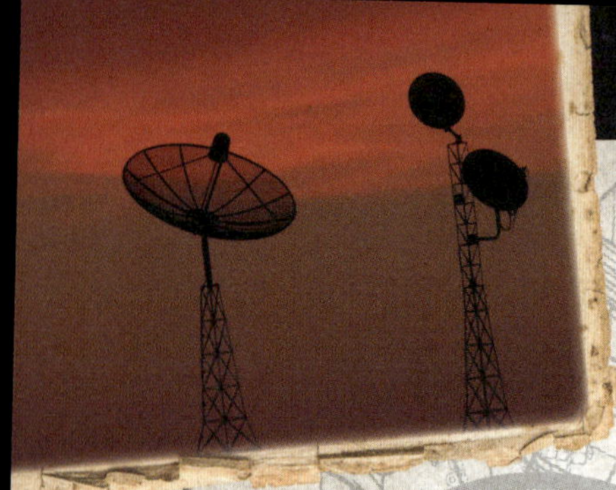

Commander Denniston hat angeordnet, dass die Station in Whaddon Hall aufgebaut wird. Das liegt fünf Kilometer weiter westlich.«

»Und dies ist die einzige Abhörstation, die Bletchley feindliche Funksprüche liefert?«

»Nein, es gibt noch weitere mit dem Codenamen ›Station Y‹, die über das ganze Land verteilt sind. Die chiffrierten Nachrichten werden von motorisierten Kurieren gebracht. Glücklicherweise übrigens, denn ich glaube, heute könnten wir unsere Abhörstation ohnehin nicht nutzen.«

## PROBLEME BEIM ABHÖREN

Funktioniert die Station nicht richtig?«

»So ist es, und ich weiß nicht recht, was los ist. Wie jeden Monat muss ich den Empfänger so einstellen, dass ich die Nachrichten der Deutschen abfangen kann. Das mache ich mit diesen drei farbigen Reglern: ›F‹ für die Frequenz, ›I‹ für die Intensität des Signals ›L‹ für die Wellenlänge.«

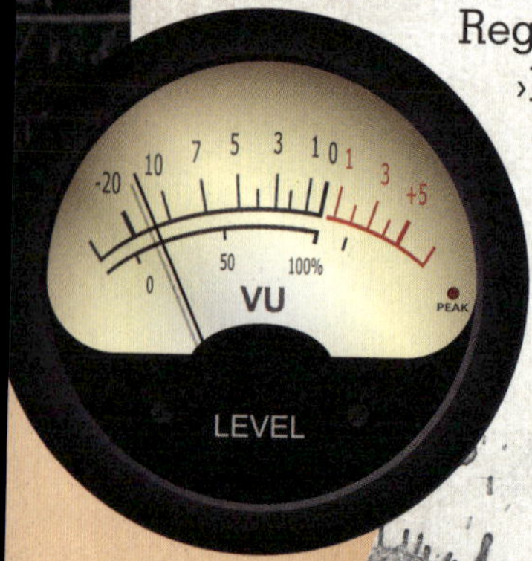


Sie nehmen den Empfänger in Augenschein und erkennen die drei Knöpfe inmitten diverser Skalen:

Der Funker ist offensichtlich beunruhigt: »Station X und die anderen Abhörstationen erhalten jeden Monat Anweisungen vom MI6, was die neuen Frequenzen der

Deutschen angeht. Die Botschaften sind immer kurz, auch weil sie sich so leichter geheim halten lassen. Und ich muss ja zugeben: Ich hätte besser hinhören sollen, als mein Vorgänger mir letzten Monat erklärt hat, wie das mit den Einstellungen läuft. Aber wenn ich die Maschine jetzt nicht bald richtig bediene, bekomme ich saftig was auf die Ohren.«

Sie sehen, dass der junge Funker wirklich in Schwierigkeiten steckt, und wollen helfen. Also werfen Sie einen Blick auf die Nachricht des MI6.

Sie überlegen kurz, dann ist Ihnen klar, welche Logik dahintersteht.

»Keine Sorge, ich werde Ihnen helfen.«

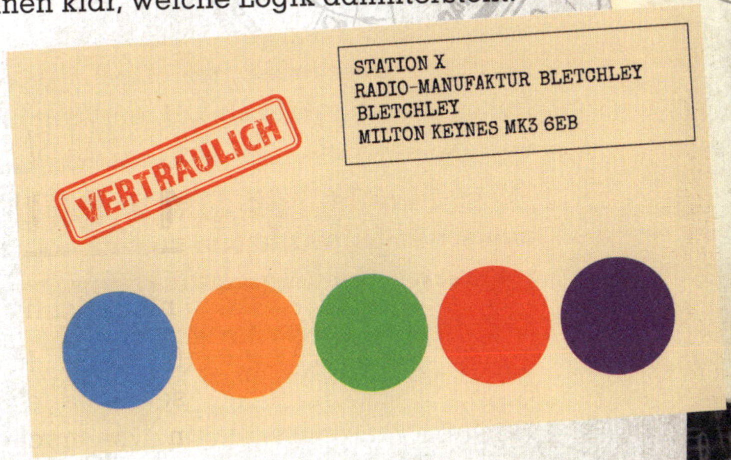


**Welches Codewort mit fünf Buchstaben entspricht den Anweisungen des MI6?**

## BLÄTTERN SIE NICHT WEITER!

**Bevor Sie die nächsten Seiten aufschlagen können, müssen Sie das oben stehende Rätsel lösen.**

# DER »PROF«

Sie verlassen sich auf Ihren Instinkt und drücken auf einige Knöpfe, um die Einstellung einzugeben, die die Funkexperten des Secret Intelligence Service geliefert haben. Schon fangen die Nadeln an, auf den Skalen hin und her zu tanzen. Der Abhörapparat fängt also wieder Funksprüche auf.

Ohne noch mehr Zeit zu verlieren, bedankt sich der junge Mann mit einem freundschaftlichen Schulterklopfen und setzt sich. Er zieht die Kopfhörer über und schreibt mit, was er hört. Nachdem er mehrere Karteikarten vollgekritzelt hat, um seinen Rückstand aufzuholen, dreht er sich zu Ihnen um: »Sie warten auf eine bestimmte Nachricht?«

»Nein. Alan Turing hat nur gemeint, ich solle ihm eine Nachricht der deutschen Luftwaffe von diesem Tag mitbringen. Er möchte mir daran zeigen, wie die Enigma funktioniert.«

»Ah, dieser Turing ist schon eine Nummer, nicht wahr? Hier nennt man ihn den ›Prof‹, obwohl er ja nie einen Lehrstuhl hatte. Er ist auch nicht gerade geschickt, was soziale Beziehungen angeht. Aber ansonsten ist er in Ordnung!«

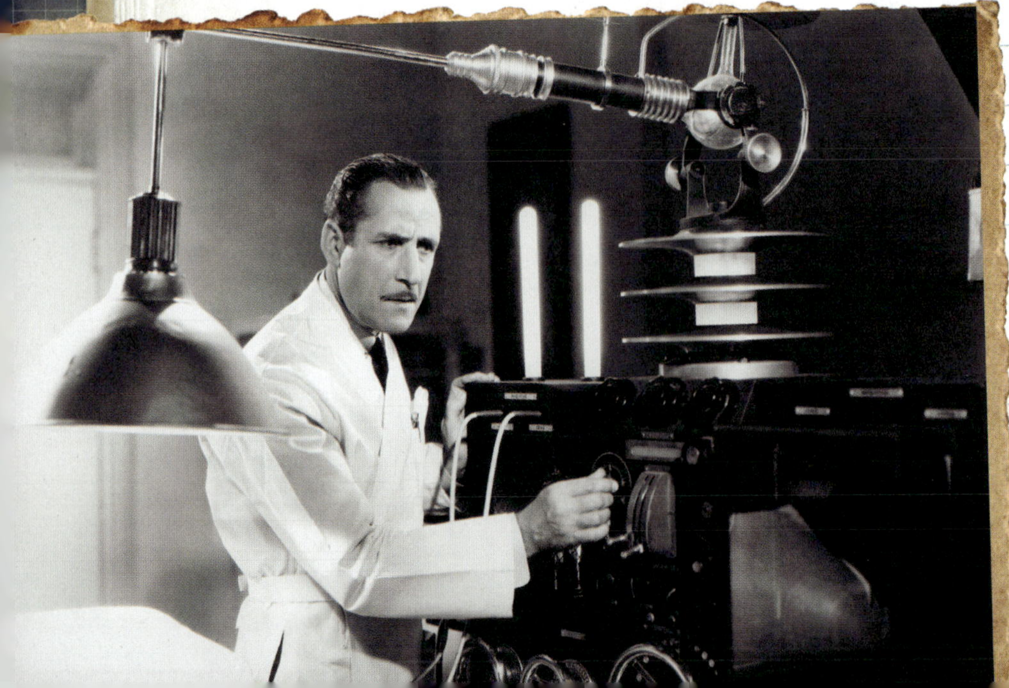

# DIE KODIERTE NACHRICHT

Wieder fangen die Zeiger zu zittern an, der Funker schreibt mit. Er notiert die Buchstaben auf einer neuen Karteikarte und händigt sie Ihnen aus.

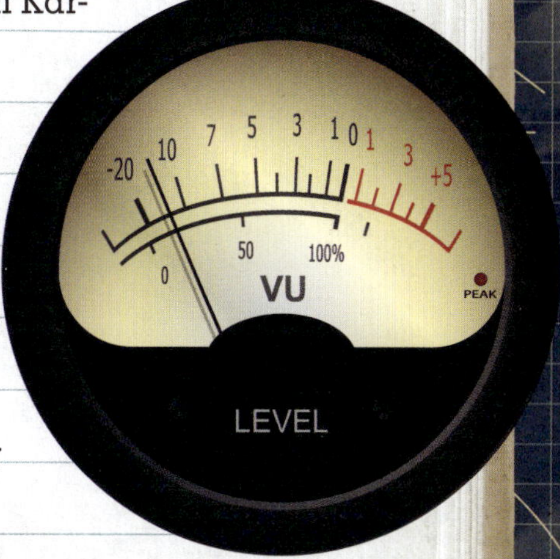


»Hier, das müsste passen. Eine brandneue Nachricht von der Luftwaffe! Ich lasse sie parallel in Baracke 6 bringen. Diese Kopie bringen Sie Alan Turing. Und vielen Dank für Ihre Hilfe. Sie haben was gut bei mir!«

Sie überlassen den jungen Mann wieder seiner Arbeit und nehmen Ihre Karteikarte mit. So ganz sicher sind Sie sich allerdings nicht, was Sie hier auch wieder rausfinden.

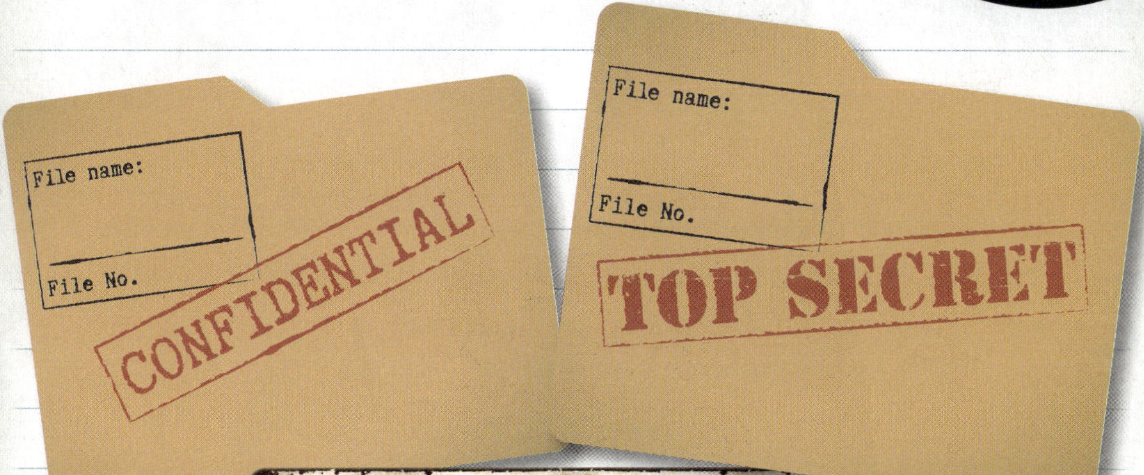


Nun können Sie folgendes Objekt zu Ihrem Inventar hinzufügen. Es verschafft Ihnen Zugang zu anderen Kapiteln:

**DIE KODIERTE NACHRICHT**

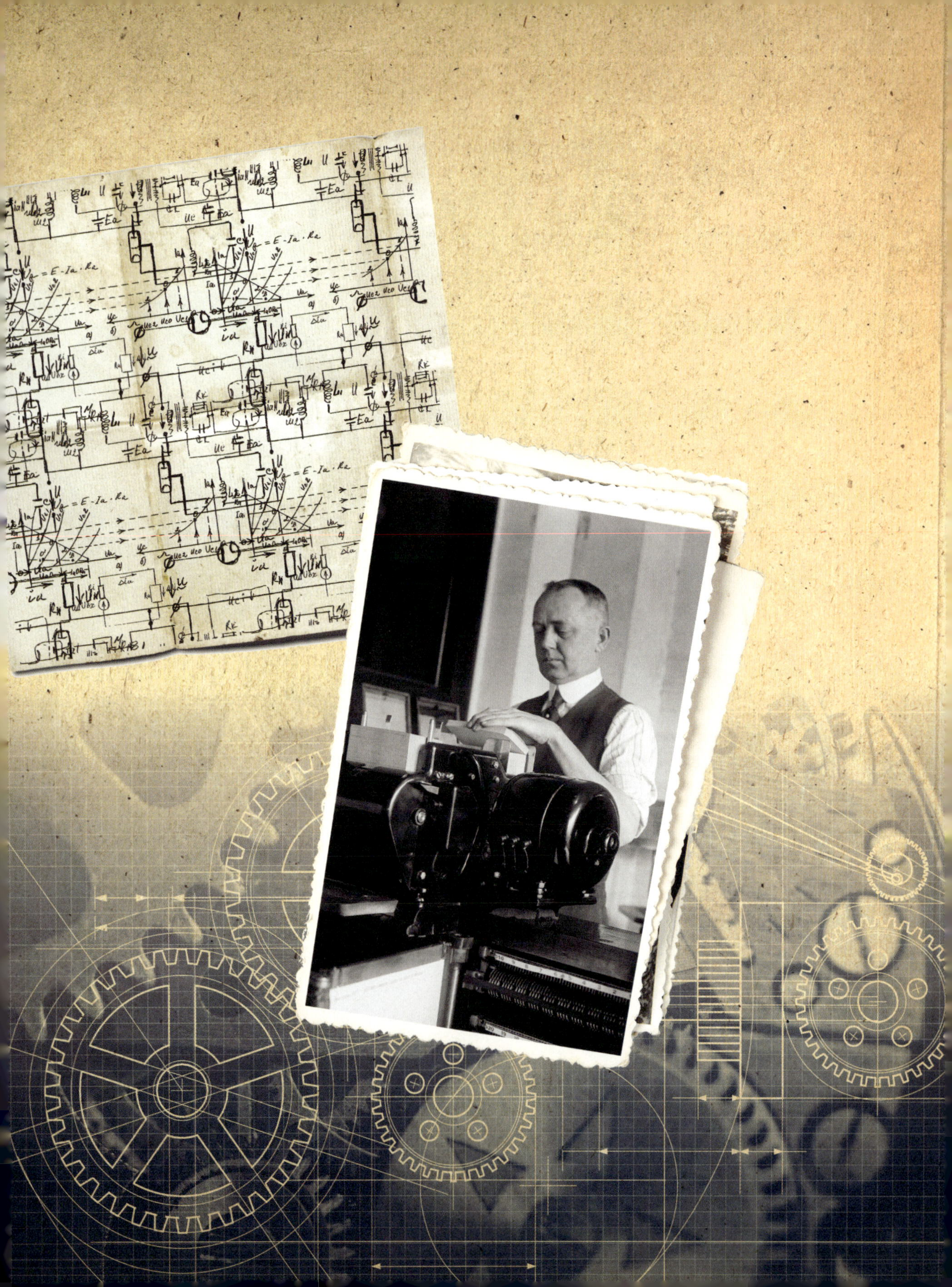

## BARACKE 1

$\sin^2\alpha + \cos^2\alpha = 1$; $tg\,\alpha = \frac{\sin\alpha}{\cos\alpha}$; $ctg\,\alpha = \frac{\cos\alpha}{\sin\alpha}$

$\left(\frac{\pi}{2} + 2\pi k\right) - max$

$tg^2\frac{\alpha}{2} = \frac{1-\cos\alpha}{1+\cos\alpha}$

# VICTORY

**ACHTUNG!**

Um dieses Kapitel aufschlagen zu können, müssen Sie folgende Objekte besitzen:

VICTORY

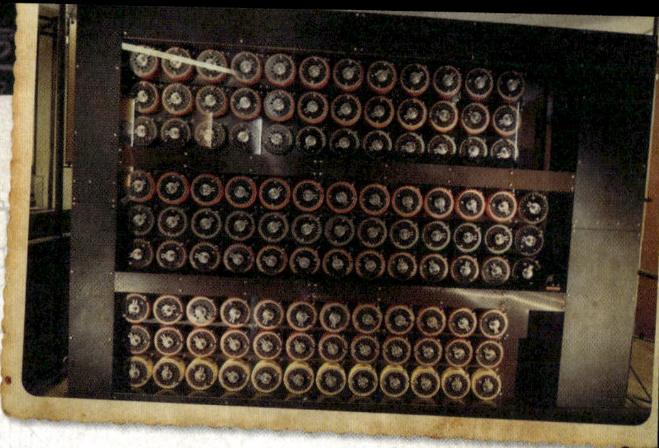

# TURING UND DER APFEL

In Baracke 1 sitzt Alan Turing vor einer Art Schrank, der mehr als zwei Meter hoch und drei Meter breit ist. Sie sehen, dass mehrere Kabel heraushängen. Schaut man von vorne darauf, sieht man viele farbige Walzen, die sich drehen. Es hört sich an, als würden Tausende Stricknadeln klicken.

Sie stehen mit geschlossenen Augen neben Turing, und einmal mehr flötet er seinen Schneewittchen-Ohrwurm: »Tauch den Apfel tief hinein, bis das Gift wird in ihm sein.«

Sie klopfen ihm auf die Schulter, er schrickt zusammen, als hätten Sie ihn aus einem Traum gerissen. Um sich zu orientieren, schüttelt er kurz den Kopf und hält die Maschine mit den Walzen an. Sie genießen die Stille, die sich sogleich ausbreitet.

»Professor Brandt! Was tun Sie denn hier? Und wie spät ist es überhaupt?«

»Es muss gegen neun Uhr sein. Sie haben mich gebeten, Sie in Baracke 1 aufzusuchen, um mir die Victory vorzustellen.«

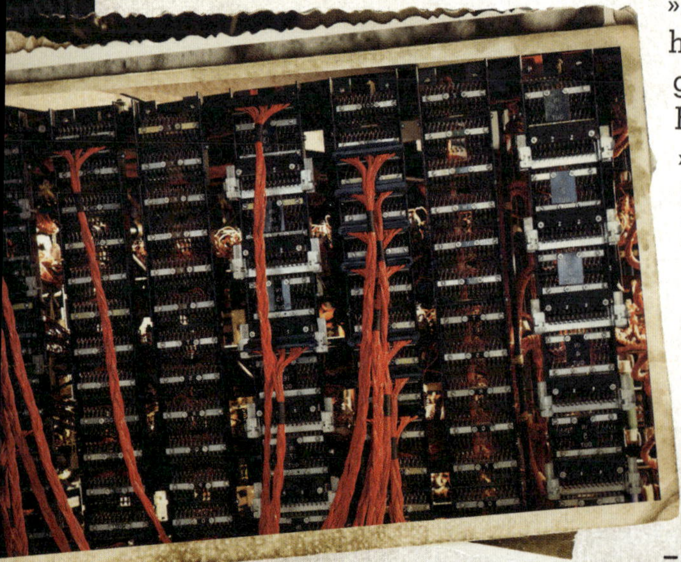

»Ah ja … Entschuldigen Sie, aber ich habe die Zeit ganz vergessen. Als ich gestern einschlief, hatte ich einen Ein… einen Einfall, wie sich unsere ›Bomben‹ verbessern lassen. Daher bin ich gleich hierhergekommen. Das ständige Klicken der Maschine hilft mir, mich zu konzentrieren.«

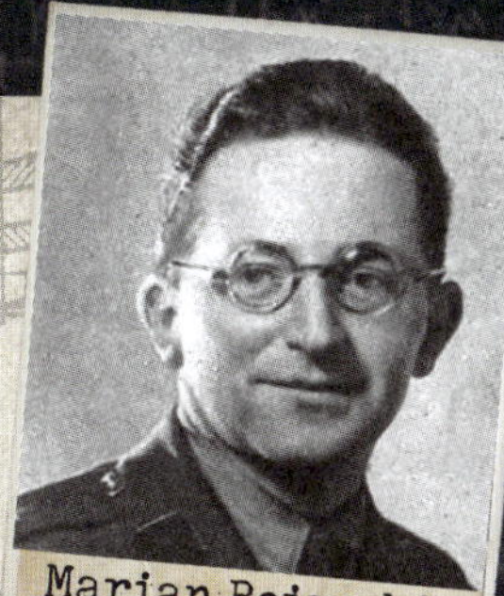

Marian Rejewski

## DIE TURING-BOMBE ODER VICTORY

Turing winkt Sie zu der Maschine und stellt sie vor, als wäre sie ein Mensch: »Professor Brandt, wie Sie vermutlich schon erraten haben, ist dies die Victory. Sie feiert gerade ihren ersten Geburtstag. Hatten Sie schon Zeit, die Anleitung zu lesen, die ich Ihnen gegeben habe?«

»Ich habe sie zwar gelesen, aber einiges davon erscheint mir doch unklar.«

»Ehre, wem Ehre gebührt. Es waren unsere polnischen Verbündeten, die als Erste eine solche Bombe gebaut haben, nachdem sie eine deutsche Enigma erbeutet hatten. Ihr Konstrukteur, der Kryptologe Marian Rejewski, taufte sie im Oktober 1938 bomba kryptologiczna. Vermutlich, weil sie genauso klang wie eine gezündete Bombe: Tick, tack, tick, tack …«

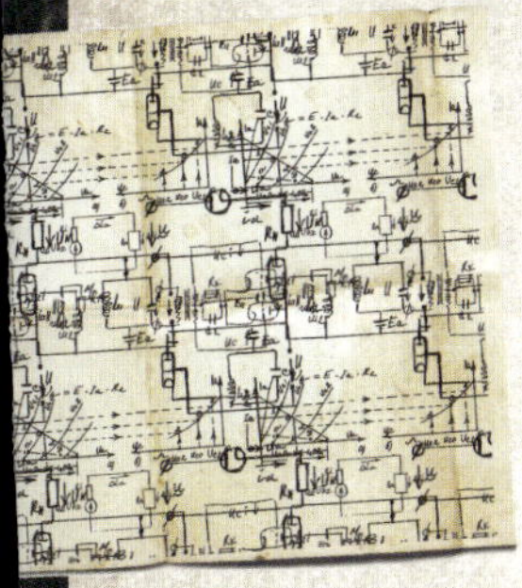

## 150 738 274 900 000 KOMBINATIONEN

Alan Turing kriegt sich vor Lachen über seinen Witz kaum noch ein. Dann fährt er fort: »Die polnischen Kryptologen hatten anfangs viel Erfolg, was die Enigma angeht, bis die Deutschen sie komplizierter machten. Mit den polnischen Methoden jedenfalls kämen wir der Enigma für die deutsche Luftwaffe kaum bei, von den Marine-Funksprüche gar nicht zu reden.«

»Inwiefern ist sie denn nun komplizierter?«

»Wir haben mehr Walzen, die sich auch austauschen lassen. Die anfängliche Walzeneinstellung ändert sich laufend, und es gibt ein Steckbrett, mit dessen Hilfe man verschiedene Buchstaben vertauschen kann … Wir haben es also nicht mehr nur mit etwas über 17.000 Möglichkeiten zu tun, sondern mit mehr als 150 Billionen. Um also der neuen Enigma beizukommen, musste ein neues Dechiffriergerät entwickelt werden. Eine Maschine, die eine Maschine schlagen soll!«

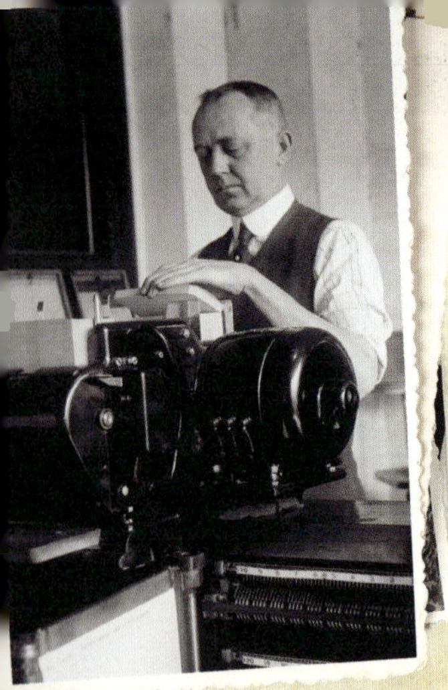

# MÖGLICHE HINWEISE

Mr Turing, ich hätte da eine Frage. Eine persönliche. Warum stellen Sie sich einer so großen Herausforderung?«

»Warum? Nun, weil niemand sonst sich darum kümmert und ich dieses Problem ganz allein für mich habe! Nach einigen Monaten der Auseinandersetzung mit der Enigma habe ich die Anleitung geschrieben, die Sie in Händen halten. Die Victory kann mehrere zehntausend Kombinationen pro Sekunde abarbeiten, um den Tagesschlüssel zu finden. Sie erledigt also die Arbeit von zehntausend Menschen.«

»In der Anleitung heißt es, die Victory sortiert unmögliche Kombinationen aus, sobald sie auf einen Widerspruch stößt. Wie funktioniert das?«

»Erinnern Sie sich, was ich Ihnen gesagt habe? Dass die Kodierung der Enigma reziprok ist: Wenn ein A ein F ergibt, dann ergibt ein F ein A. Daraus geht hervor, dass ein Buchstabe niemals durch sich selbst verschlüsselt werden kann. Ein A ergibt nie ... nie ... NIE! ... ein A. Jedes Mal, wenn die Victory auf solch einen Widerspruch zwischen kodierter Botschaft und Klartext stößt, sondert sie diese Einstellung aus und geht zur nächsten über.«

»Aber ... wenn ich mir erlauben darf, Mr Turing, wir haben doch den entschlüsselten Text nicht? Genau den wollen wir doch erhalten.«

»Daher stützt man sich hier auf Textfragmente, die mit hoher Wahrscheinlichkeit vorkommen. Man nennt sie cribs, das sind sozusagen unsere Spickzettel. So kommt beispielsweise das deutsche Wort eins in 90 Prozent aller Nachrichten vor. Die Formel ›Keine besonderen Vorkommnisse‹ wird mehrfach pro Tag gesendet. Jeden Abend signalisieren die Deutschen das ›Wetter für die Nacht‹. Und die doofen Nazis können es sich nicht verkneifen, ihre Mitteilungen mit einem ›Heil Hitler‹ zu beschließen ... Wir nutzen die hohe Wahrscheinlichkeit dieser Textpassagen (und unsere Kryptoanalysten finden jeden Tag neue), um mit Hilfe der Victory den Schlüsselraum einzugrenzen. Dann können wir die Ergebnisse manuell testen.«

# WELCHMANS VORSCHLAG

»Wir verbessern die Bombe jeden Tag weiter, um sie schneller und effizienter zu machen. Gordon Welchman, ein Mathematiker aus Baracke 6, hat mir gerade ein neues Muster vorgestellt …«

Turing schnappt sich ein Stück Papier, auf dem einige Worte stehen:

**Welches Codewort ergibt sich aus Welchmans Vorschlag?**

Gelb × grün × rot, immer wieder

Von einem zum anderen, von links oben bis rechts unten

G. W.

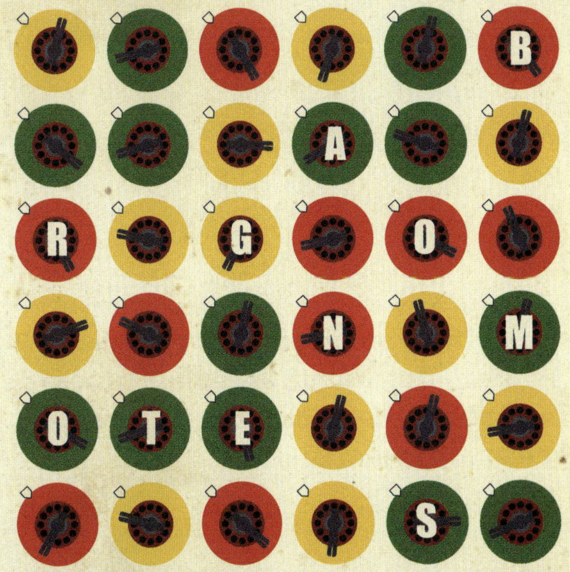


**BLÄTTERN SIE NICHT WEITER!**

Bevor Sie die nächste Seite aufschlagen, müssen Sie das oben stehende Rätsel lösen.

## DIE NEUE AGNES

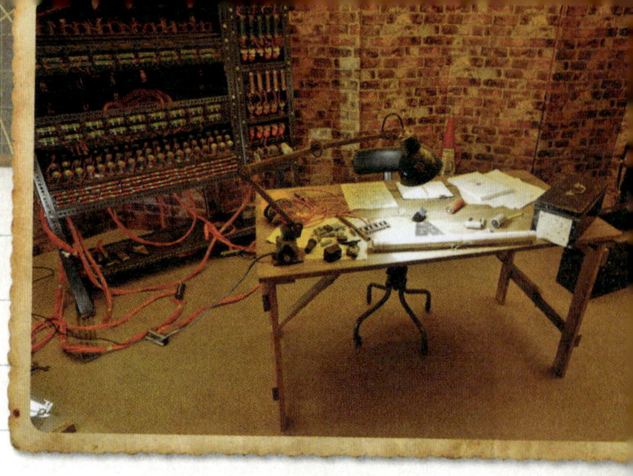

»Wunderbar! Das wird uns helfen, bei der Entschlüsselung noch mehr Zeit zu gewinnen. Wir müssen den Vorschlag ins nächste Modell integrieren.«

»Sie bauen also weitere Bomben?«

»Allerdings. Seit der Victory haben wir drei neue Modelle gebaut, eines besser als das andere. Die zweite Bombe habe ich Agnus Dei getauft. Ein guter Name, finden Sie nicht? Das Lamm Gottes, das hinwegnimmt die Sünden der Welt! Ha! Aber unter uns nennen wir sie einfach Agnes. Und wir wollen bis zum Ende des Jahres noch gut zwanzig Bomben bauen.«

## EINE TOLLE IDEE …

Doch Sie hören Turing schon nicht mehr zu, weil Sie selbst ganz in Gedanken sind.

»Mr Turing, ich überlege gerade … Was die wahrscheinlichsten Formulierungen in den Nazi-Botschaften angeht, die Ihnen helfen sollen, die Enigma zu knacken … Und wenn wir das Glück herausfordern? Mittel und Wege finden, um die Deutschen zum Absetzen ganz bestimmter Meldungen zu bringen?«

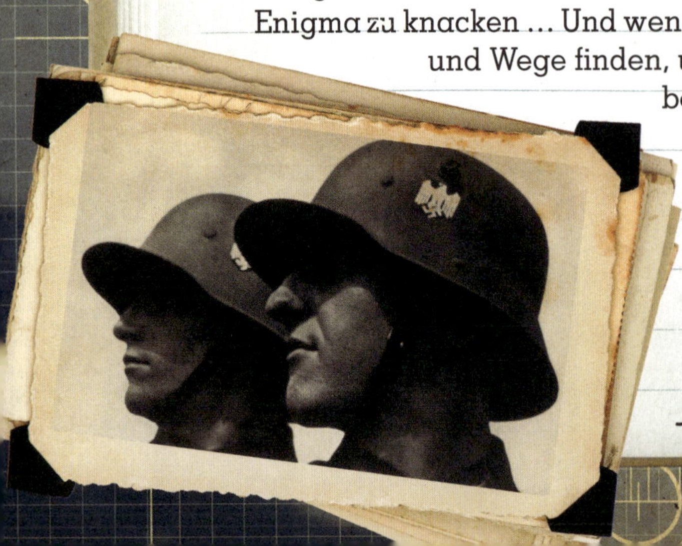

Turing lächelt, dann fordert er Sie auf: »Nur weiter, Brandt! Woran denken Sie da genau?«

»Ich habe mich gefragt … Wenn die Royal Air Force an bestimmten Koor-

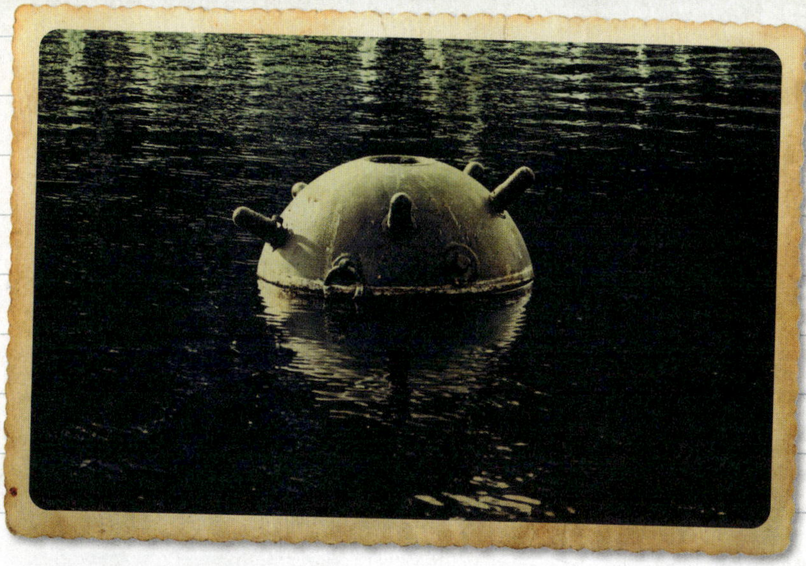

dinaten im Atlantik Minen legt? Wäre es dann nicht wahrscheinlich, dass die Kriegsmarine das entdeckt und Funksprüche sendet, in denen das Wort ›Minen‹ vorkommt? Und die entsprechenden Koordinaten?«

»Bewusst Minen platzieren, um bestimmte Funksprüche zu bekommen? Dafür fällt mir ein guter Name ein: Gärtnern! Das ist brillant! Kommen Sie mit, ich bringe Sie in Baracke 4. Wir müssen diese Idee den Leuten da vortragen, die sich mit den Funksprüchen der Kriegsmarine beschäftigen!«

Nun können Sie folgendes Objekt zu Ihrem Inventar hinzufügen. Es verschafft Ihnen Zugang zu anderen Kapiteln:

**EINE GUTE IDEE**

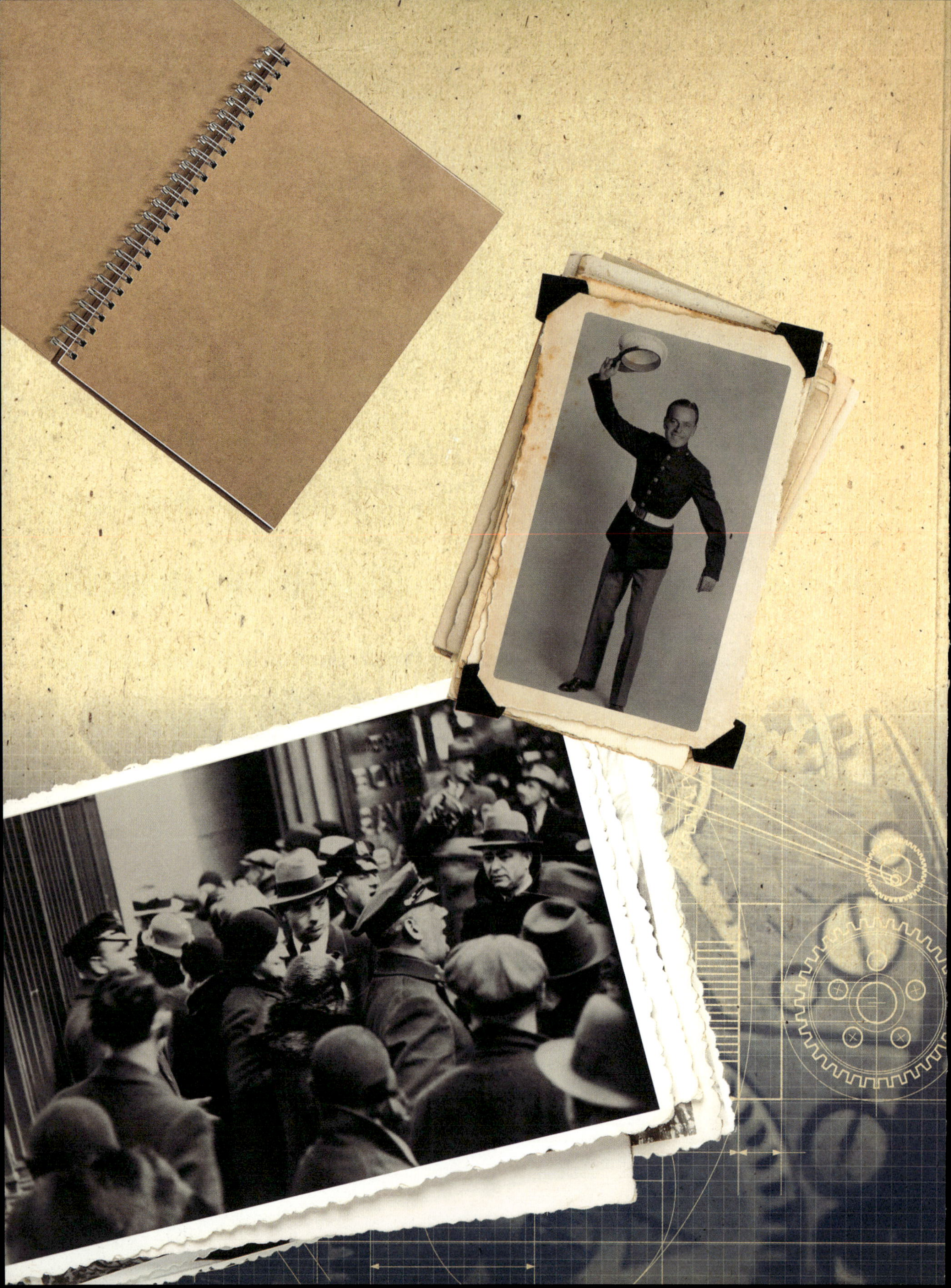

## BARACKE 2

# TEA TIME

**ACHTUNG!**

Um dieses Kapitel-aufschlagen zu können, müssen Sie folgende Objekte besitzen:

# ÜBERFÜLLT

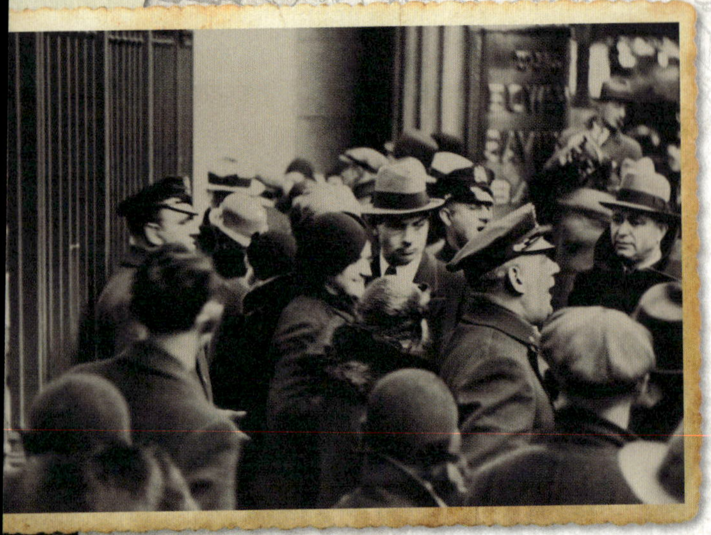

Mit wenigen Schritten erreichen Sie Baracke 2, die gleich neben dem Herrenhaus liegt. Sobald Sie durch die Tür sind, fällt Ihr Blick auf ein wahres Gewimmel von Menschen. Zu Dutzenden drängen sich die Leute auf weniger als zwei Metern Breite und plaudern grüppchenweise miteinander.

Gleich neben Ihnen steht ein etwa zwanzigjähriger blonder Typ, der an seiner Teetasse nippt. Sie wollen sich eigentlich Ihren Weg durch die Menge bahnen, aber da hat er Sie schon angesprochen. Jovial reicht er Ihnen die Hand: »Hallo, ich bin Mark. Ich glaube nicht, dass ich dich hier schon mal gesehen habe.«

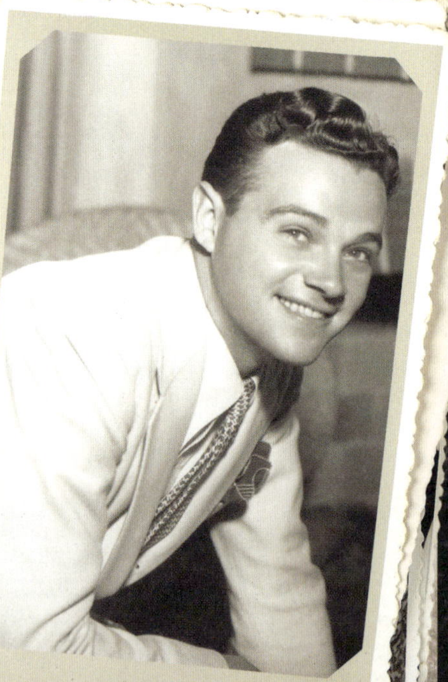

Mark

»Sehr erfreut, Mark. Ich bin James.«

»Willst du was essen oder trinken?«

»Nun ja … eigentlich suche ich eine Tasse.«

»Aha … tun wir das nicht alle? Es ist besser, sein eigenes Geschirr mitzubringen. Von dem Porzellan wird hier so viel gestohlen.«

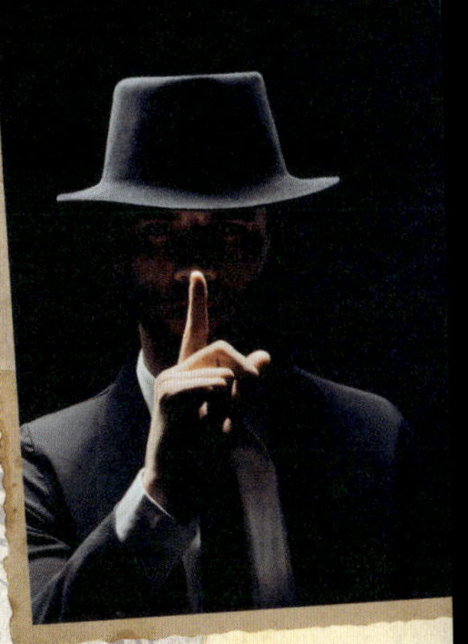

## UNVORSICHTIGE WORTE KOSTEN LEBEN

Sie freuen sich, endlich jemanden in Ihrem Alter kennenzulernen: »Was machst du denn hier, in Bletchley Park?«

»Du bist also gerade erst angekommen. Oder täusche ich mich da?«

»Nein, ich bin tatsächlich erst seit ein paar Stunden hier. Aber woran sieht man das?«

»Hier in BP spricht keiner über seine Arbeit. Darüber redest du nur mit den Leuten aus deiner Abteilung. Hast du die Plakate schon gesehen, die die Regierung überall im Land anschlagen lässt? ›Unvorsichtige Worte kosten Leben.‹ Der Satz soll uns daran erinnern, dass wir keine heiklen Informationen weitergeben dürfen. Und das gilt hier noch viel mehr. Hier reden wir über alles, nur nicht über die Arbeit.«

»Ah … tut mir leid, ich wusste nicht …«

»Keine Ursache. Komm mit, ich bringe dich rein. Ich spiele mal den Führer für dich.«

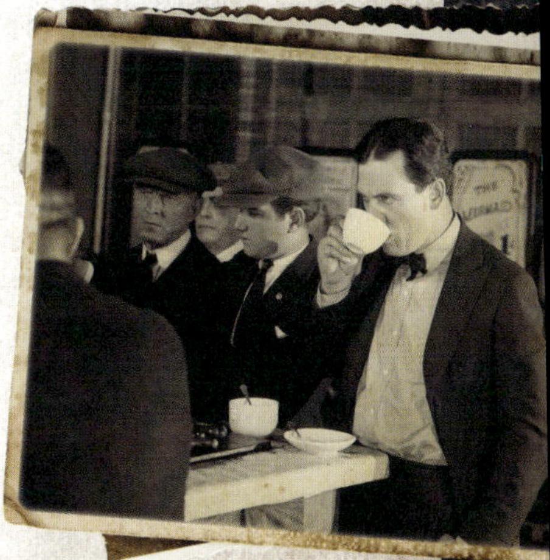

## EINE FÜHRUNG

Sie folgen Ihrem neuen Freund durch den Flur, wobei Sie sich mit den Ellbogen Platz schaffen müssen. Mark geht einen Schritt voran und erhebt die Stimme, um das Geplauder zu übertönen.

»Wie du vermutlich gemerkt hast, ist dies sozusagen der Gemeinschaftsraum der BP. Hierher kommt man, um sich zu entspannen, etwas zu trinken, mit Freunden

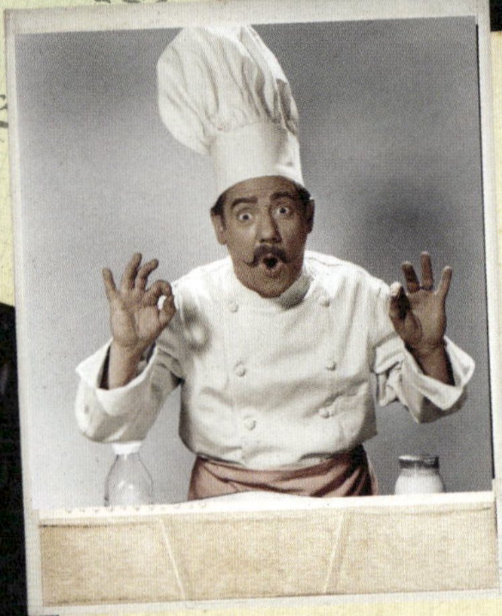

zu reden. Damit man den Kopf wieder frei kriegt. Unser Credo hier ist: Bier, Tee und Lockerlassen.«

Mark scheint Spaß daran zu haben, einem Neuankömmling einzuweihen.

»Hier gibt es öfter mal Sandwiches, aber angesichts der Rationierung rechne lieber nicht mit einem Festessen … Die Kantine kann man nicht empfehlen. Eine junge Dame hat hier schon mal eine Kakerlake auf dem Teller gefunden. Außerdem haben die Köche kaum Zugriff auf Fleisch, Butter oder Zucker … Da kann man keine Wunder erwarten! Wenn du so was magst, kann ich dir einen tollen Imbiss im Stadtzentrum von Bletchley empfehlen. Dort gibt es tolle Fish & Chips. Aber bring zum Einwickeln selber ein Stück Zeitung mit, auch die ist nämlich sehr knapp.«

## TEE, BIER UND WHISKY

Endlich erreicht ihr den Hauptraum. Auch hier stehen überall Leute in Gruppen zusammen und plaudern. Mark setzt seine Führung fort:

»Hier trifft sich alle Welt. Männer, Frauen, Brillenschlangen und Debütantinnen … Wenn du hier deinen Whisky trinkst, stehst du vielleicht neben einem Admiral der Marine oder einem Captain der Royal Air Force!«

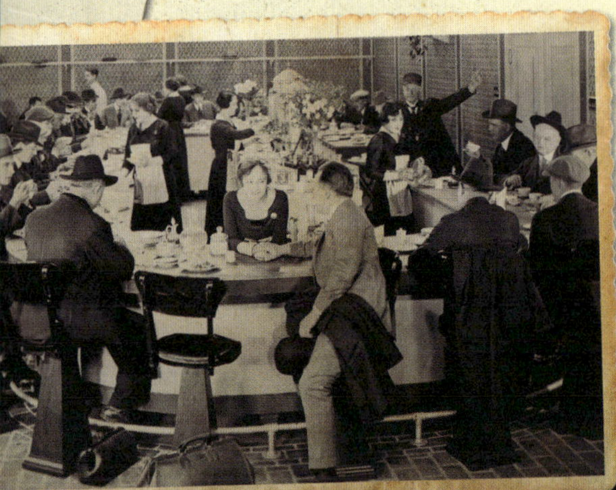

»Sind hier immer so viele Leute?«

»Ja … So viele, dass Denniston damit nicht ganz einverstanden ist. Er ist der Ansicht, wir würden zu viel Zeit mit Teetrinken und Palavern verlieren. Erst kürzlich hat er von den Abteilungsleitern verlangt, dass sie ihre Mitarbeiter zum Teeholen herschicken. Offensichtlich will er lange Pausen vermeiden.«

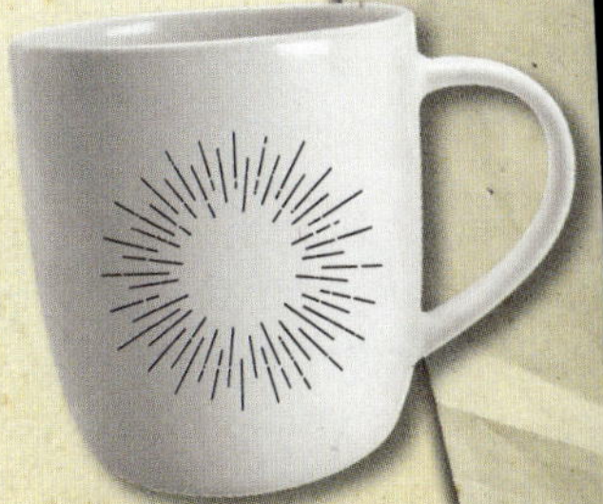

## ALAN TURINGS TASSE

»Du sagtest, dass du eine Tasse suchst?«

»Ja, und zwar eine ganz bestimmte. Alan Turing hat mich geschickt. Er sagt, er hat sie hiergelassen. Aber wenn hier so viel Porzellan geklaut wird, wie du sagst, dann werde ich sie wohl kaum wiederfinden.«

»Oh, da täuschst du dich! Alan Turings Tasse ist in Bletchley Park ein Mythos. Komm mit, du wirst gleich sehen, warum …«

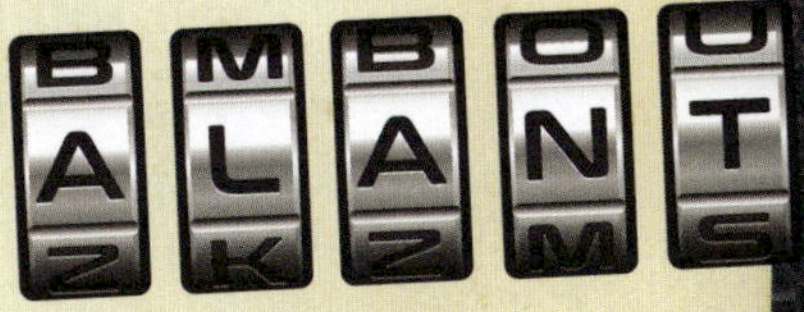


Mark zieht Sie am Ärmel und zeigt auf einen gusseisernen Heizkörper in einer Fensternische. Sie verstehen nicht gleich, aber dann zeigt Mark auf das Gebilde: eine mit einer Kette am Heizkörper befestigte Tasse.

Mark begreift Ihren verständnislosen Blick und erklärt: »Turing ist ein Unikum. Ein glänzender Mathematiker, aber seine Exzentrizitäten nerven hier jeden … Er will nicht, dass jemand seine Tasse klaut, also hat er sie hier festgekettet. Mit einem Schloss, das einen fünfstelligen Code hat. Ich glaube, er will dich testen! Die besten Codeknacker Englands haben das bisher vergeblich versucht. Sie haben verschiedene Codewörter getestet. Das Klicken des Schlosses sagt ihnen, wo sie richtig liegen und wo nicht. Sie haben ihre Ergebnisse auf diesen Zettel da geschrieben. Aber das Schlüsselwort ist immer noch für alle ein Rätsel!«

**Welches Wort öffnet das Schloss?**

ALIAS → 1 richtiger Buchstabe, aber an der falschen Stelle, und 1 richtiger Buchstabe an richtiger Stelle!

WITZE → 1 richtiger Buchstabe, aber an der falschen Stelle …

CHINA → 3 richtige Buchstaben, aber an der falschen Stelle

LEBEN → Gar nichts richtig!

REICH → 4 Buchstaben an der falschen Stelle!

Gut gemacht! Irgendwann schaffen wir's!

**BLÄTTERN SIE NICHT WEITER!**

**Bevor Sie die nächsten Seiten aufschlagen dürfen, müssen Sie das oben stehende Rätsel lösen.**

$\delta(q_1, x) = (q_2, y, \leftarrow)$

## EIN BEWERBER

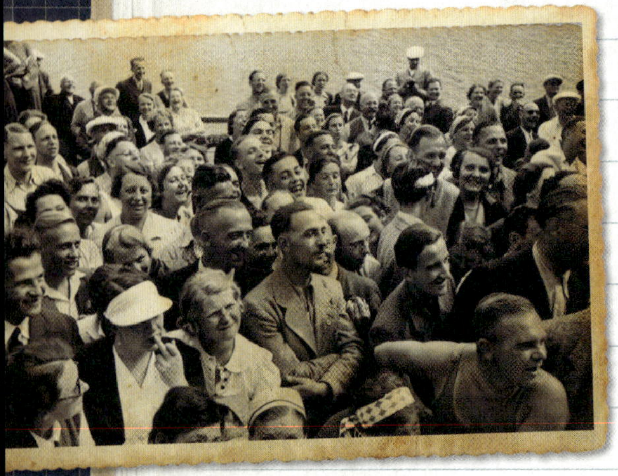

Ein wenig eingeschüchtert fragen Sie Mark: »Meinst du, ich könnte es versuchen?«

»Aber klar doch! Glaubst du, du weißt, was du eingeben musst?«

Sie sehen Ihren neuen Freund kurz an. Dann knien Sie sich nieder und drehen die Rädchen auf folgende Position: CHRIS. Über den Raum senkt sich Schweigen, während man Ihnen zuschaut. Die Soldaten rücken näher.

Als Sie das letzte Rädchen drehen, schweigt die ganze Baracke still. Irgendwo hinter Ihnen sagt jemand: »Kinder, wir haben einen neuen Versuch!«

## DER NEUE LIEBLING VON BARACKE 2

Als das Schloss sich öffnet, ertönt ein Siegesgeheul aus vielen Kehlen. Der Beifall setzt sich durch die ganze Baracke fort.

Sie nehmen die Tasse ab und heben Sie empor wie einen Siegespokal. Soldaten, junge Frauen und Kryptoanalytiker beglückwünschen Sie zu Ihrer Lösung.

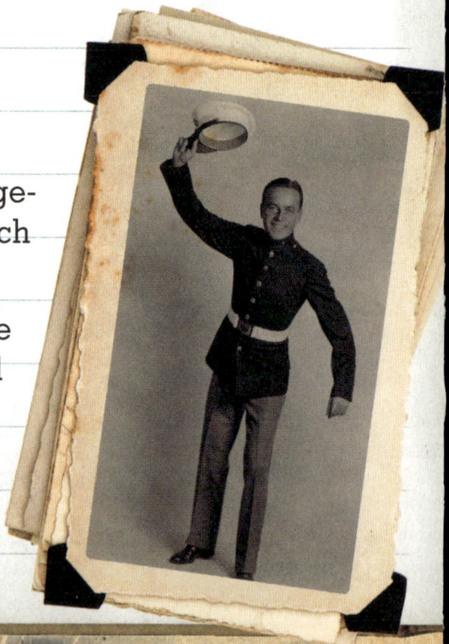

Man will wissen, wie Sie heißen, woher Sie kommen und … und … und. Man bietet Ihnen Zigaretten an, Gin, Schokolade … zur Belohnung. Jeder versucht, die Person kennenzulernen, die das Rätsel von Alan Turing gelöst hat.

Irgendwann fordert einer der Militärs die Leute auf, wieder an die Arbeit zu gehen. Mark fragt nach: »Nun, was wirst du mit deiner Trophäe anfangen?«

»Vermutlich Ihrem Besitzer zurückgeben!«

»Ich bin schon neugierig, was Turing sich als Nächstes ausdenkt, um seine Tasse gegen Diebstahl zu schützen … Nun, ich muss jetzt auch wieder an die Arbeit. Sollen wir die Tage mal was zusammen trinken gehen?«

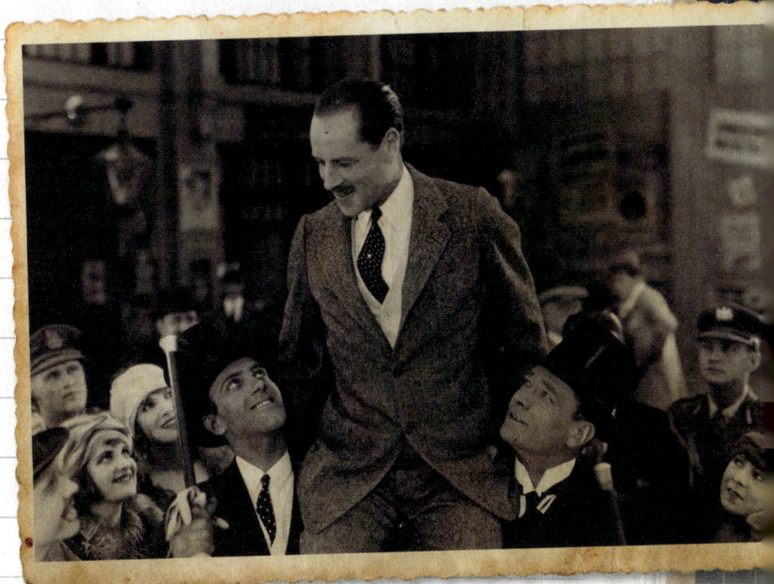

**Nun können Sie folgendes Objekt zu Ihrem Inventar hinzufügen. Es verschafft Ihnen Zugang zu anderen Kapiteln:**

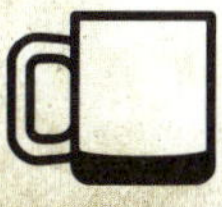

**ALAN TURINGS TASSE**

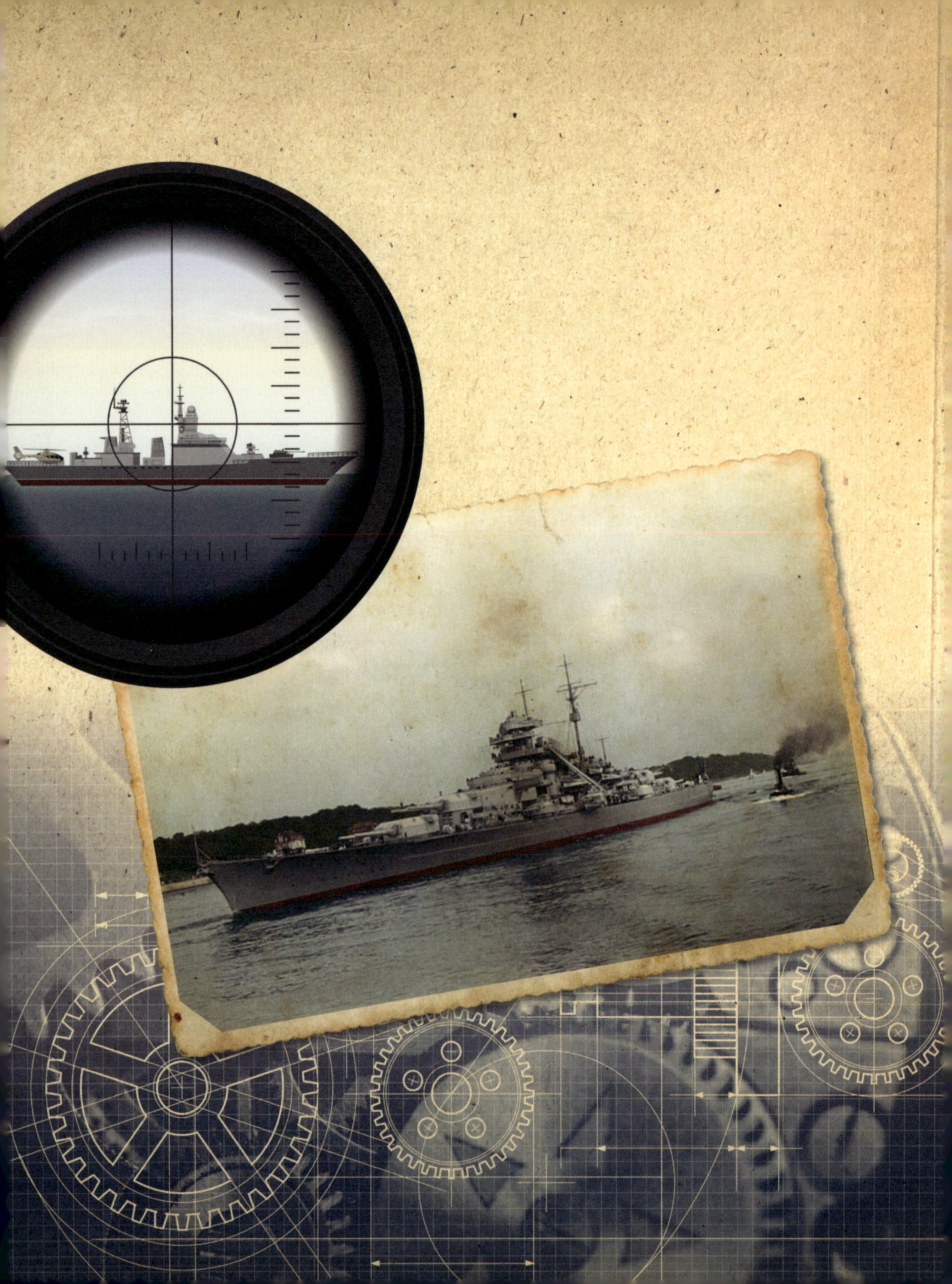

BARACKE 3

# DIE ATLANTIK-SCHLACHT

**ACHTUNG!**

Um dieses Kapitel aufschlagen zu können, müssen Sie folgende Objekte besitzen:

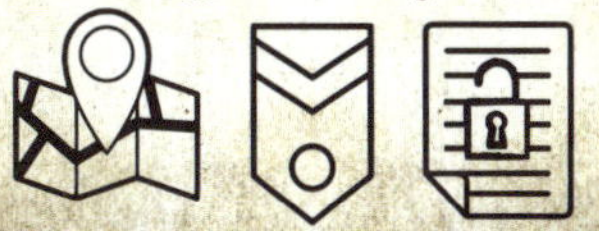

# ALARM IN BARACKE 3

Ohne auch nur eine Minute Zeit zu verlieren, begeben Sie sich im Laufschritt in Baracke 3, um die vor Kurzem mit Turing dekodierte Nachricht hinzubringen. Als Sie eintreten wollen, bremst ein Wachsoldat Ihren Elan.

»Stopp, Kleiner! Hier ist der Zugang strengstens geregelt.«

»Guten Tag. Ich muss Leutnant-Commander Saunders sprechen. Ich habe eine enorm wichtige Nachricht für ihn.«

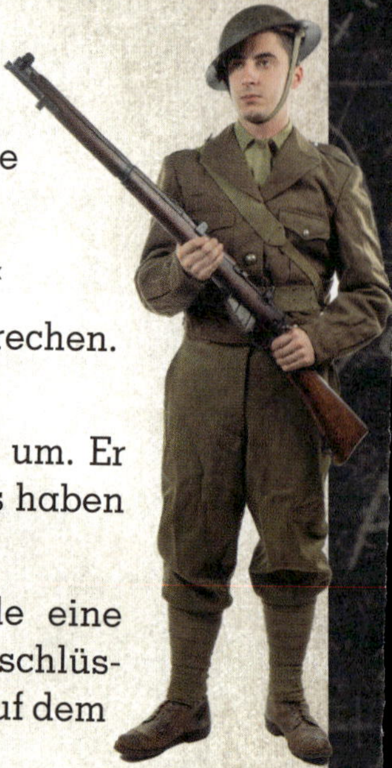

Als er seinen Namen hört, dreht sich einer der Soldaten um. Er erhebt sich und kommt auf Sie zu: »Ich bin Saunders. Was haben Sie für mich, junger Mann?«

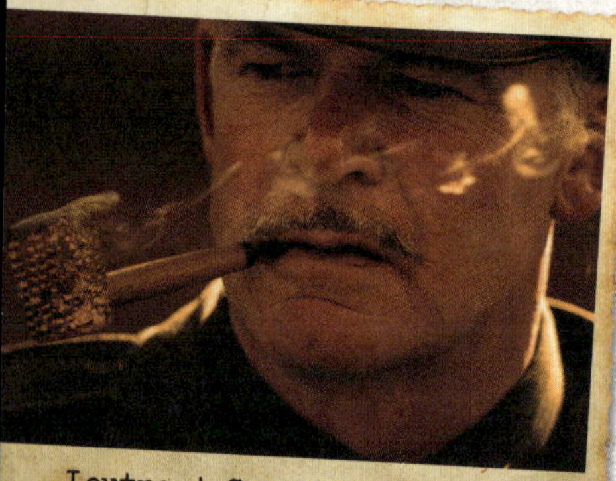

Leutnant-Commander Saunders

»Alan Turing und ich haben gerade eine Nachricht der deutschen Luftwaffe entschlüsselt. Es geht um die Bismarck! Sie ist auf dem Weg zum Hafen von Brest!«

»Großartig! Folgen Sie mir. Wir sehen uns das mal gemeinsam an.«

Mit einem Kopfnicken signalisiert Saunders der Wache, Sie durchzulassen.

# DIE ATLANTIKSCHLACHT

Sie folgen dem Leutnant-Commander der Royal Navy in ein kleines Zimmer, dessen Wände von Karten bedeckt sind.

»Sie sehen hier unsere Flotte. Jede dieser Reißzwecken steht für ein britisches Schiff, das im Moment im Nordatlantik stationiert ist. Sie wissen sicher, was sich hier in den letzten Monaten abgespielt hat?«

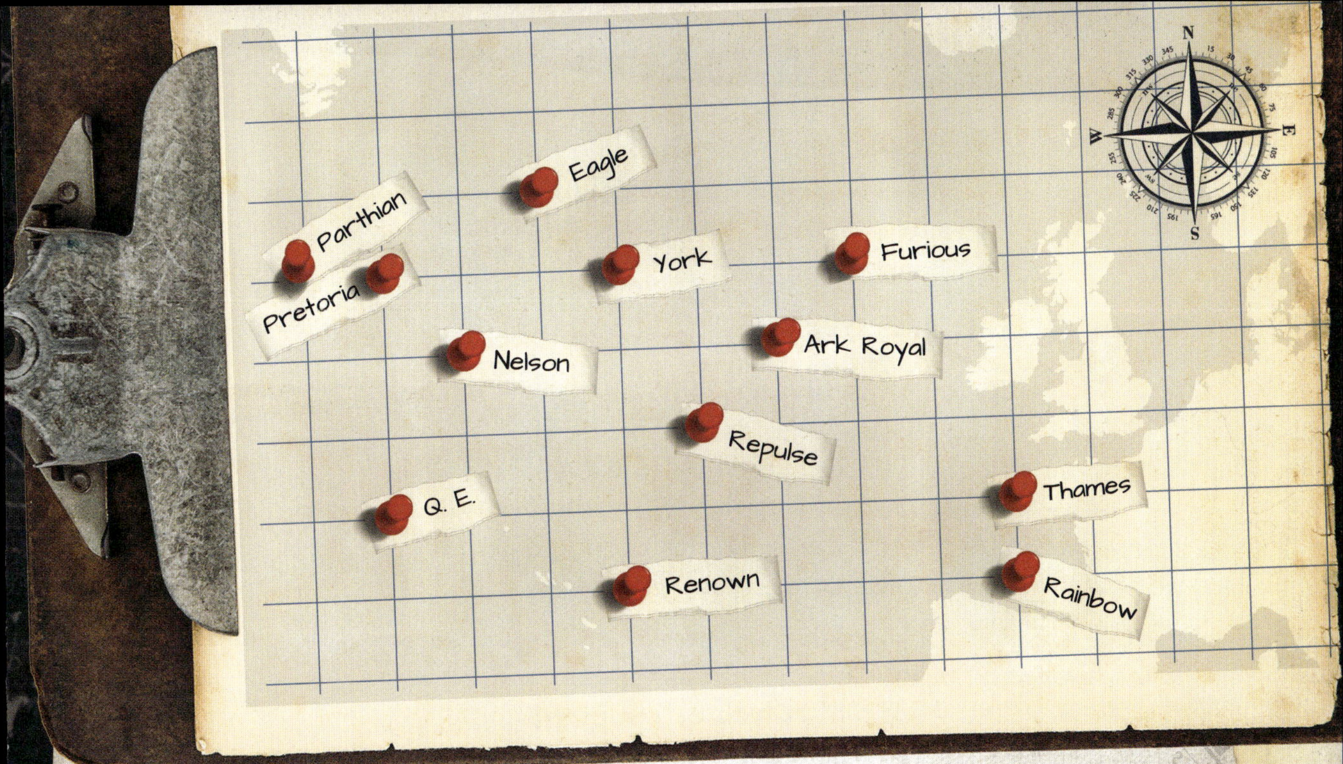


»Die britische und die deutsche Marine bekämpfen sich dort seit Kriegsbeginn, nicht wahr?«

»Genau. Es geht um die Atlantikschlacht, wie Winston Churchill sie genannt hat. Das Vereinigte Königreich gehört zu den weltweit größten Importeuren von Gütern, vor allem, was Nahrungsmittel angeht. Die Deutschen wissen das natürlich, daher versuchen sie, so viele von unseren Schiffen zu versenken wie irgend möglich, um die Versorgung der Bevölkerung zu unterbrechen. Sie verfügen über eine beachtliche Flotte, sowohl Schiffe als auch Unterseeboote. Haben Sie von den deutschen U-Booten gehört? Es sind mehr als zweihundert. Dank dieser Armada sind die Deutschen mittlerweile die Herren im Atlantik. Allein im letzten Monat haben sie alliierte Schiffe mit mehr als 700.000 Tonnen versenkt. Sie sehen also, was hier auf dem Spiel steht.«

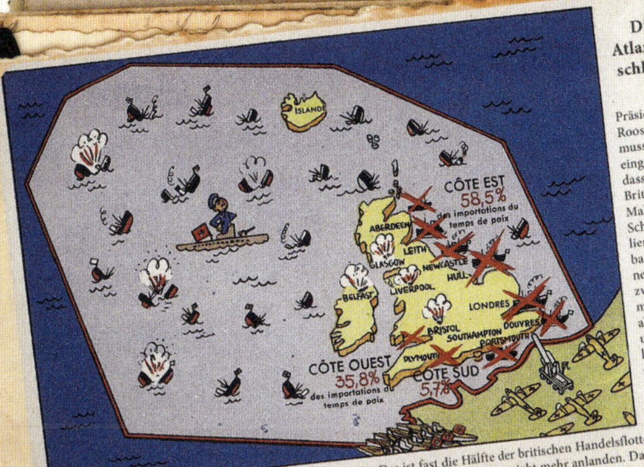


**Die Atlantikschlacht**

Präsident Roosevelt musste sich eingestehen, dass die Briten drei Mal mehr Schiffe verlieren, als sie bauen können. Und zwei Mal mehr Schiffe, als Briten und Amerikaner zusammen herstellen können.

Bisher wurden 12 Millionen Bruttoregistertonnen versenkt. Das ist fast die Hälfte der britischen Handelsflotte. Die britischen Importe kommen zwar im Osten und Südosten an, können dort aber nicht mehr anlanden. Da auch die Häfen im Westen bombardiert werden, erhält das Land nicht mehr alle Güter, die es braucht.

## ULTRA

Saunders setzt seine Erklärungen fort.

»In Baracke 3 arbeiten wir an der Analyse und Übersetzung der Luftwaffen-Nachrichten, die in Baracke 6 entschlüsselt werden. Wir glauben, dass ULTRA – der Name, unter dem diese Dechiffrierung läuft – für diese Schlacht ganz entscheidend sein wird.«

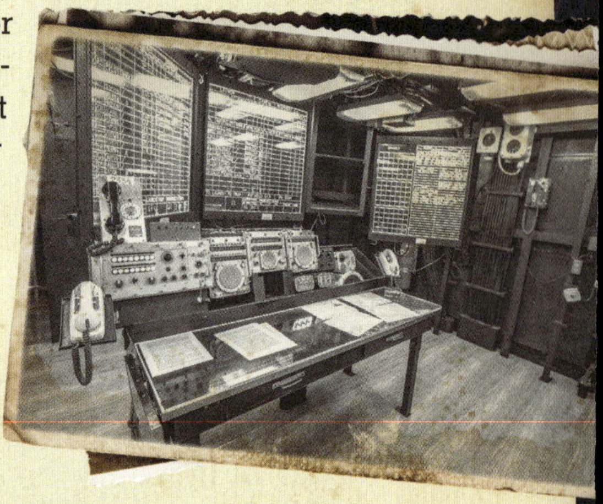

»Aber nach Ihren Worten steht es für uns im Nordatlantik doch schlecht?«

»Ja, aber ich glaube, dass sich das ändern wird. Wir haben einen entscheidenden Fortschritt gemacht. Vor zwei Monaten haben wir die Krebs gekapert, einen deutschen Fischkutter, der bei den Lofoten unterwegs war. An Bord befanden sich eine Enigma und die Tagesschlüssel für einen ganzen Monat. Dank dieses Fangs und der großartigen Arbeit unserer Kryptoanalysten werden wir das Spiel drehen! Aber genug geplaudert. Zeigen Sie mir die Nachricht!«

## DIE BISMARCK

Sie reichen Leutnant-Commander Saunders die Botschaft: »Bei einer Einführungsübung sind Alan Turing und ich auf diese Nachricht von der Luftwaffe gestoßen. Man bittet um Luftunterstützung für die Bismarck auf ihrem Weg nach Brest …«

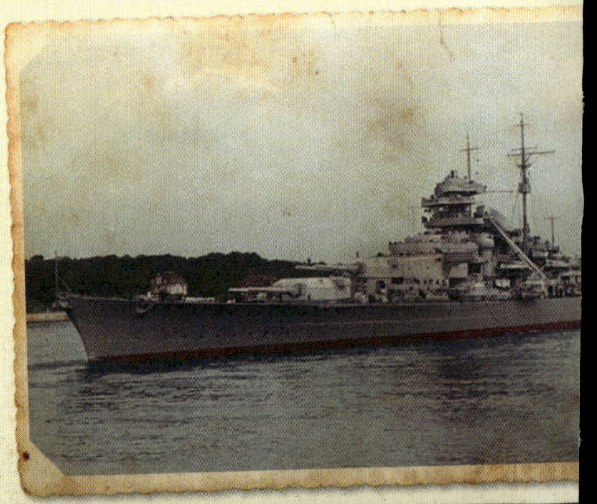

»Ich glaube, dass Sie mit der Übersetzung richtig liegen. Das passt genau zu den Informationen, die wir bereits kennen. Wir haben das Schlachtschiff Bismarck schon seit einigen Tagen auf dem Radar. Es ist eines der neueren und größten Schiffe der Deutschen. Außerdem hat es vor wenigen Tagen in der Dänemarkstraße unseren Kreuzer Hood versenkt. Dabei wurde die Bismarck ebenfalls in Mitleidenschaft gezogen. Ganz sicher muss das Schiff repariert werden. Wir dachten bisher, dass es irgendwo bei den Färöern unterwegs ist. Dabei steuert es den Hafen von Brest an! Diese Information müssen wir sofort Admiral Tovey übermitteln, der unsere Flotte befehligt. So kann er unsere Aufstellung entsprechend ändern!«

## NACHRICHT VON DER ROYAL NAVY

Allgemeine Aufregung ergreift die Gruppe in Baracke 3. Ein paar Stunden später erreicht Saunders eine lakonische Nachricht von der Marine.

**Welches Schlüsselwort erlaubt Ihnen zu prüfen, ob die britische Flotte die Bismarck aufgespürt hat?**

TELEGRAM

No.............. | Time Sent.......................... | To
Time Received..........................

Ark Royal E1-N1/ Nelson E1-N2/
Repulse N2/ Rainbow W1-N1/
Parthian N2/ Eagle W1-S2/
Pretoria W1/ Thames W1-N1_E1/
York E2/ Furious W1-N1-E1

**BLÄTTERN SIE NICHT WEITER!**

Bevor Sie zur nächsten Seite übergehen, müssen Sie die nebenstehende Botschaft aufdröseln.

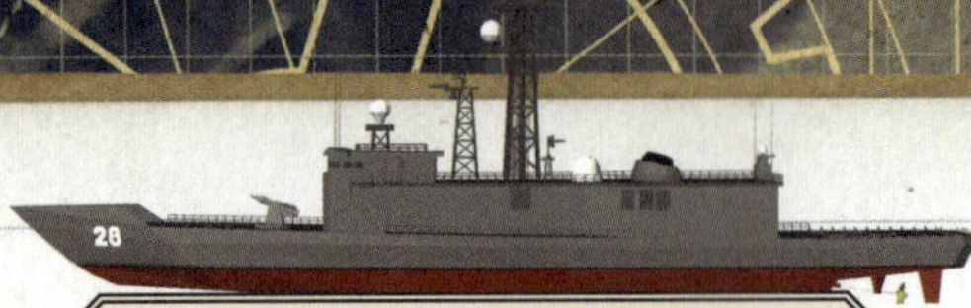

# BISMARCK AUFGESPÜRT!

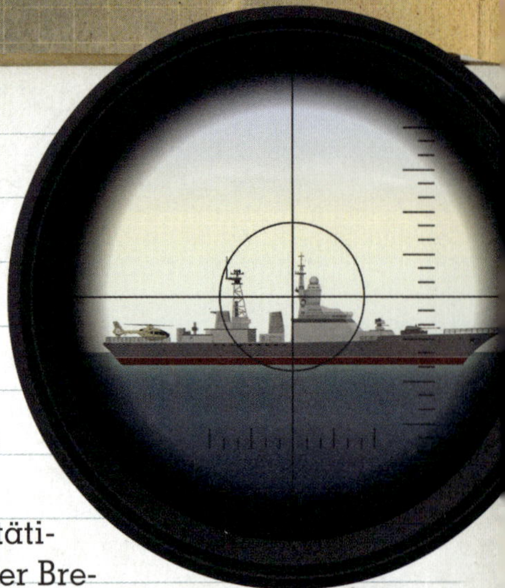

Leutnant-Commander Saunders hält Sie über die weiteren Maßnahmen auf dem Laufenden.

»Professor Brandt! Wir erhalten gerade die Bestätigung, dass Admiral Tovey unsere Schiffe vor der Bretagne positioniert hat. Dieses Mal wird uns die Bismarck nicht entkommen!«

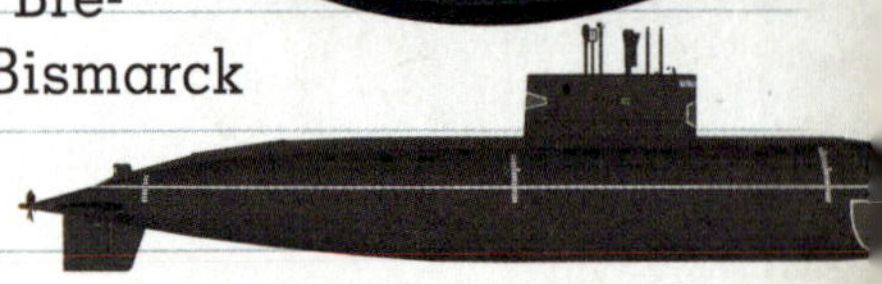

Zwanzig Minuten später trifft eine neue Nachricht ein: »Unser Flugzeugträger Ark Royal hat die Bismarck lokalisiert. Die mit Torpedos ausgestatteten Flugzeuge werden einen sofortigen Angriff fliegen.«

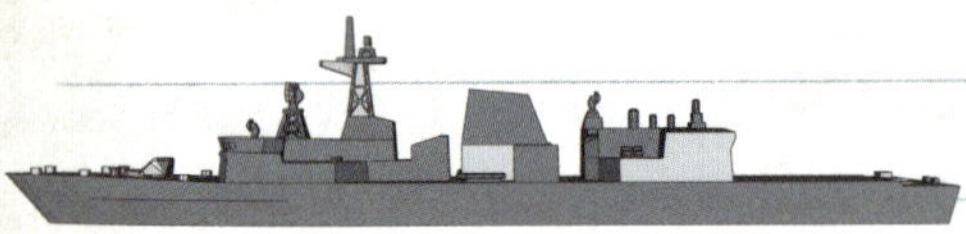

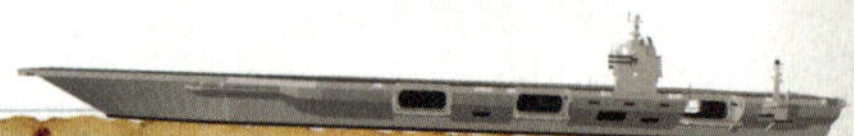

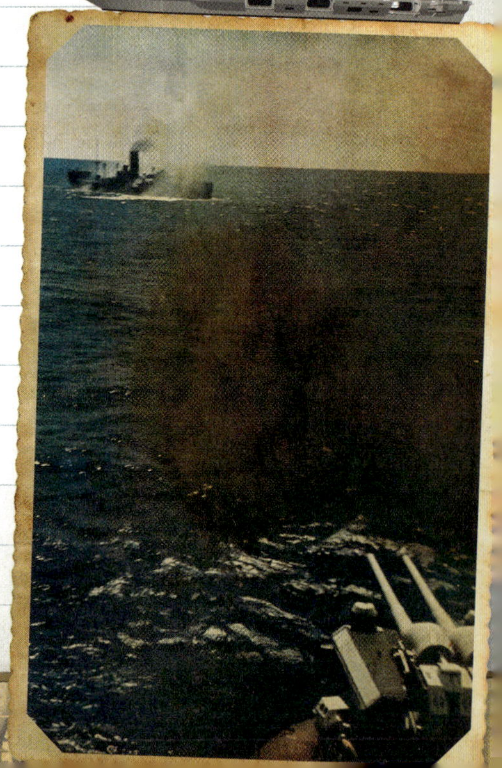

# DANK VON DER ROYAL NAVY

Sie bleiben die ganze Nacht wach, um den Angriff mitzuverfolgen. Am frühen Morgen jubelt die Abteilung von Baracke 3: Nach gut zwölf Stunden Seeschlacht wurde die Bismarck versenkt. Getroffen von mehreren Torpedos, ist sie vor der bretonischen Küste im Atlantik versunken.

»Dank der von Ihnen dekodierten Nachricht, Professor Brandt, haben die Deutschen in der Atlantikschlacht einen ersten Rückschlag erlitten. Erlauben Sie mir, Ihnen von Seiten der Royal Navy unseren Dank auszusprechen. Ich vermute, Churchill wird sich bei Ihnen noch persönlich bedanken. Der ›Alte Löwe‹ wird Bletchley Park nächste Woche besuchen. Wir hätten gerne, dass Sie sich uns anschließen. Dazu möchte ich Ihnen diese Einladung überreichen. Und tragen Sie bitte Ihren besten Anzug!«

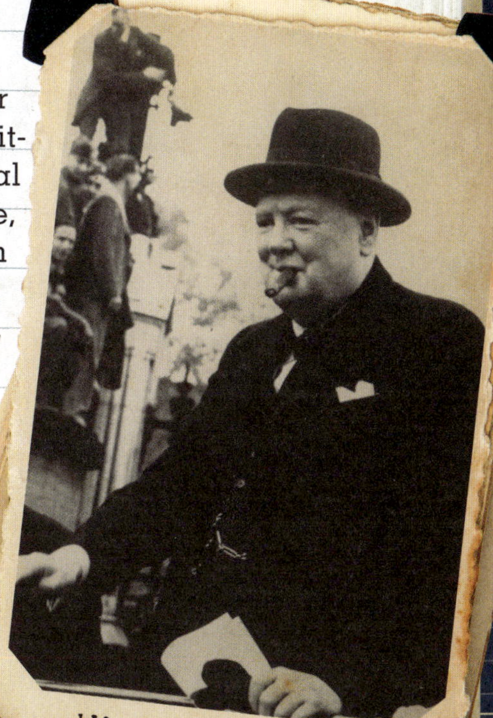
Winston Churchill

Die Nacht voller Anspannung fordert nun auch von Ihnen ihren Tribut. Außerdem sehen Sie der Begegnung mit Winston Churchill mit einiger Nervosität entgegen.

Nun können Sie folgendes Objekt zu Ihrem Inventar hinzufügen. Es verschafft Ihnen Zugang zu anderen Kapiteln:

**EINLADUNG ZUM BESUCH VON WINSTON CHURCHILL**

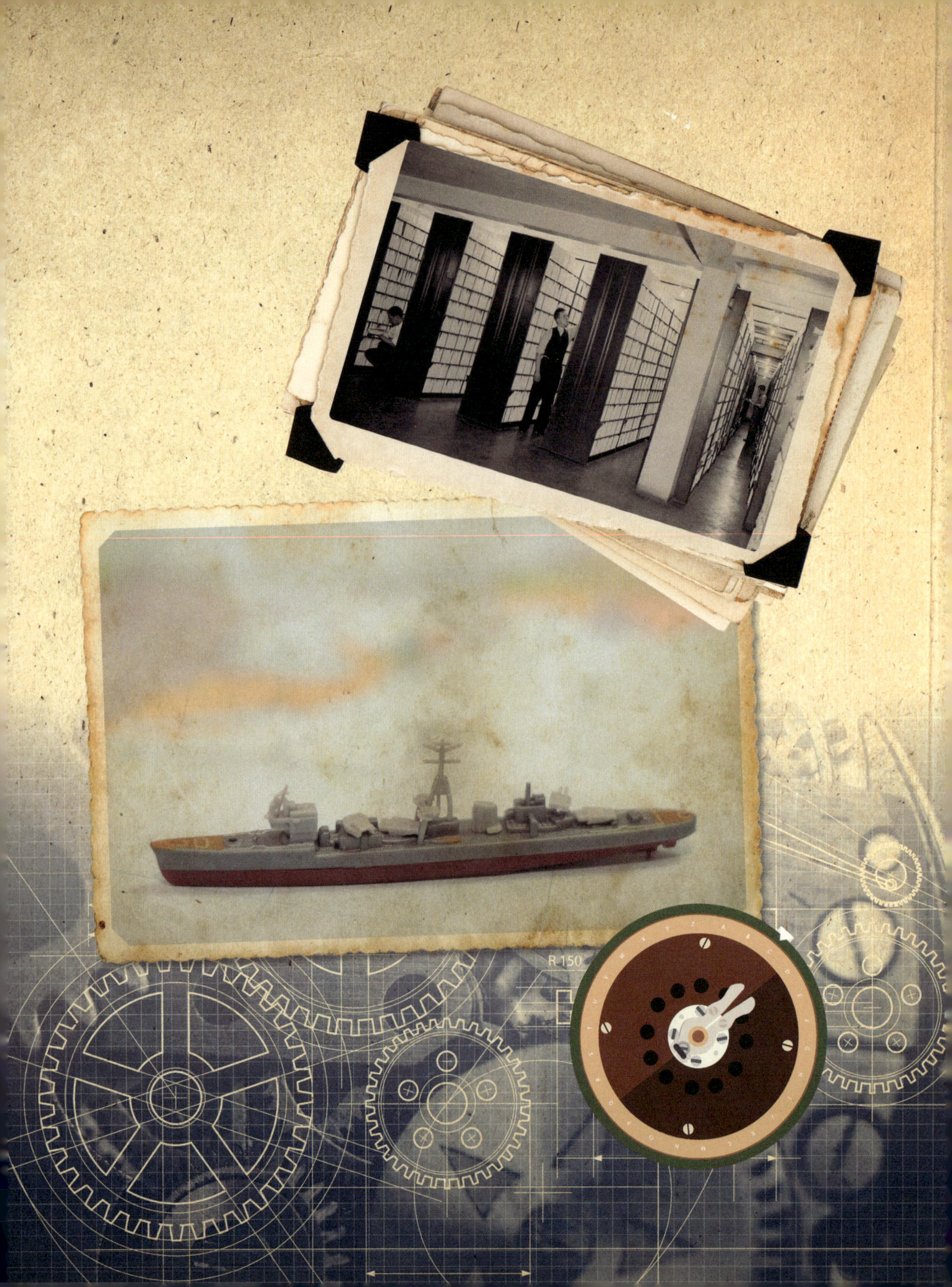
R 150

BARACKE 4

# GÄRTNERN AUF HOHER SEE

**ACHTUNG!**

Um dieses Kapitel aufschlagen zu können, müssen Sie folgende Objekte besitzen:

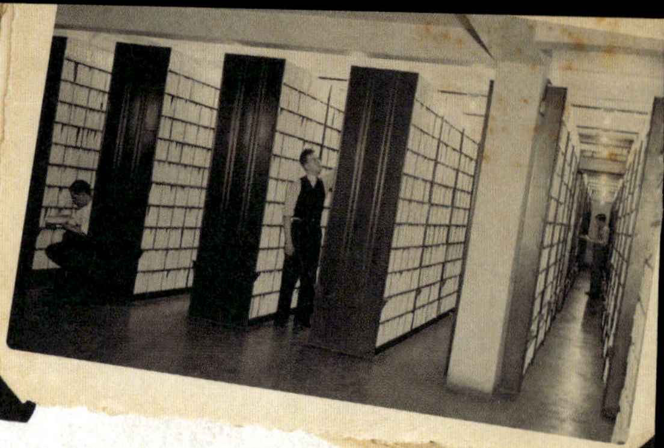

## EIN TEAM VON ÜBERSETZERN

Begleitet von Alan Turing betreten Sie Baracke 4, die sich an der linken Seite des Herrenhauses entlangzieht. Der Mathematiker zeigt Ihnen das Innere der Baracke und weiht Sie in die Funktion der Abteilung ein.

»Meine Gruppe von Baracke 8 dechiffriert die Enigma-Meldungen der Kriegsmarine. Wir arbeiten mit dem Team von Baracke 4, dem Nachrichtendienst der Marine, eng zusammen. Die Leute, die Sie hier sehen, übersetzen und analysieren die Botschaften, die wir entschlüsselt haben. Außerdem liefern sie uns neue cribs, also Textteile, die mit hoher Wahrscheinlichkeit in den Funksprüchen vorkommen. Damit können unsere Bomben die Zahl der möglichen Einstellungen an der Maschine deutlich verringern. Denniston hat sich Germanisten aus Cambridge geholt, Spezialisten für moderne Sprachen und sogar einen Ägyptologen aus Oxford, der sich mit toten Sprachen auskennt. Das Vokabular der Kriegsmarine ist recht spezifisch und sehr technisch. Die Leute hier konsultieren also regelmäßig spezielle Nachschlagewerke sowie den Nachrichtenaustausch zwischen den deutschen Seeleuten, um die verschlüsselten Botschaften übersetzen zu können. Kommen Sie, ich werde Frank Birch, dem Leiter dieser Abteilung, Ihre Idee vom ›Gärtnern‹ vorstellen.«

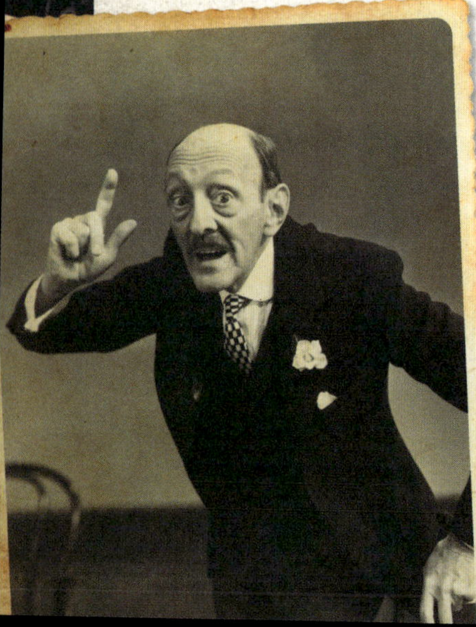

## EIN WORTGEFECHT

Turing stellt Sie Birch vor, einem kleinen, kahlköpfigen Mann.

»Ah, Turing! Was führt Sie denn hierher? Sagen Sie mir, dass Sie dieses Mal eine gute Nachricht bringen!«

»Ja, genau! Ich arbeite an einer neuen statistischen Methode, die uns kostbare Rechenzeit ersparen sollte. Und Professor Brandt hier hatte eine interessante Idee, wie wir an noch mehr cribs kommen …«

»Wir brauchen konkrete Resultate, Turing, keine neuen Theorien, die ›vielleicht‹ funktionieren! Ihre Truppe ist brillant, keine Frage, aber eure Ideen bewegen sich wild in alle Richtungen. Um ehrlich zu sein: Ich habe Denniston meine Besorgnis mitgeteilt. Sie scheinen ein Wunder zu erwarten, ohne wirklich daran zu glauben, Turing! Die Dolphin-Verschlüsselungen sind bis heute nicht dechiffriert, von den Shark will ich gar nicht erst anfangen …«

## FINANZFRAGEN

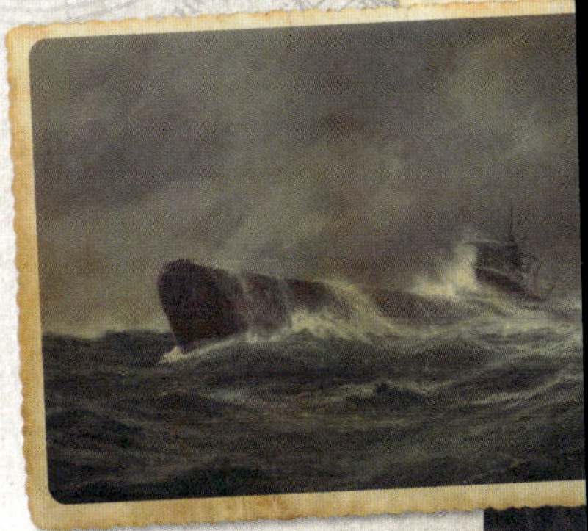

Als Turing bemerkt, dass Sie die Codenamen nicht kennen, erklärt er: »Hier geht es um den Funkverkehr der Kriegsmarine und der U-Boote. Diese sind besonders schwierig zu entschlüsseln. Trotz all unserer Bemühungen und neuer Techniken sind die Nachrichten meist veraltet, wenn wir sie schließlich dechiffriert haben. Aber Sie kennen ja meine Meinung, Birch. Solange wir nicht mehr Geld haben, um mehr Bomben zu bauen, wird unsere Rechenkapazität immer beschränkt sein …«

»Turing, Sie wissen doch so gut wie ich, dass Denniston nicht endlos Gelder zur Verfügung stehen. Es geht ja auch nicht nur darum, die Bomben zu bauen. Wir müssen auch Personal haben, um sie zu bedienen. Und genügend Strom, um sie zu betreiben. Und hier geht es um kolossal viel Geld …«

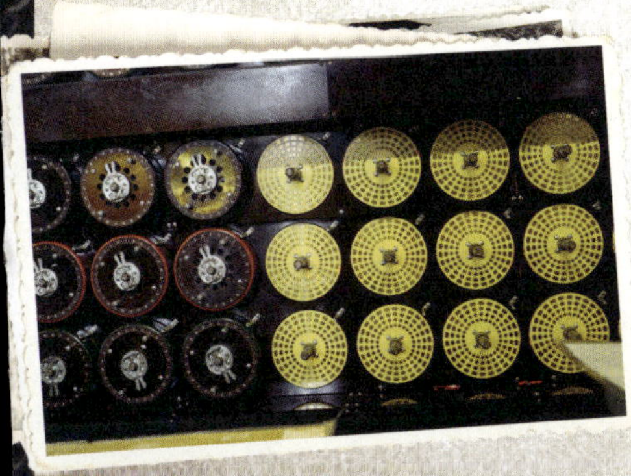

Alan Turing faucht wütend, als er antwortet. Die Worte bleiben ihm fast im Hals stecken: »Kolo… kolossal ist höchstens der Einsatz, um den es hier geht. Um den Krieg gegen die Enig... Enigma, den wir gewinnen müssen, um im Krieg gegen die Nazis eine Chance zu haben.«

## HOCHSPANNUNG

Sie spüren die Spannung, die zwischen den beiden Männern herrscht. Um zu verhindern, dass die Diskussion sich festfährt, mischen Sie sich ein: »Mr Birch, hätten Sie vielleicht ein wenig Zeit, damit wir Ihnen diese neue Methode vorstellen, mit der wir an mehr cribs kommen könnten?«

»Wozu denn? Die cribs, die wir an Baracke 8 liefern, werden nur teilweise genutzt, manchmal gar nicht. Mitunter werden sie sogar falsch abgeschrieben. Von Ihrem Team, Turing! Manchmal fügen Sie noch eigene Ausdrücke hinzu, um die Menge der möglichen Einstellungen zu verringern und ›die Resultate zu beschleunigen‹. Ha, von wegen beschleunigen! Sie haben heute noch kein einziges Resultat geliefert. Außerdem habe ich jetzt andere Sorgen. Wir haben wichtige Informationen erhalten, die von der deutschen Luftwaffe stammen. Es geht um die Position deutscher Schiffe in der Nordsee. Nun müssen wir überlegen, wie wir sie am besten auswerten ... Das ist eine echte Kopfnuss!«

Wenn es ein Wort gibt, das Ihre Aufmerksamkeit erregt, dann dieses.

»Dann lassen Sie uns doch helfen, Mr Birch ... Die Kooperation von Baracke 4 und 8 ist doch das Wichtigste, nicht wahr?«

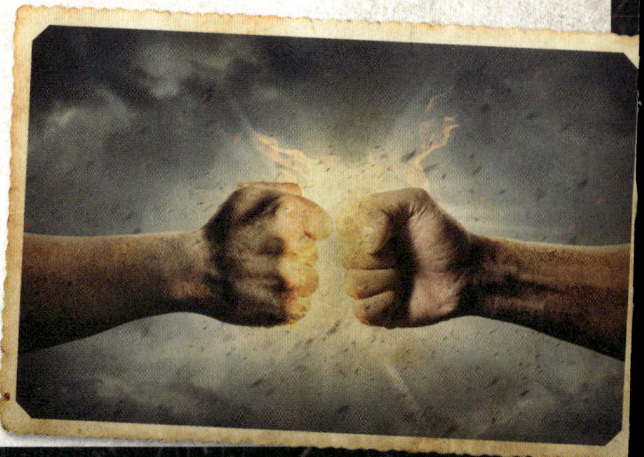

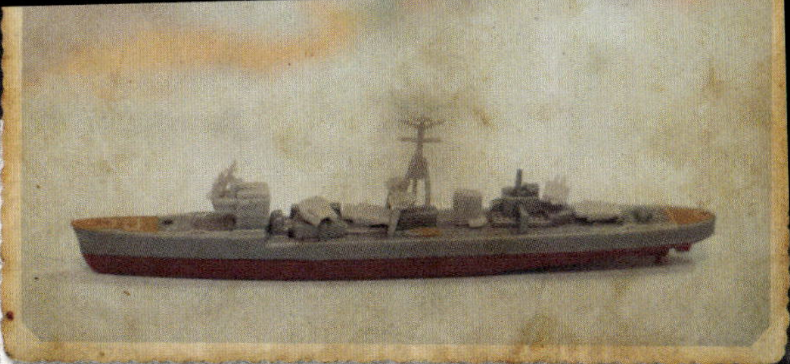

# DIE SEESCHLACHT

Frank Birch entrollt eine Seekarte auf seinem Schreibtisch.

»Das hier stellt einen bestimmten Bereich der Nordsee dar, der in verschiedene Sektoren eingeteilt ist. Wir wissen, dass sich dort mehrere Schiffe befinden: **ein Schlachtschiff** (vier Sektoren), **zwei Kreuzer** (je drei Sektoren), **drei Torpedoboote** (je zwei Sektoren) und **vier U-Boote** (je ein Sektor). Bisher konnten wir nur ein Torpedoboot und ein U-Boot lokalisieren. Aber wir wissen auch, wie viele Kästchen in jeder Reihe bzw. Spalte belegt sind. Das sind die Zahlen, die außen um die Karte angegeben sind.«

»Und Sie glauben, dass diese Informationen ausreichen, um alle Schiffe in diesem Bereich zu orten?«

»Wir hoffen es … Ach, etwas habe ich vergessen. Aus Gründen der Seesicherheit dürfen die Schiffe einander nicht zu nahe kommen. Zwei Schiffe dürfen keine benachbarten Sektoren belegen und auch keine diagonale Position einnehmen. Wenn die Schiffe korrekt geortet sind, bleiben nur bestimmte Bojen übrig, die auf der Karte mit Buchstaben angegeben sind.«

Turing beugt sich über die Karte und beginnt bereits mit der Enträtselung …

| | 1 | 2 | 3 | 1 | 1 | 1 | 6 | 0 | 2 | 3 |
|---|---|---|---|---|---|---|---|---|---|---|
| 5 | | | | M | | | P | | | C |
| 1 | | ● | | | | | | | | |
| 2 | | | | | | | L | | | E |
| 3 | | S | D | | | | | | | |
| 1 | | | O | | | | V | | | |
| 0 | | | | | | | | | | |
| 2 | | N | I | | | | A | | ◓ | |
| 1 | | | | | | | | | ◒ | |
| 4 | | U | | | | | | | | |
| 1 | | | R | | | | T | | | |

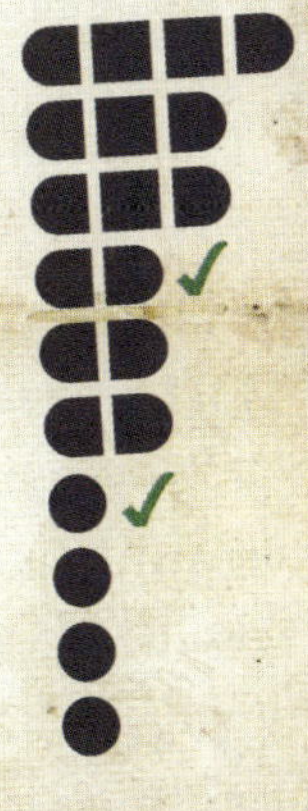

**Welches Wort formen die restlichen Bojen, wenn die Schiffe korrekt positioniert sind?**

**BLÄTTERN SIE NICHT WEITER!**

Bevor Sie die nächste Seite aufschlagen können, müssen Sie das obige Rätsel lösen.

## TOLLE ARBEIT

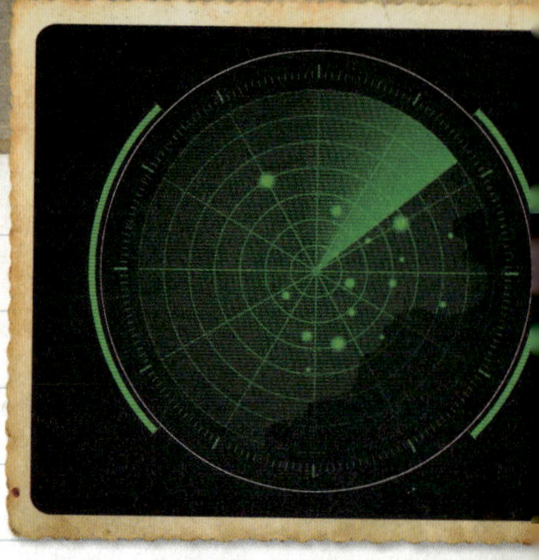

Turing und Sie brauchen nur wenige Minuten, um Frank Birch die einzig mögliche Position der deutschen Schiffe zu liefern. Der kleine Mann ist hellauf begeistert: »Fantastisch! Ich werde die Koordinaten sofort an die Admiralität weitergeben! Tolle Arbeit, alle beide! Also, welchen Vorschlag wollten Sie mir gleich noch machen?«

Sie stellen Birch Ihre Idee vor: Minen an bestimmten Punkten zu legen, um die Kriegsmarine dazu zu bringen, diese Information in ihre Funksprüche aufzunehmen.

»Genial! Das könnte klappen … Wenn wir in den gerade von den Deutschen geräumten Sektoren der Nordsee neue Minen setzen, dann können Sie darauf wetten, dass diese Daten irgendwo in den Funksprüchen auftauchen. Unsere Gruppe wird sich mit dem speziellen Vokabular beschäftigen, das wir für diese Operation brauchen. Und ich werde es sofort an Ihr Team in Baracke 8 weiterleiten. Tolle Arbeit, Brandt! Turing, Sie haben da einen großartigen Mitarbeiter gewonnen, wissen Sie das?«

## OPERATION GARDENING

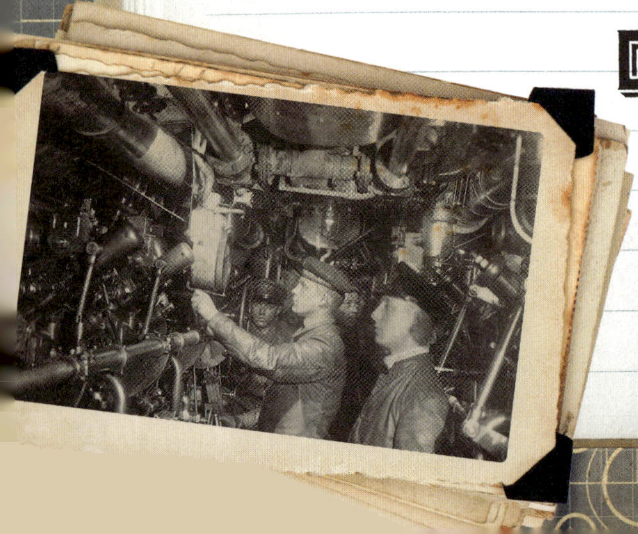

Drei Tage später ruft Birch Sie und Turing in sein Büro in Baracke 4.

»Meine Herren, Ihre jüngsten Bemühungen haben heute Nacht Früchte getragen. Wir haben deutsche Funksprüche abgefangen, die mit der Victory und den von unseren Linguisten gelieferten

Schlüsselwörtern dechiffriert werden konnten. Es ist uns gelungen, den Schlüssel der Enigma für den heutigen Tag zu finden. Das ist zwar nur ein kleiner Erfolg, aber wenn es davon noch mehr geben sollte, werden wir die Schlacht gewinnen! Bravo, meine Herren!«

Turing nutzt die Gunst der Stunde.

»Birch, Sie müssen mir versprechen, Denniston klarzumachen, dass wir mehr Geld brauchen. Hätten wir mehr Bomben, könnten wir die Enigma knacken.«

Birch nickt Turing zu und besiegelt die Abmachung mit einem Handschlag.

## LA RECONNAISSANCE DU MAÎTRE

Während Sie zusammen zurück zu Baracke 4 schlendern, lässt Turing sich das erste Mal auf eine gewisse Vertrautheit ein: »Birch hat recht. Sie haben tolle Arbeit geleistet, James! Seit Sie in Bletchley Park angekommen sind, haben Sie mich immer mehr beeindruckt. Dass Sie zu unserer Truppe gestoßen sind, ist ein echter Gewinn! Haben Sie für Freitagabend schon etwas vor? Wir von Baracke 8 werden im Pub ein paar Biere trinken. Joan Clarke, die Sie bereits kennen, Gordon Welchman und Hugh Alexander. Wollen Sie uns begleiten? Einfach mal ein bisschen entspannen. Außerdem können Sie bei der Gelegenheit das Team ganz ungezwungen kennenlernen.«

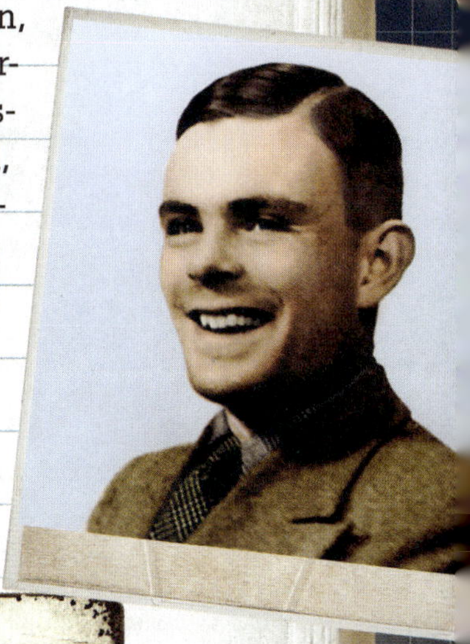

**Nun können Sie folgendes Objekt zu Ihrem Inventar hinzufügen. Es verschafft Ihnen Zugang zu anderen Kapiteln:**

**EINLADUNG INS PUB**

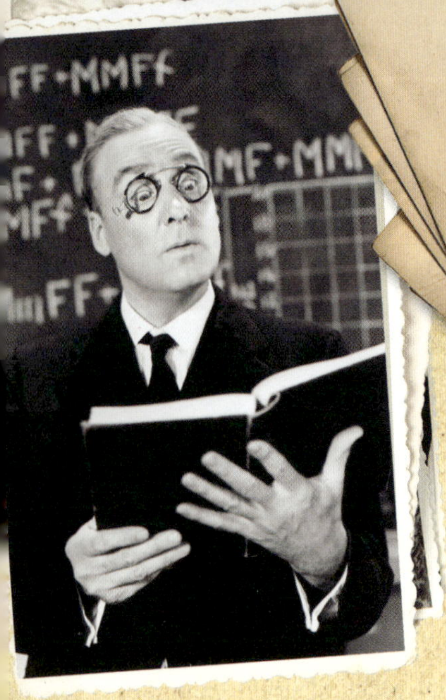

sin 2α + cos
tg α = sin α / cos α;
ctg α = cos α / s α;

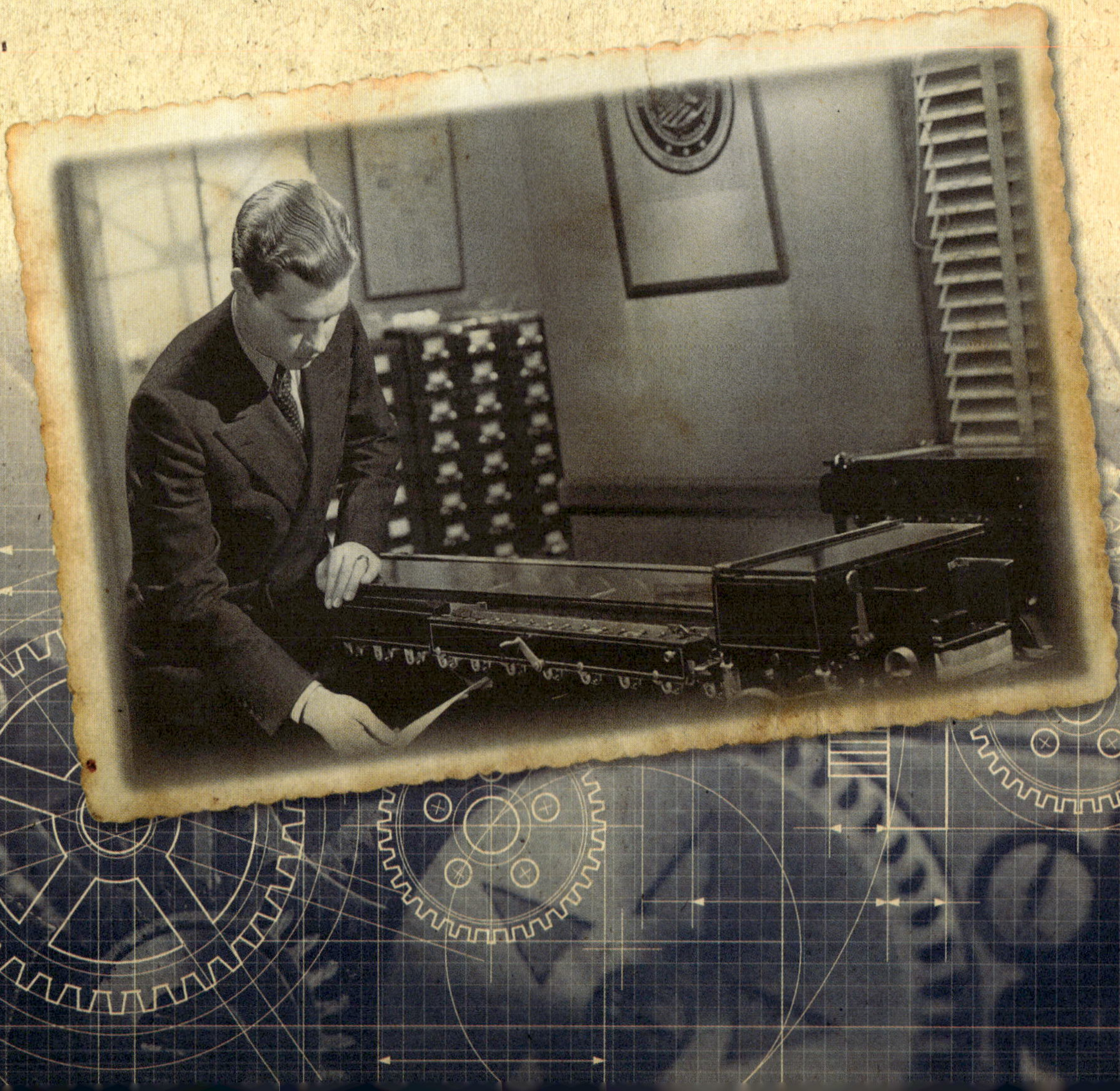

BARACKE 6

# DIE NACHRICHTEN DER LUFTWAFFE

**ACHTUNG!**

Um dieses Kapitel aufschlagen zu können, müssen Sie folgende Objekte besitzen:

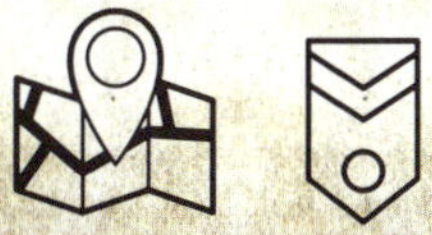

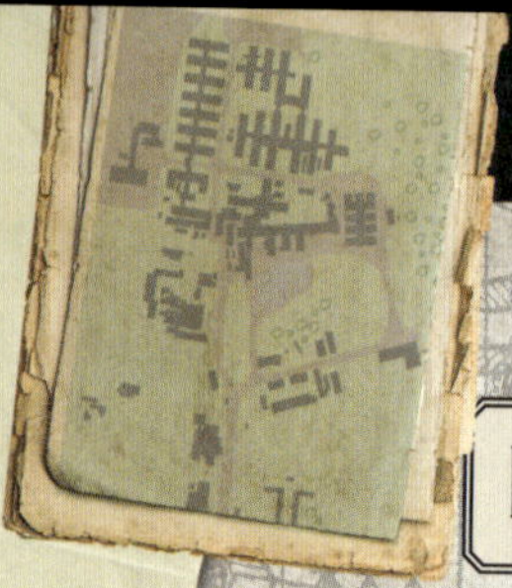

## EIN LABYRINTH OHNE AUSGANG

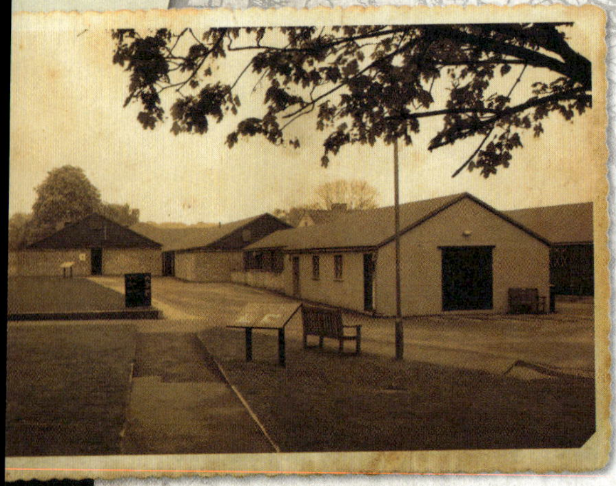

Mit dem Plan in der Hand versuchen Sie herauszufinden, wie Sie am schnellsten in Baracke 6 kommen. Alan Turing hat Sie dorthin geschickt, um den Tagesschlüssel der deutschen Luftwaffe zu holen.

Da Sie noch nicht lange in Bletchley Park sind, verlaufen Sie sich immer wieder zwischen den Baracken aus Holz oder Fertigteilen und den Ziegelgebäuden. Häufig müssen Sie einen Soldaten oder eine junge Frau in Uniform nach dem Weg fragen.

Bletchley Park erinnert Sie immer wieder an den Campus der Universität, die Sie erst vor wenigen Tagen verlassen haben. Die nüchternen Gebäude stehen in scharfem Kontrast zu der Begeisterung derer, die hier arbeiten. Und obwohl so viel auf dem Spiel steht, herrscht eine recht entspannte Atmosphäre.

## DIE VERSCHLÜSSELUNG DER LUFTWAFFE

Am Eingang zu Baracke 6 kontrolliert ein junger Soldat Ihre Akkreditierung. Dann eskortiert er Sie zu John Herivel, einem jungen Mann mit schmalem Gesicht und braunen Haaren. Sie erklären ihm kurz, warum Sie hier sind.

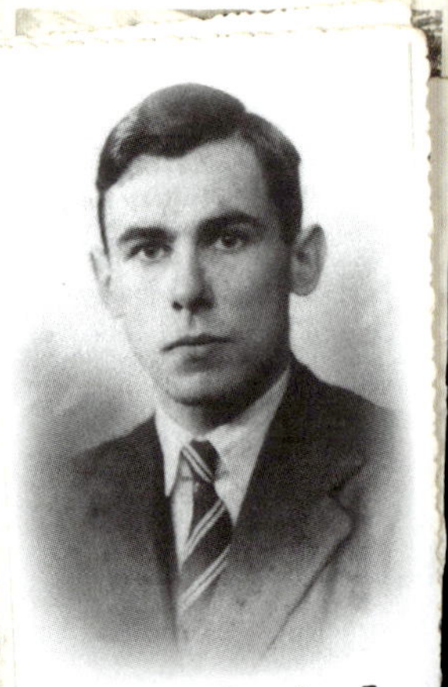

John Herivel

Herivel ist ein sympathischer Typ. Er führt Sie sofort in seine Arbeit ein: »Hier in Baracke 6 dechiffrieren wir die Funksprüche der Luftwaffe. Wir bezeichnen das als ›Code Red‹. Wissen Sie, wie die Enigma funktioniert?«

»Ich bin gerade erst in Bletchley Park angekommen, aber Alan Turing hat mir eine Einführung versprochen.«

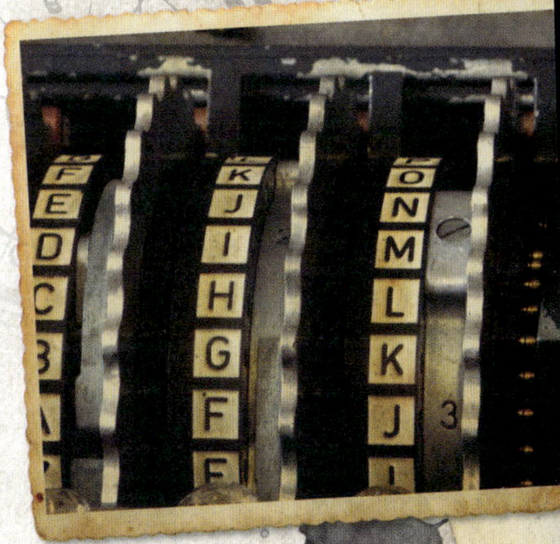

»Gut, dann gehe ich nicht allzu sehr ins Detail und überlasse es Turing, Sie mit der Maschine vertraut zu machen. Für den Moment nur so viel: Die deutsche Chiffrierung beruht darauf, dass sich der Schlüssel täglich ändert. Die Enigma hat drei Walzen, von denen jede auf alle sechsundzwanzig Buchstaben des Alphabets eingestellt werden kann. Diese Einstellung, die sich jeden Tag ändert, ist der Schlüssel. Wir bemühen uns schon vor Morgengrauen, den Tagesschlüssel herauszubekommen. Schaffen wir das, können wir alle Nachrichten dieses Tages entschlüsseln.«

»Aber wie machen Sie das? Die Schlüssel sind doch sicher geheim, und wenn man alle drei Walzen auf je sechsundzwanzig Positionen drehen kann, dann gibt das doch mehr als siebzehntausendfünfhundert Kombinationen!«

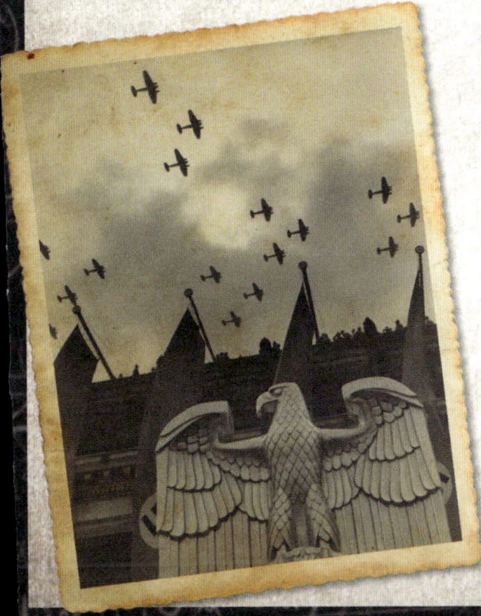

## DER HERIVEL-TIPP

John Herivel bestätigt Ihre Kopfrechnung: »Ja, tatsächlich sind siebzehntausendfünfhundertsechsundsiebzig Positionen möglich. Seit ich vor gut einem Jahr nach Bletchley Park kam, hat mich die Idee, die Enigma zu entschlüsseln, nicht mehr losgelassen. Im letzten Jahr dann hatte ich im Halbschlaf eine Idee: Ich wollte das Problem von der anderen Seite her anpacken. Ich habe mich in einen deutschen Bediener hineinversetzt.

Stellen Sie sich das vor: Es ist sehr früh am Morgen. Ich bin müde, der Stress setzt mir zu. Wie jeden Morgen muss ich die Enigma einstellen, um die erste Tagesbotschaft der Luftwaffe zu senden. Ich muss mich für eine Dreiergruppe entscheiden, die dann bis Mitternacht verwendet wird. Und natürlich ist alles brandeilig, weil schon mehrere Nachrichten darauf warten, gesendet zu werden. In dieser Situation suche ich keine vollkommen neuen Schlüssel, weil ich einfach träge bin. Nein, ich ändere vielleicht nur eine Einstellung an der Walze, drehe das Rad im Vergleich mit der gestrigen Position nur um ein oder zwei Buchstaben weiter.«

Sie hören Herivel mit voller Konzentration zu. Die Idee ist genial, wie das bei den einfachen Dingen häufig der Fall ist.

»Diese Nachlässigkeit erlaubt uns, die möglichen Kombinationen auf ein gutes Dutzend zu reduzieren, die wir dann auf unseren Enigmas per Hand testen. Sobald einer unserer Kryptoanalysten etwa zwanzig Wörter einer Botschaft entschlüsseln kann, geben wir den Tagesschlüssel ans gesamte Team weiter. Dank dieser Technik können wir die Nachrichten der Luftwaffe schon seit Mai letzten Jahres dechiffrieren.«

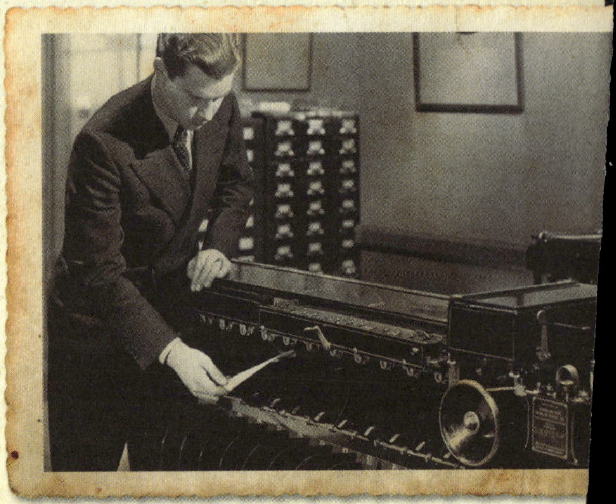

»Beeindruckend! Hat die Methode einen Namen?«

»Die Baracke hat das einfach nur den ›Herivel-Tipp‹ genannt.«

# DER TAGESSCHLÜSSEL

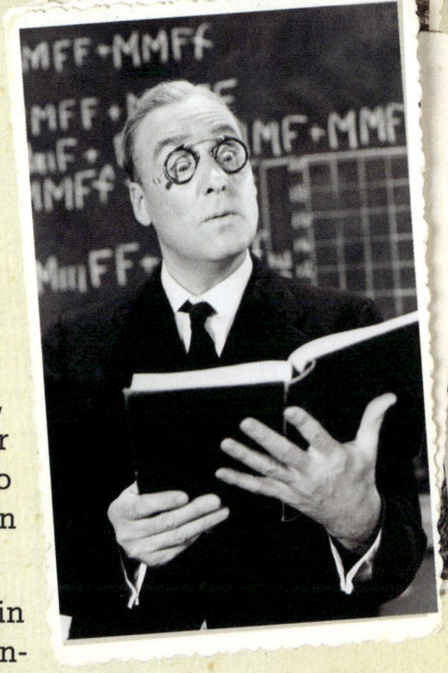


Haben Sie den Schlüssel für heute schon heraus?«

»Ja, Dennis Babbage hat ihn vor nicht ganz einer Stunde gefunden. Wir haben übrigens ein Ritual hier. Wir haben hier Mathematiker, Kreuzworträtselspezialisten, Schachmeister und so weiter … Diese Leute lieben Rätsel. Also stellt der, der als Erster den Schlüssel gefunden hat, den anderen ein Rätsel.«

John Herivel führt Sie an eine Tafel, auf der ein Gitternetz aufgezeichnet ist. Darin und darunter stehen Buchstaben: »Dennis hat keine weiteren Angaben gemacht. Das Wort, das auf der Diagonalen von links oben nach rechts unten erscheint, liefert uns den Tagesschlüssel.«

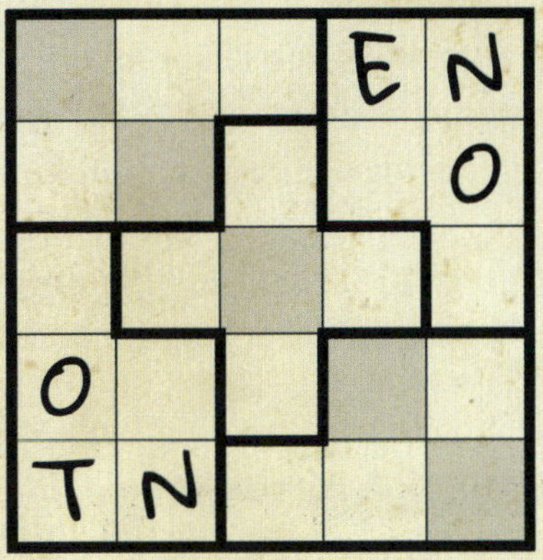


T / R / O / N / E

**Welches Codewort bildet den Tagesschlüssel?**

## BLÄTTERN SIE NICHT WEITER!

**Bevor Sie die nächsten Seiten lesen können, müssen Sie das obige Rätsel lösen.**

$\delta(q_1, x) = (q_2, y, \leftarrow)$

# DIE MARINE-ENIGMA

John Herivel gratuliert Ihnen: »Gut gesehen. Das passt! Die beiden ersten Buchstaben R-E signalisieren, dass es um Code Red geht, um Nachrichten der Luftwaffe. Die letzten drei Buchstaben N-N-E sind der Tagesschlüssel. So werden die drei Walzen für diesen Tag eingestellt. Nun können wir alle Funksprüche bis zum Abend dechiffrieren.«

»Wenn ich mir erlauben darf, John … Eins verstehe ich nicht: Wenn wir die deutschen Codes bereits knacken können, warum arbeiten dann hier so viele Leute daran?«

»Weil wir erstens die Codes der Luftwaffe nicht jeden Tag knacken. Und die Nachrichten der Kriegsmarine sind noch schwieriger zu entschlüsseln, weil die Enigma für den Funkverkehr zwischen Marinekommando und Kriegsmarine weiter verbessert wurde. Und weil die Kriegsmarine genauestens auf die Vorgehensweise der Bediener achtet. Die Nachrichten der Luftwaffe können wir entschlüsseln, wenn einer der Bediener nachlässig ist. Die Kriegsmarine aber nutzt ein Gerät mit vier Walzen und ein Schlüsselbuch, in dem die Tagesschlüssel für jeden Tag eines Monats vorgeschrieben sind. Unter diesen Umständen vervielfältigen

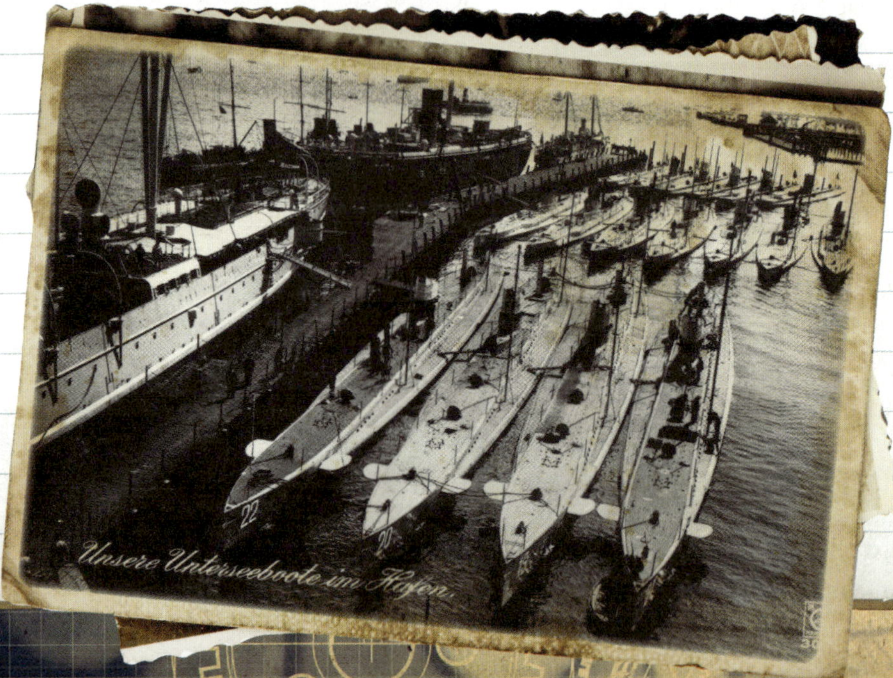

sich die möglichen Kombinationen. Da nützen unsere Techniken nichts mehr …«

»Daran arbeitet also Turing mit seinen Leuten?«

»Genau. Baracke 8 sucht nach neuen Methoden, um die Marine-Enigma zu knacken. Wir haben zwar Fortschritte gemacht, aber der Kampf gegen die Maschine geht weiter!«

Sie danken John Herivel für seine Erklärungen und verlassen Baracke 8 mit dem Tagesschlüssel, der dazu dient, die Nachrichten der Luftwaffe für heute zu dechiffrieren.

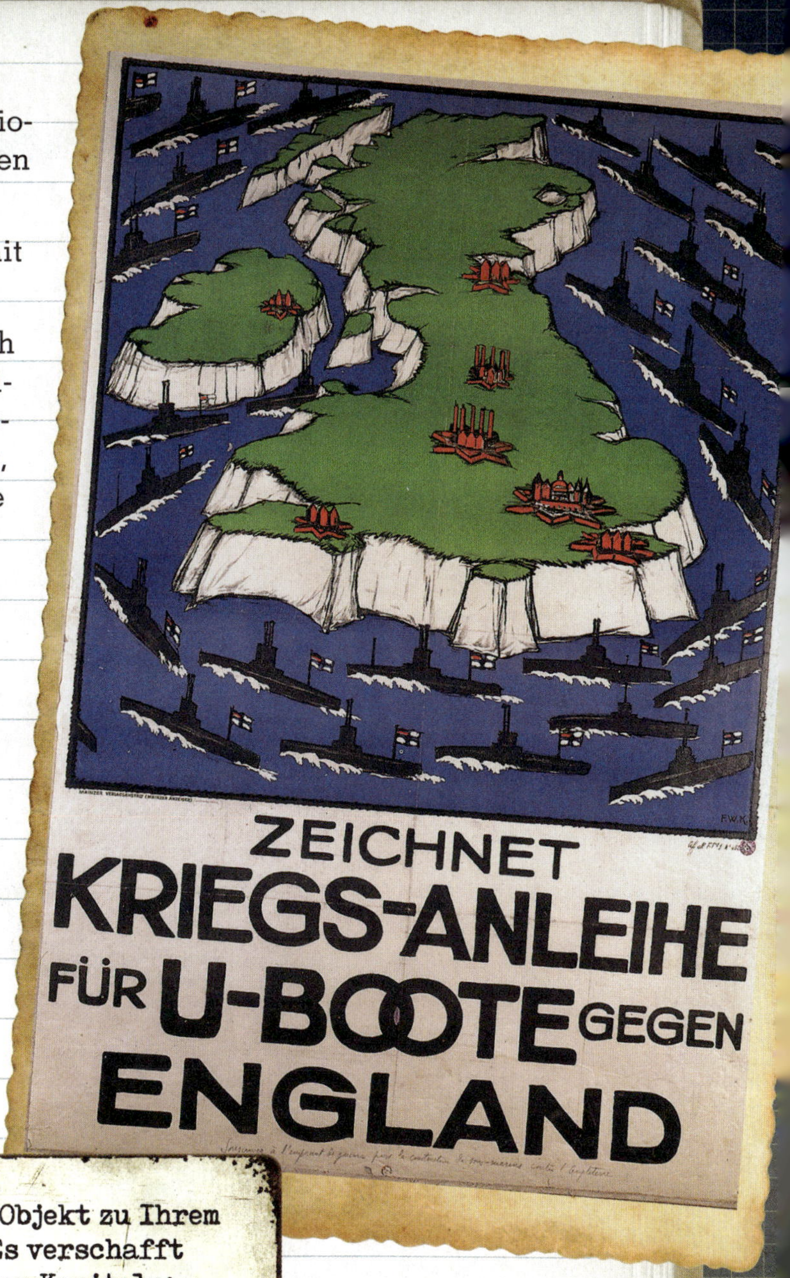


Nun können Sie folgendes Objekt zu Ihrem Inventar hinzufügen. Es verschafft Ihnen Zugang zu anderen Kapiteln:

**TAGESSCHLÜSSEL DER DEUTSCHEN LUFTWAFFE**

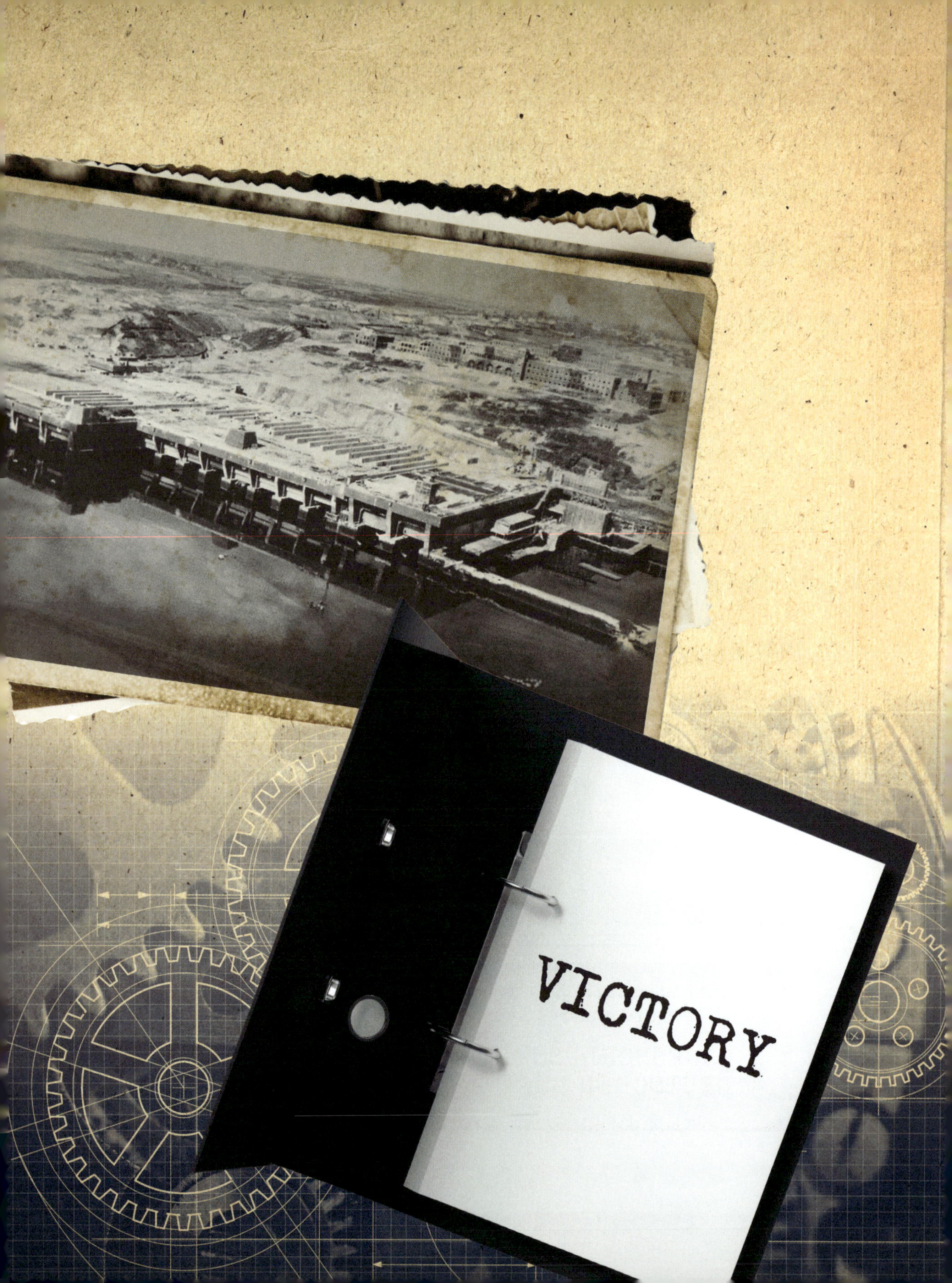
VICTORY

BARACKE 8

# DAS INNENLEBEN DER ENIGMA

**ACHTUNG!**

Um dieses Kapitel aufschlagen zu können, müssen Sie folgende Objekte besitzen:

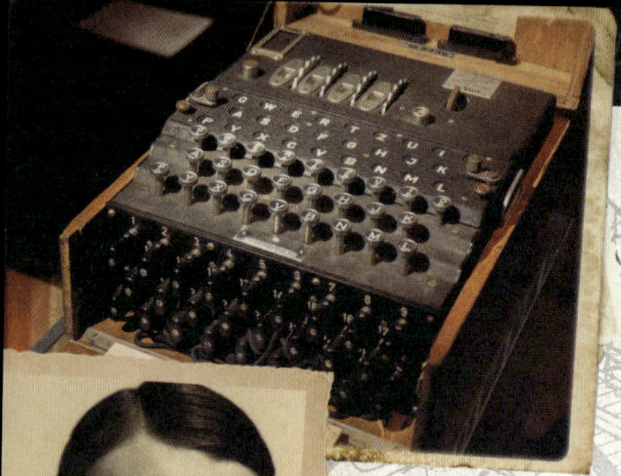

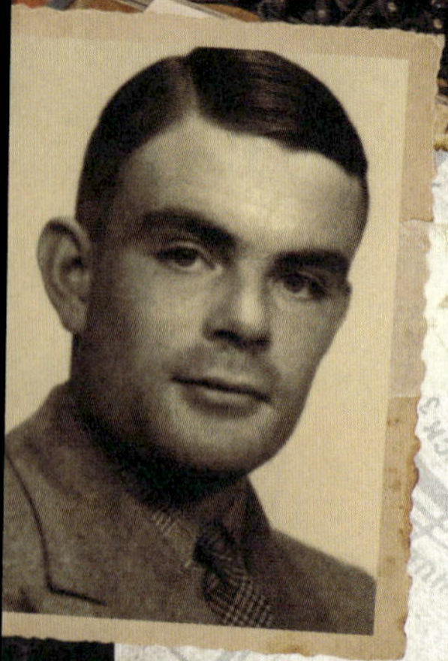

## DER UNGEDULDIGE TURING

Im Laufschritt zurück zu Baracke 8. Sie freuen sich, weil Sie jetzt alles beisammen haben, was Turing von Ihnen wollte.

Sie finden den »Prof« an seinem Schreibtisch, der von Handbüchern und Notizen übersät ist. Er kritzelt Zahlenreihen in ein Heft und bemerkt Ihre Ankunft gar nicht, bis Sie ihm seine Tasse auf den einzigen freien Platz am Schreibtisch stellen.

»Ich sehe, Sie haben alles zu... zusammen, was ich von Ihnen wollte ... Aber wieso haben Sie so lange gebraucht? Egal, machen wir uns gleich an die Arbeit. Ich werde Ihnen die Mitarbeiter von Baracke 8 ein andermal vorstellen, wenn es sinnvoll ist ... Jetzt fangen wir an: Es ist an der Zeit, dass Sie die Enigma kennenlernen.«

## MEISTERKLASSE

Turing stellt den Enigma-Nachbau auf einen Tisch in der Ecke des schlecht beleuchteten Raumes. Sie fragen sich wieder einmal, was mit Turings Kleidung los ist. Die Hose, die er heute trägt, sieht aus, als gehörte sie eigentlich zu einem Pyjama.

»Bitte unterbrechen Sie mich nur, wenn es absolut nötig ist. Ich werde versuchen, Ihnen diese geniale Maschine zu erklären. Zunächst einmal müssen Sie wissen, dass die Enigma mit einem Substitutionsverfahren operiert, ähnlich wie die Vi... Vi... Vigenère-Verschlüsselung: Jeder Buchstabe der Nachricht wird durch einen anderen Buchstaben wiedergegeben. Sie müssen sich die Enigma vorstellen wie einen elektrischen Stromkreis. Wenn man auf eine der Tasten drückt, leuchtet ein Licht auf und zeigt an, durch welchen Buchstaben man den Buchstaben des Klartextes ersetzen muss. So weit alles klar?«

Sie nicken nur kurz, weil Sie eine Zurechtweisung befürchten, wenn Sie wagen, etwas zu sagen.

»Dieser Stromkreis verbindet mehrere Elemente. Ich habe dazu eine, wenn auch vereinfachte, Skizze gemacht, damit Sie es auch kapieren.«

Sie überhören die Beleidung und sehen sich Turings Skizze an.

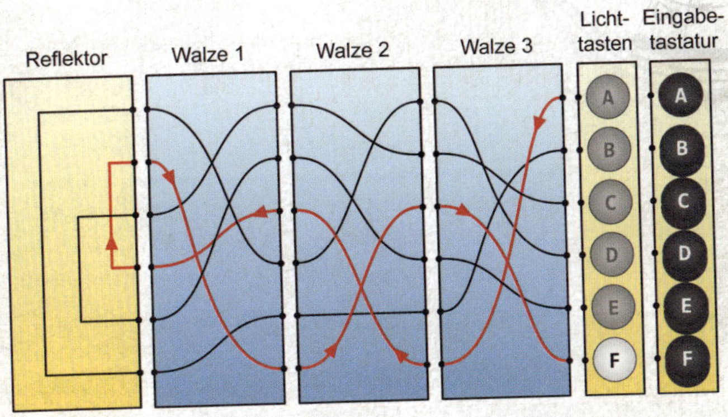


## DER STROMKREIS

Der Prof fährt mit seiner Vorlesung der Meisterklasse fort, wobei er seine äußerst präzisen Worte mit wirren Gesten begleitet.

»Wenn ich auf der Eingabetastatur die Taste A betätige, läuft der Strom durch Walze 3, die sich ganz außen befindet. So wird der Buchstabe einmal verschlüsselt. Dann läuft der Strom durch Walze 2 und 1 bis zum Reflektor, der sich, fest eingebaut, links außen befindet. Der Reflektor schickt den Strom in die Gegenrichtung: Er durchläuft erneut drei Walzen, von links nach rechts diesmal, und kommt beim Buchstaben F heraus. Das ist total einfach, aber

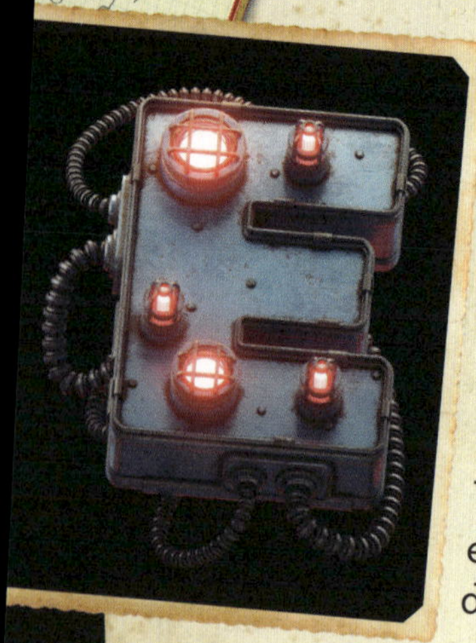

wirklich genial. Wenn Sie ein A eintippen, erhalten Sie ein F. Aber der Stromkreis ist dank des Reflektors symmetrisch. Tippen Sie ein F ein, erhalten Sie wiederum ein A. Man kodiert die Nachricht also auf die gleiche Weise, wie sie dekodiert wird. Das ist unglaublich praktisch.

Noch etwas ganz Entscheidendes: Jedes Mal, wenn man eine Taste betätigt, verschiebt sich die Walze ganz rechts um eine Einheit. Dadurch wird der Stromkreis verändert. Wenn Sie also beim ersten Mal die Taste A betätigen und ein F erhalten, wird beim zweiten Mal daraus ein B und beim dritten Mal ein D …«

## PRAKTISCHE ÜBUNGEN

»Wie Sie jetzt wissen, entscheidet die anfängliche Einstellung der Walzen darüber, wie eine Nachricht kodiert wird. Daher habe ich Sie geschickt, um den Tagesschlüssel von John Herivel und eine Nachricht der Luftwaffe zu besorgen. Jetzt können wir all das gleich praktisch anwenden.«

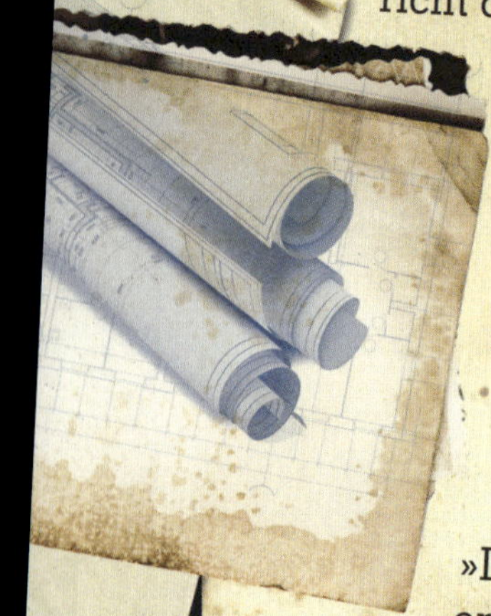

Alan Turing holt ein merkwürdiges Rohr aus Pappe aus seinem Schreibtisch. Rundherum sind drei Zylinder angeordnet, auf denen eine Verkabelung eingezeichnet ist.

**Nun bauen Sie sich Ihre eigene Enigma zusammen. Gehen Sie dabei so vor, wie auf Seite 153 beschrieben.**

»Dieser Nachbau der Enigma aus Papier wird uns helfen, die ersten Buchstaben der Nachricht zu dechiffrieren: TLLKY. Die Informationen von Baracke 8 sagen Ihnen, wie der Tagesschlüssel aussieht: N-N-E. Die Walzen müssen so eingestellt werden, dass diese Buchstaben sich am blauen Band des Rohres befinden: N für Walze 1, N für Walze 2 und E für Walze 3.«

Sie schieben vorsichtig die drei Zylinder in die verlangte Position.

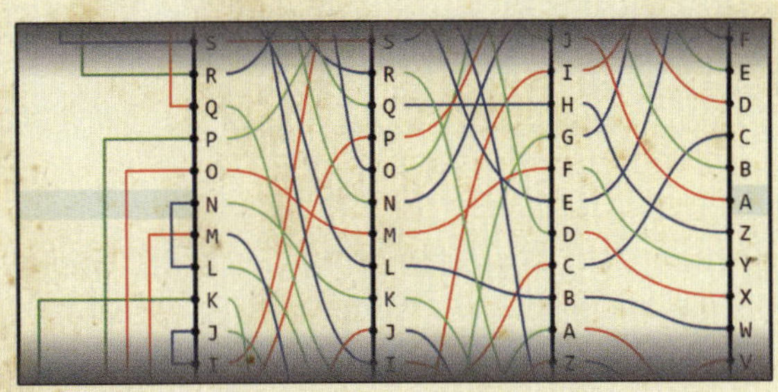

»Perfekt! Vergessen Sie nicht, dass Sie, bevor Sie jeden einzelnen Buchstaben dekodieren, die Walze rechts außen um eine Position verschieben müssen. Also drehen Sie die Walze um eine Einheit auf sich zu.«

Sie verschieben den Zylinder ganz rechts außen um eine Einheit und erhalten folgende Anordnung:

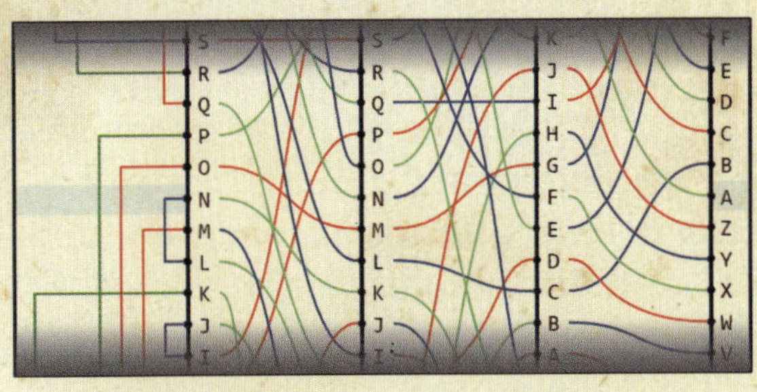

»Sehr gut! Nun müssen Sie nur den farbigen Linien folgen, um den ersten Buchstaben der Nachricht zu dechiffrieren, das T. Dabei bewegen die Walzen sich nicht. Suchen Sie das T auf der äußersten rechten Walze und folgen Sie der Verkabelung über die anderen Walzen bis zum Reflektor, wie ich es Ihnen auf meiner schematischen Zeichnung gezeigt habe. Dann kehren Sie auf die rechte Seite zurück, um den dekodierten Buchstaben abzulesen. So arbeiten Sie sich durch alle Buchstaben, aber vergessen Sie nicht: Vor jedem neuen Buchstaben müssen Sie die Walze rechts außen um eine Einheit in Ihre Richtung drehen. Erst dann können Sie den Linien folgen und die Dechiffrierung ablesen.«

**Der Nachbau der Enigma hilft Ihnen, die ersten fünf Buchstaben der Luftwaffennachricht zu dekodieren:**
**TLLKY = ?**

**BLÄTTERN SIE NICHT WEITER!**

**Bevor Sie die nächsten Seiten aufschlagen, müssen Sie das obige Rätsel lösen.**

# DER FLOTTENSTÜTZPUNKT

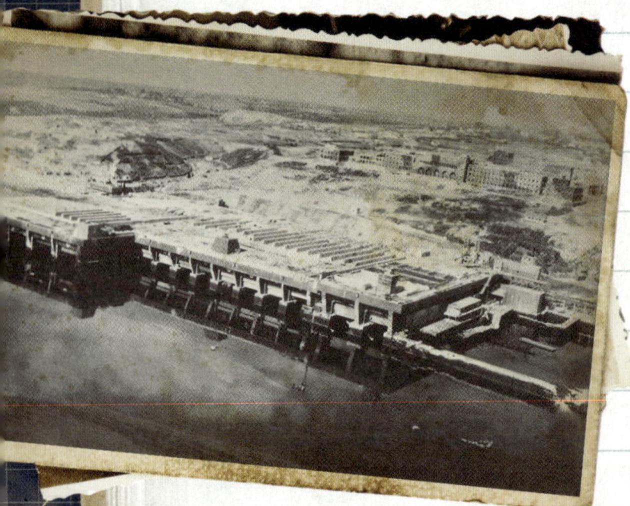

Schritt für Schritt dechiffrieren Sie nun den Buchstabensalat und entdecken so das erste Wort: »BREST? Was soll das denn heißen, Mr Turing? Sind Sie sicher, dass das stimmt?«

»Absolut. Die französische Stadt Brest wurde von den Deutschen im Juni letzten Jahres eingenommen und dient jetzt der Kriegs… der Kriegs… der Kriegsmarine als Stützpunkt. Aber jetzt verwenden wir Joan Clarkes Enigma, um den Rest schneller herauszubekommen.«

Turing holt den Holzkasten mit der Original-Enigma heraus, stellt geschickt den Tagesschlüssel ein und gibt die restlichen Buchstaben der Nachricht ein. Sie hingegen notieren die aufleuchtenden Buchstaben. Sie haben Deutsch in der Schule gelernt, daher können Sie die Nachricht übersetzen:

BREST.
LUFTUNTERSTUETZUNG
NOETIG, UM BISMARCK
IN DEN STUETZPUNKT ZU
ESKORTIEREN.

# EINE KAPITALE ENTDECKUNG

Zum ersten Mal seit Ihrer ersten Begegnung lässt Turing seinen Sarkasmus sein und wendet sich voller Respekt an Sie:

»Professor Brandt, ich glaube, dass Sie da eine unglaubliche Entdeckung gemacht haben! Sie haben die Position eines feindlichen Schiffes, eines Schlachtschiffes entdeckt. Das wird Ihnen ein Lob vonseiten des MI6 eintragen. Ich glaube fast, Denniston hatte einen Riecher, als er Sie zu uns holte … Kurz gesagt, wir haben immer noch viel Arbeit vor uns, wir beide. Ich werde Ihnen unsere Arbeiten zur Marine-Enigma vorstellen, die sehr viel komplizierter gebaut ist. Wenn Sie Zeit haben, stoßen Sie doch in Baracke 1 zu mir. Dann zeige ich Ihnen unsere Victory. Ich verbringe dort fast jeden Vormittag. Bringen Sie die Bedienungsanleitung mit. Ich habe sie letztes Jahr verfasst, um zu erklären, wie diese Maschine funktioniert, die uns hilft, sehr schnell Tausende Kombinationen zu testen. Lesen Sie sie aufmerksam durch. Das wird Ihnen bei unserer nächsten Begegnung weiterhelfen. Aber zuerst bringen Sie die entschlüsselte Nachricht zu Leutnant-Commander Saunders in Baracke 3. Er kümmert sich um die Analyse der dechiffrierten Nachrichten der Luftwaffe. Sie haben gute Arbeit geleistet, Professor Brandt!«

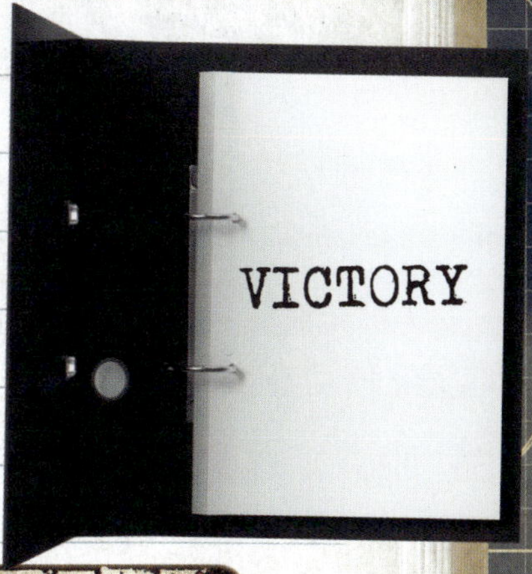


**Nun können Sie folgende Objekte zu Ihrem Inventar hinzufügen. Sie verhelfen Ihnen zum Zugang zu anderen Kapiteln:**

- DEKODIERTE NACHRICHT
- BEDIENUNGSANLEITUNG DER VICTORY

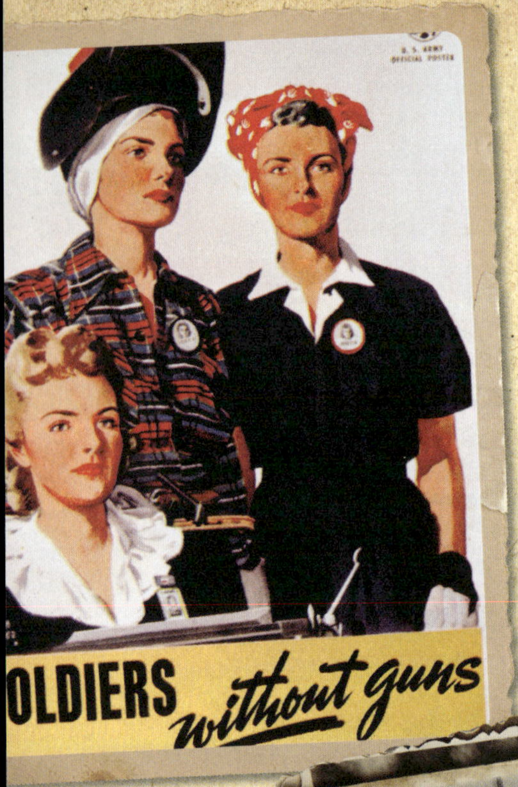
U. S. ARMY
OFFICIAL POSTER
OLDIERS without guns

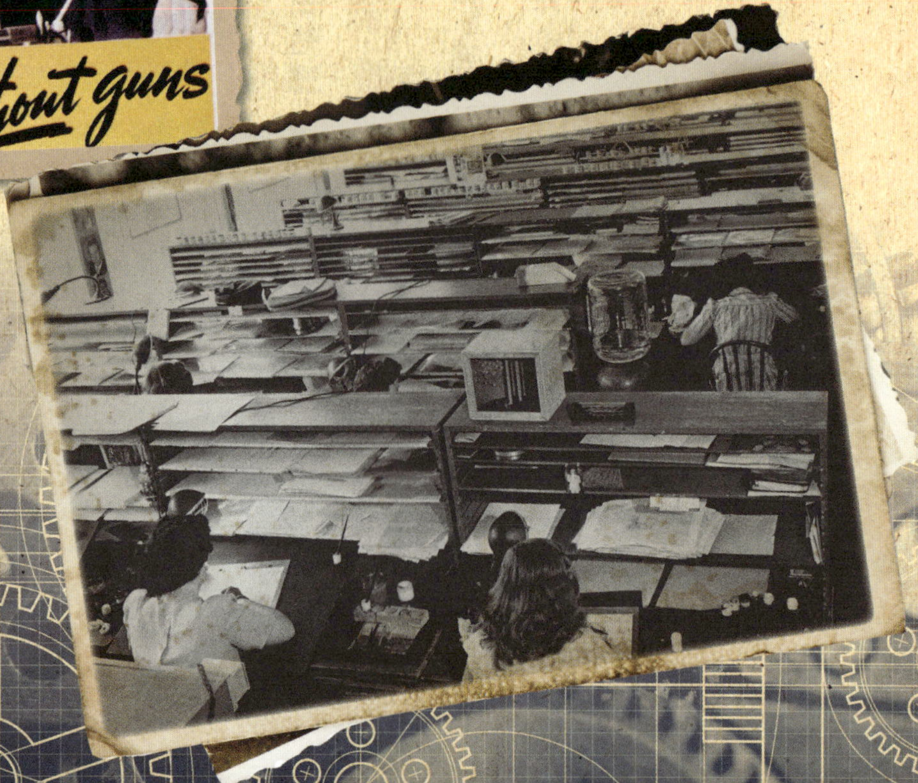

BLOCK D

# DIE FRAUEN VON BLETCHLEY PARK

**ACHTUNG!**

Um dieses Kapitel aufschlagen zu können, müssen Sie folgende Objekte besitzen:

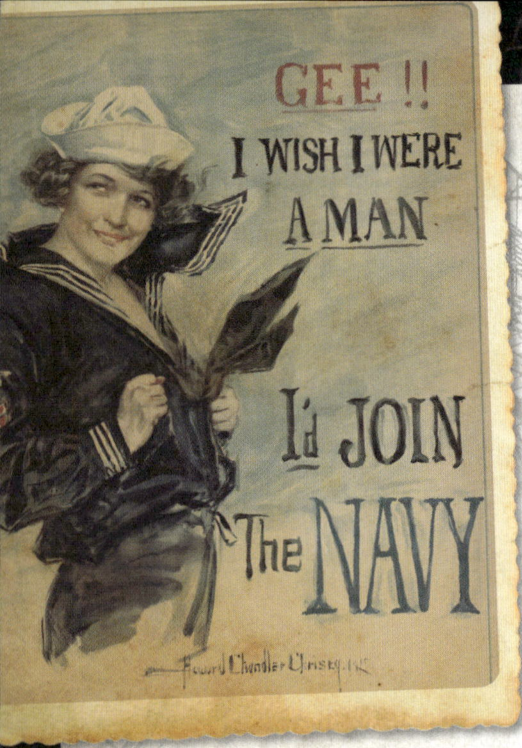


# DER BIENENSTOCK VON BLOCK D

Nach gut zehn Minuten, in denen Sie wieder mal durch Bletchley Park geirrt sind, erreichen Sie endlich Block D, eines der jüngeren Gebäude der Anlage. Die Tür ist verschlossen, wahrscheinlich aus Sicherheitsgründen. Sie müssen läuten.

Eine junge Dame in der Uniform der Royal Navy öffnet und prüft Ihre Akkreditierung. Sie stellen sich vor. Einen Moment lang sind Sie unsicher, ob Sie nun militärisch grüßen sollen oder ihr lieber die Hand reichen: »Guten Tag … Guten Tag, Miss. Ich bin Professor Brandt und würde gerne Joan Clarke sehen. Alan Turing schickt mich.«

Die junge Frau lächelt und weist Sie an, ihr zu folgen. Im Innenraum reiht sich Schreibtisch an Schreibtisch. Überall sitzen junge Frauen in langen Röcken und weißen Blusen. Keine einzige hebt auch nur den Blick von den Schreibmaschinen oder den Dokumentenstapeln, die sie vor sich haben. Sie folgen ihrer Führerin durch den Mittelgang.

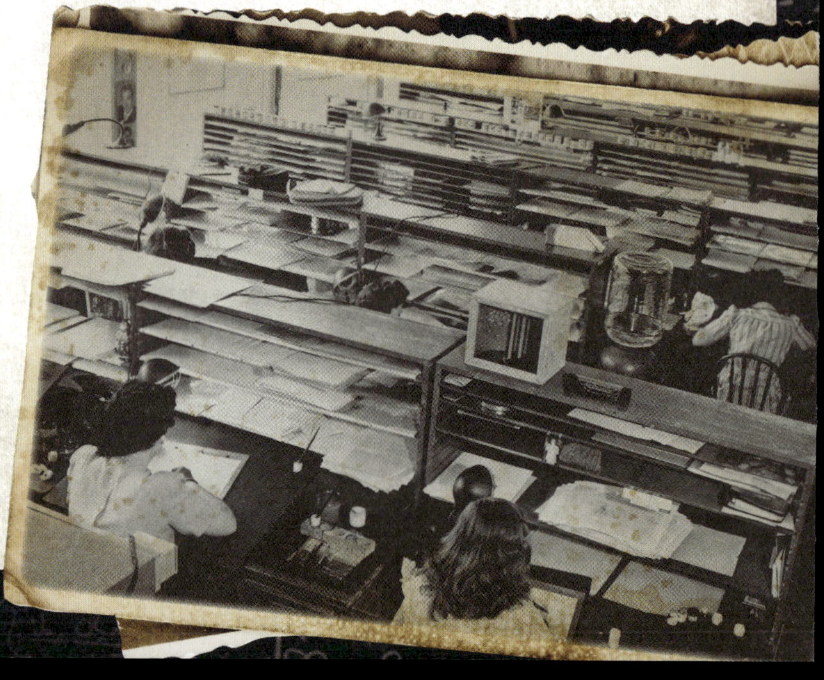

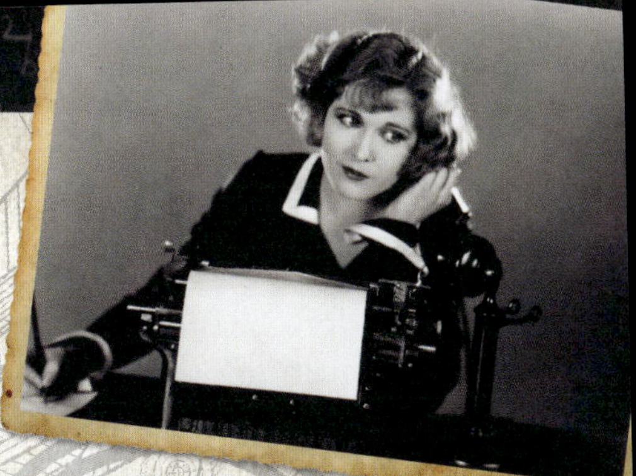

## JOAN CLARKE

Die junge Angehörige der Marine führt sie in einen kleinen Raum und deutet mit einem Nicken auf eine Dame im Tweedkostüm, die an einem Schreibtisch sitzt. Als sie Sie näher kommen sieht, nimmt sie die Brille ab und lächelt freundlich.

»Guten Tag, Miss Clarke. Ich bin …«

»Guten Tag, Mr Brandt. Alan hat mich vorgewarnt. Sie wollen unsere Enigma nutzen.«

Sie nicken. Dabei fällt Ihnen auf, dass Clarke Turing beim Vornamen nennt.

»Arbeiten Sie schon lange mit Alan Turing zusammen, Miss Clarke?«

»Ich wurde letztes Jahr in Cambridge angeworben. Im Juni, nachdem ich meine Abschlussprüfungen in Mathematik gemacht hatte. Zuerst habe ich mich um die Verwaltung gekümmert, aber als sich herausstellte, dass ich mit der Kryptografie etwas anfangen kann, hat Alan mir vor wenigen Monaten vorgeschlagen, mich seiner Gruppe anzuschließen. Kommen Sie mit. Ich führe Sie dorthin, wo wir die verschiedenen Nachbauten der Chiffriermaschinen aufbewahren, an denen wir arbeiten.«

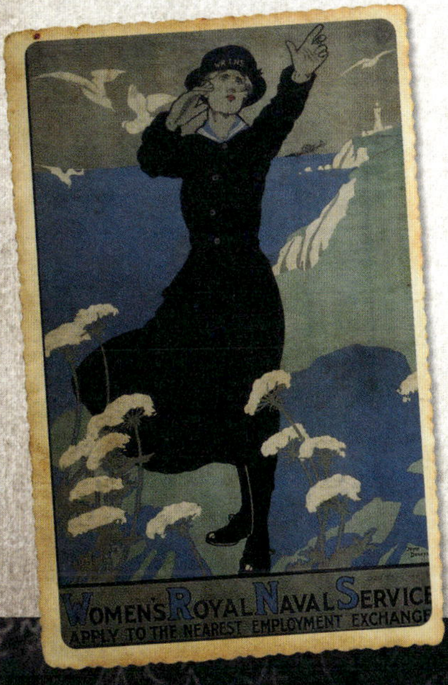


## DIE FRAUEN VON BLETCHLEY PARK

Wieder geht es durch ganze Reihen von Schreibtischen, alle mit jungen Damen besetzt.

»Miss Clarke, entschuldigen Sie bitte die Bemerkung, aber ich hätte nie gedacht, dass ich hier in Bletchley Park auf Frauen treffen würde …«

»Interessant. Gut drei Viertel der Mitarbeiter hier sind weiblich. Und der Großteil davon gehört zum Women's Royal Naval Service. Deshalb nennt man sie auch Wrens. Andere sind Hilfskräfte der Royal Navy. Dazu kommt noch eine ganze Reihe von zivilen Kräften wie ich. Der Großteil ist noch nicht mal zwanzig. Man hat sie an der Universität angeworben: Naturwissenschaftlerinnen, Linguistinnen, Analystinnen. Andere sind Angehörige der höheren Schichten. Wie Sie vielleicht schon bemerkt haben, treffen hier in BP Menschen unterschiedlichster Herkunft aufeinander. Ein Running Gag ist es, die Mannschaft von BP als ›Brillenschlangen und Debütantinnen‹ zu bezeichnen.

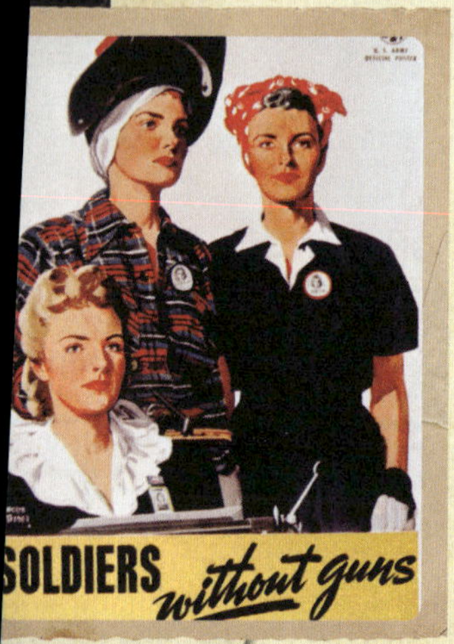


»Aber woran arbeiten denn die Frauen hier?«

»Manche erledigen Verwaltungs- und Sekretariatsaufgaben. Andere stellen die Dechiffriermaschinen ein. Sie übersetzen die Nachrichten, analysieren den Funkverkehr. Ein großer Teil bedient die Bomben.«

»Die Bomben? Hier werden also auch Sprengstoffe gebaut?«

»Nein, nicht diese Art von Bomben, Professor Brandt. Wir Kryptoanalytiker bezeichnen mit ›Bombe‹ ein elektromechanisches Gerät, mit dessen Hilfe wir in kürzester Zeit eine ganze Reihe von Einstellungen der Enigma prüfen können, um den Tagesschlüssel herauszufinden, den die Deutschen verwenden, und dann die Nachrichten zu entschlüsseln. Aber das wird Alan Ihnen sicher bald erklären. Er wird Ihnen die Victory vorstellen, unsere allererste Bombe.«

## DIE ABLAGE

Joan Clarke öffnet einen kleinen Raum am Ende von Block D.

»Da sind wir! Die Nachbauten der wichtigsten Chiffriermaschinen befinden sich in diesem Schrank. Ich habe erst letzte Woche

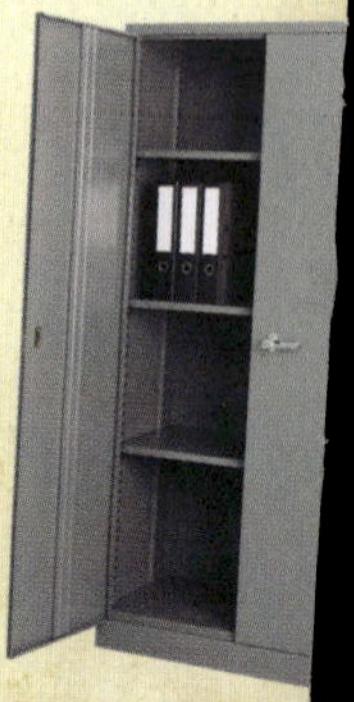

eine unserer Rekrutinnen gebeten, sie zu ordnen. Sie hat mir ein Blatt Papier gegeben, aber ich hatte noch keine Zeit, es zu lesen.«

*Liebe Joan,*

*ich habe unsere vier Chiffriermaschinen (Lorenz, Enigma, Nema und Typex) aufgeräumt wie besprochen: in farbigen Kisten. Ich weiß, dass ich sie hätte beschriften müssen, aber ich dachte mir, es geht auch so:*

*1) Die grüne Kiste steht zwei Regalbretter unter der, die die Lorenz enthält.*

*2) Die Kiste mit der Typex steht zwei Regalbretter unter der grauen.*

*3) Die blaue Kiste steht zwei Regalbretter unter der gelben.*

*4) Der Karton mit der Nema steht ganz unten, auf dem vierten Regalbrett.*

*Mimi Galilee*

Joan Clarke ist das offensichtlich peinlich, aber sie bittet Sie um Unterstützung: »Professor Brandt, können Sie mir vielleicht helfen? Welche Farbe hat denn nun die Kiste mit der Enigma?«

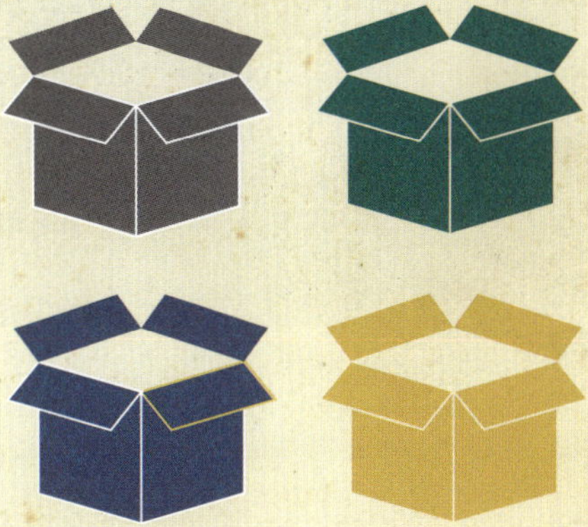

**Ist es die graue, grüne blaue oder gelbe?**

**BLÄTTERN SIE NICHT WEITER!**

**Bevor Sie die nächsten Seiten aufschlagen, müssen Sie das obige Rätsel lösen.**

# EIN ERSTER BLICK AUF DIE ENIGMA

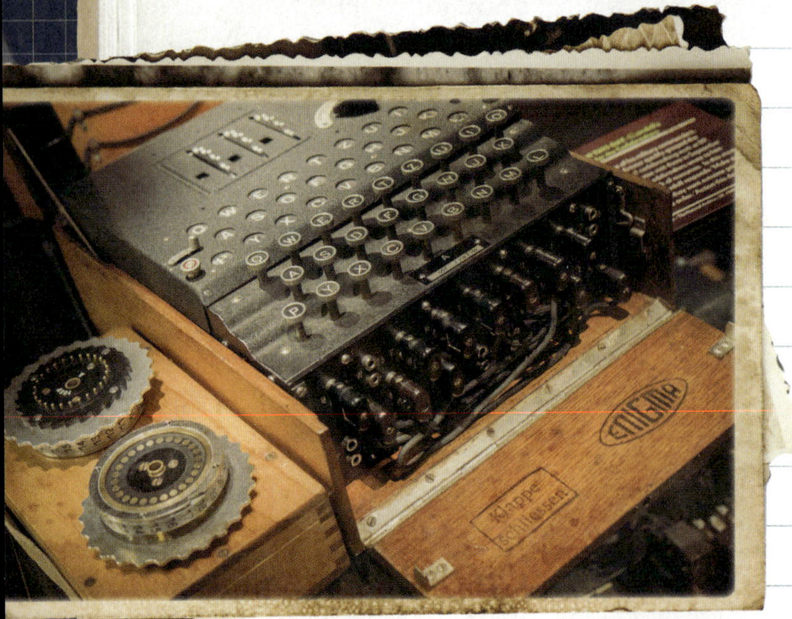


Joan Clarke findet die Enigma in der gelben Kiste auf dem zweiten Regalbrett, wie Sie es herausgefunden haben.

»Alan hat schon recht, wenn er Ihre Logik lobt, Professor!«

Sieh an, Turing hat also mit seinen Kollegen über Sie gesprochen ... Damit hätten Sie nun wirklich nicht gerechnet.

Vorsichtig hebt Clarke die Enigma aus der Kiste. Auf den ersten Blick sieht sie aus wie eine ganz gewöhnliche Schreibmaschine in einem Holzkasten. Sie hat eine Tastatur mit sechsundzwanzig Tasten, eine für jeden Buchstaben des Alphabets. Darüber befinden sich drei Reihen Lämpchen, die Ihre Aufmerksamkeit erregen.

Miss Clarke sieht Ihren fragenden Blick und erklärt: »Alan wird Ihnen erklären, wie die Maschine im Detail funktioniert, aber wie Sie sehen, ist das Gerät ebenso einfach wie genial: Wenn ich auf eine Taste drücke, leuchtet darüber ein Buchstabe auf. Jeder Buchstabe der Nachricht wird so elektromagnetisch verschlüsselt.«

Clarke nimmt einen Aufsatz ab und fährt mit ihren Erläuterungen fort: »Hier sehen Sie die drei Walzen: Wenn man auf eine der Tasten drückt, fließt ein Strom durch die Drähte in diesen drei Rotoren, bis eines der Lämpchen aufleuchtet. Für jeden Buchstaben ändert sich die Einstellung, sodass die Nachricht noch schwieriger zu entschlüsseln ist. Ohne

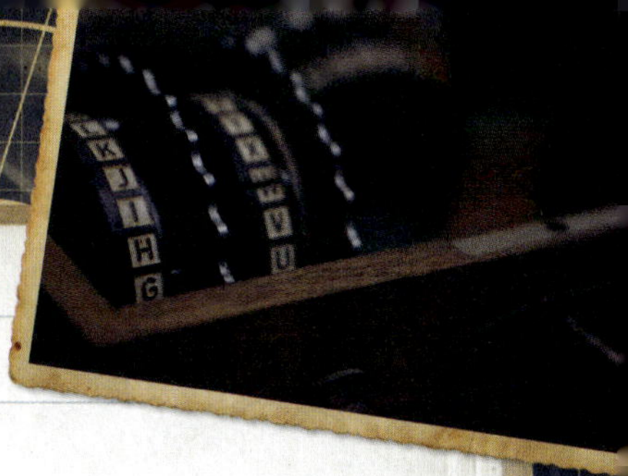

die Grundstellung der drei Walzen zu kennen, bleibt der chiffrierte Text unverständlich.«

## VERTRAUEN UND PAUKENSCHLAG

Miss Clarke prüft, ob die Maschine korrekt funktioniert. Dann schließt sie den Holzkasten und überreicht Ihnen die Enigma. Sie müssen los.

»Vielen Dank für Ihre Erläuterungen, Miss Clarke. Ich bringe das gute Stück zu Alan Turing. Aber eines würde ich gerne noch wissen, da Sie ihn ja gut zu kennen scheinen … Warum verhält er sich so merkwürdig gegenüber den Leuten, mit denen er arbeitet?«

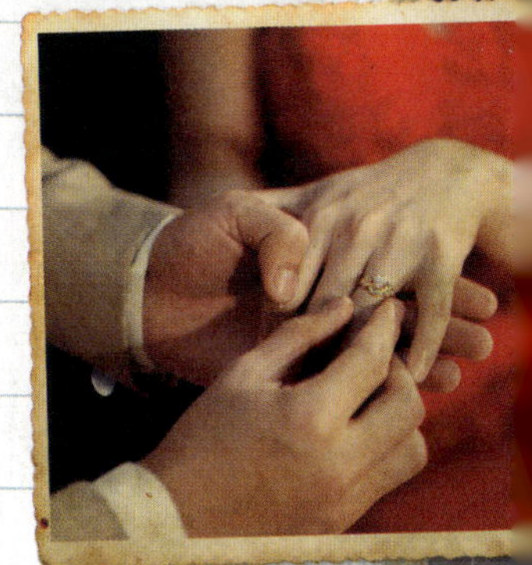

»Das dürfen Sie nicht so ernst nehmen. Er ist ein anständiger Kerl. Nur so extrem schüchtern.«

»Sie scheinen ihn ja wirklich sehr zu schätzen.«

»Ja, tatsächlich. Wir haben uns im letzten Monat verlobt.«

Diese vertrauliche Mitteilung erschüttert Sie. Sie vergessen sogar, Miss Clarke zu gratulieren. Sie nehmen die Enigma unter den Arm und marschieren los.

**Nun können Sie folgendes Objekt zu Ihrem Inventar hinzufügen. Es verschafft Ihnen Zugang zu anderen Kapiteln:**

**⚙ NACHBAU DER ENIGMA**

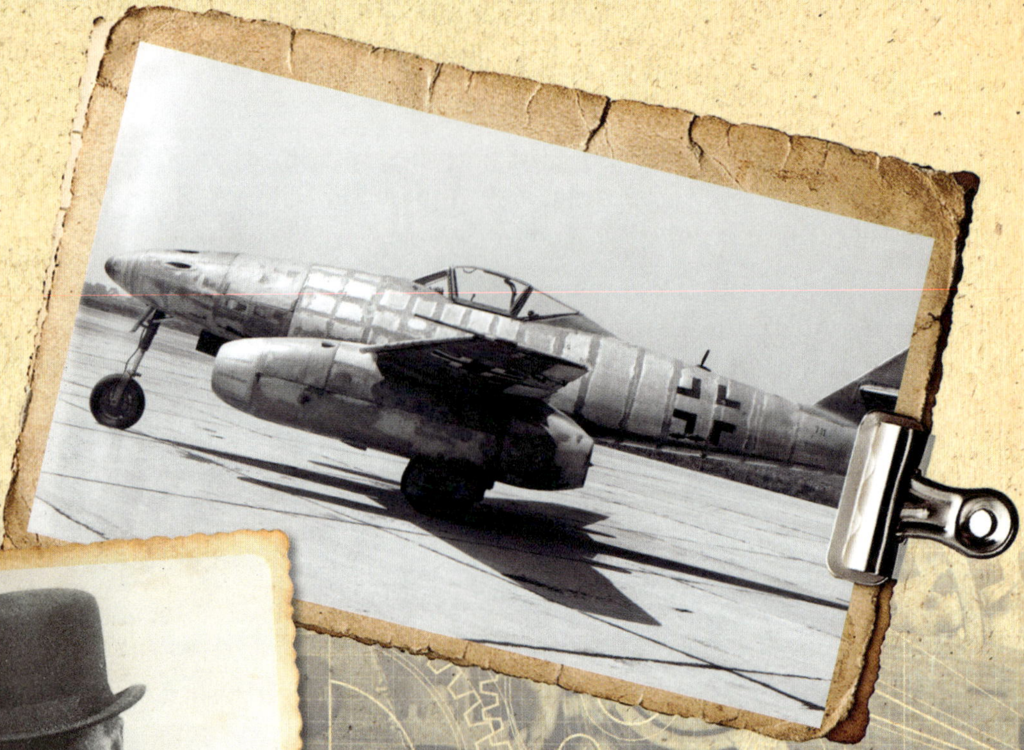

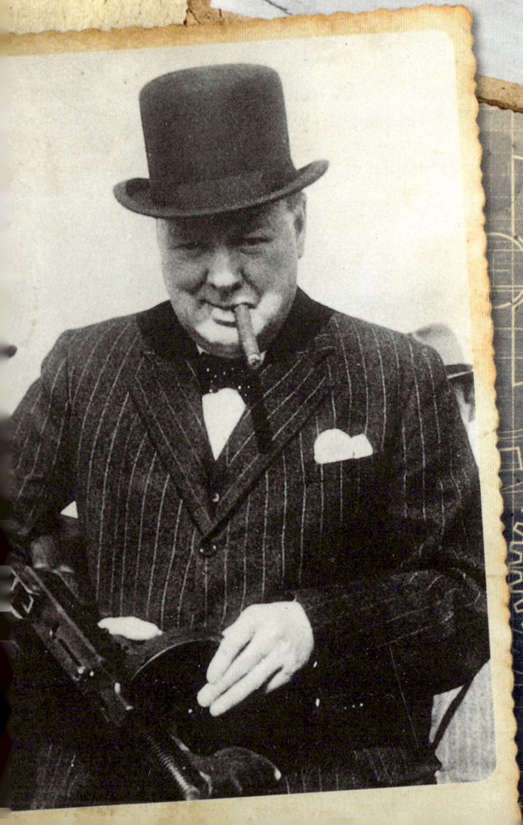

AM SEE

# BESUCH DES PREMIERMINISTERS

**ACHTUNG!**

Um dieses Kapitel aufschlagen zu können, müssen Sie folgende Objekte besitzen:

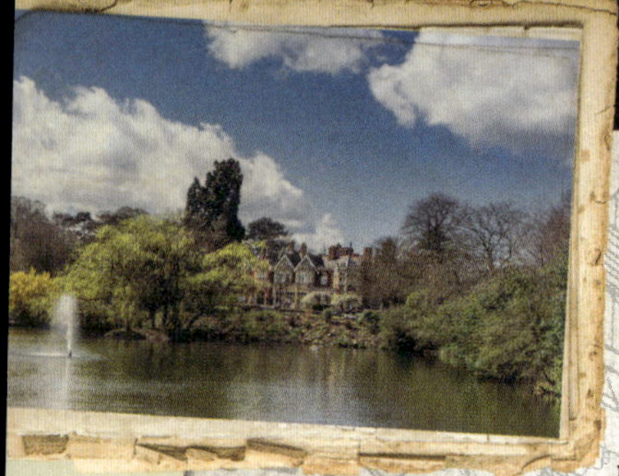

## LETZTE VORBEREITUNGEN

In Ihrem besten Anzug begeben Sie sich zum See von Bletchley Park, wo die Zeremonie zu Ehren des Besuches von Winston Churchill stattfinden soll. Die Idee, plötzlich dem Premierminister gegenüberzustehen, macht Sie zwar nervös, trotzdem vergessen Sie Ihre Mission nicht. Sie tasten in der Jackentasche nach dem Brief, den Turing verfasst hat, um mehr finanzielle Mittel zu erbitten.

Dank der Einladung, die man Ihnen nach der Ortung und Versenkung der Bismarck überreicht hat, kommen Sie mühelos an den Wachposten vorbei, die der MI6 schon am Morgen hierhergeschickt hat. Sie bahnen sich Ihren Weg durch Zivilisten und Soldaten, bis Sie ganz vorne am Podium stehen, wo der Premier in wenigen Minuten seine Rede halten wird.

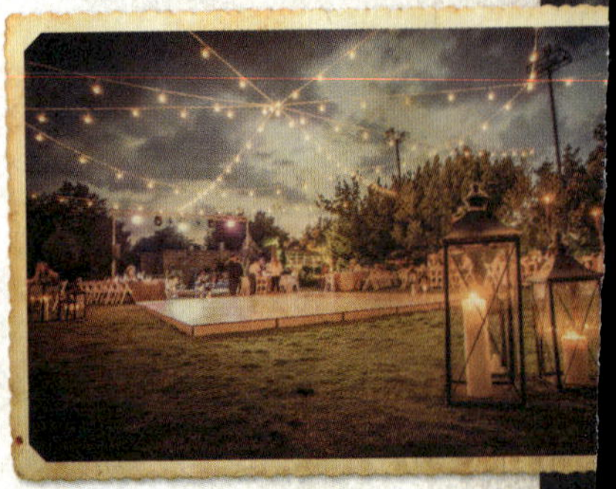

Gar nicht weit weg steht Commander Denniston und überwacht die letzten Vorbereitungen. Sie werden sich klug anstellen müssen, um seinem wachsamen Blick zu entgehen …

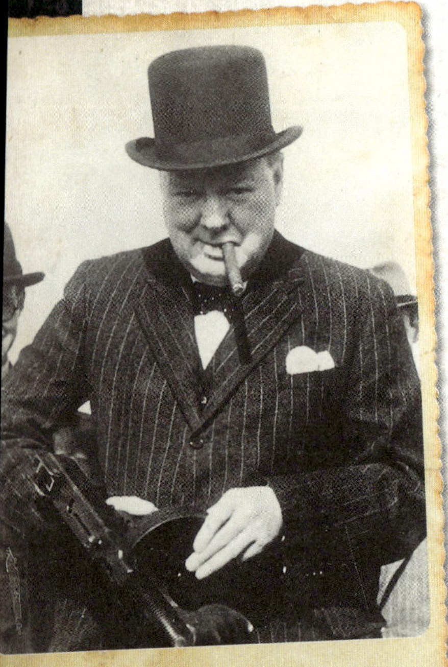

## CHURCHILL UND DER GEHEIMDIENST

Soweit Sie das sehen, ist Edward Travis, der Adjutant Dennistons, damit beauftragt, die einzelnen Stationen, die der Premier sehen will, zu überwachen. Churchill ist schon seit dem Erstem Weltkrieg fasziniert von Kryptografie und Nachrichtendiensten. Es ist ihm ein persönliches Anliegen, die Mannschaft von Bletchley Park kennenzulernen.

Aus eben diesem Grund dachte Turing, es wäre das Beste, Churchill direkt wegen einer Erhöhung der Finanzmittel für seine Gruppe anzusprechen. Churchill hatte nämlich stets größten Respekt für die Arbeit der Codebrecher gezeigt. Er weiß sehr gut, dass die Fortschritte bei der Dechiffrierung in diesem Krieg eine entscheidende Rolle spielen werden.

Turing hat Ihnen erzählt, dass der Premier schon seit seiner Ernennung im Mai 1940 jeden Abend in seinem Büro in der Downing Street 10 ein Kästchen in Empfang nimmt, in dem die wichtigsten entschlüsselten Nachrichten dieses Tages liegen. Dieses Kästchen wird vom MI6 überbracht.

## DIE REDE DES ALTEN LÖWEN

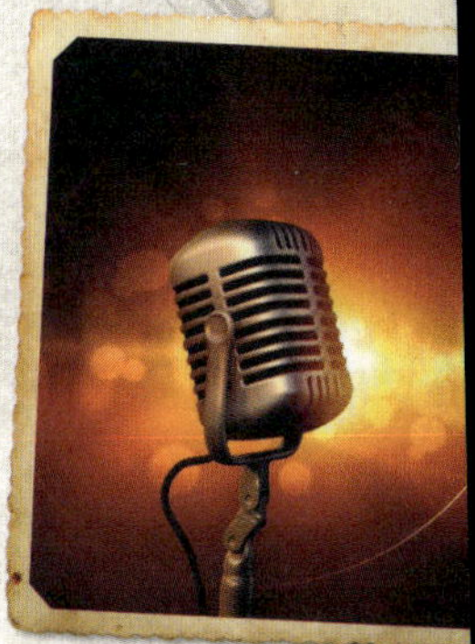

Unter dem Applaus von etwa fünfzig Kryptoanalytikern betritt Winston Churchill mit einer halben Stunde Verspätung das Podium. Den Zylinder keck auf dem Haupt, eine Zigarre im Mund begrüßt er seine Zuhörer und hält eine kurze, hochemotionale Rede, in der er die Arbeit in Bletchley Park in den höchsten Tönen lobt, ebenso wie die Entschlossenheit der jungen Rekruten und das Pflichtgefühl des gesamten Personals:

»Wenn ich bei meinen Besuchen in Bletchley Park Ihre jungen Gesichter sehe, kommen Sie mir alle recht unschuldig vor … Niemand würde doch annehmen, dass Sie so äußerst wertvolle Geheimnisse hüten! Daher erinnern Sie mich immer ein bisschen an Gänse … Gänse, die goldene Eier legen, aber sich nie damit brüsten!«

Diese Worte von höchster Stelle erfüllen Sie mit neuem Enthusiasmus und stärken Ihre Moral.

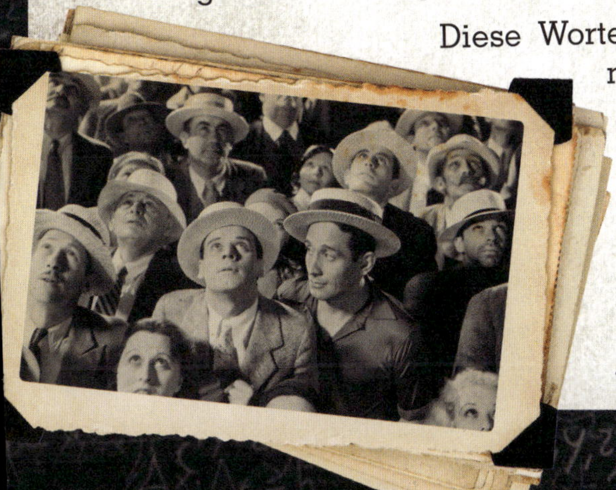

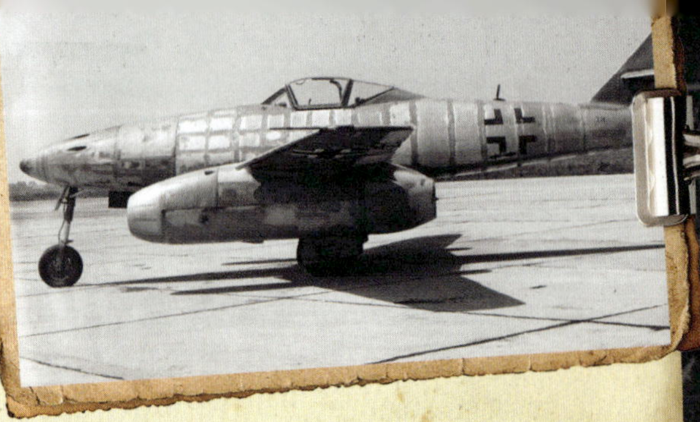

## OPERATION RUTHLESS

Kaum ist die Rede zu Ende, mischt Churchill sich unters Volk und schüttelt den Kryptoanalytikern die Hände. Links von Ihnen versucht ein Soldat, den Premier anzusprechen: »Herr Premierminister, hätten Sie einen Augenblick Zeit? Ich würde Ihnen gerne eine Operation vorstellen, mit der man an weitere Enigma-Codebücher der Deutschen kommen könnte. Ich habe sie ›Operation Ruthless‹ getauft. Die Idee dahinter ist: Ich weiß aus sicherer Quelle, dass wir vor einigen Monaten deutsche Flugzeuge erbeutet haben. Eines davon könnten wir mit einer zweisprachigen Crew besetzen, die Uniformen der deutschen Luftwaffe trägt. Das Flugzeug sollte unter dem Vorwand technischer Probleme in der Nähe eines deutschen Schiffes notlanden. Sobald unsere Leute dann an Bord sind, können sie die Dokumente an sich bringen. Was halten Sie davon?«

»Ich weiß Ihren Einfallsreichtum und die Kühnheit des Plans zu schätzen. Ich werde darüber persönlich mit der Leitung von Bletchley Park sprechen.«

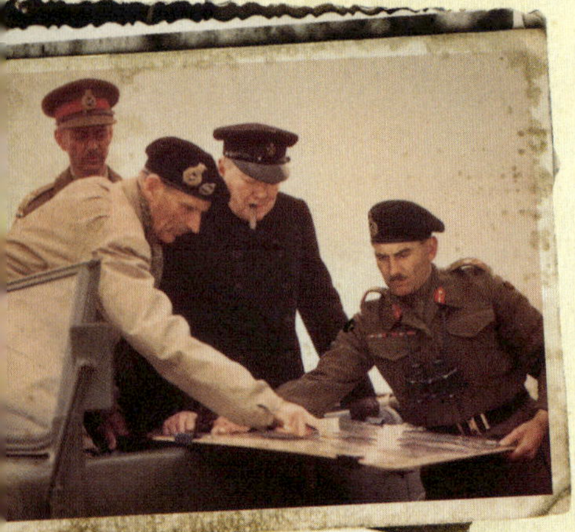

## ZUR SICHERHEIT DES PREMIERMINISTERS

Nun versuchen auch Sie, Churchill anzusprechen. Reichlich nervös, da Sie von Denniston nicht erwischt werden wollen, kommen Sie gleich zur Sache:

»Guten Tag, Herr Premierminister. Ich bin Professor Brandt, und ich habe eine wichtige Nachricht von Alan Turing an Sie.«

»Turing ... Turing ... ah ja, das ist der Mathematiker, den ich soeben in Baracke 8 kennengelernt habe. Was für eine Type! Warum hat er mir den Brief nicht selbst gegeben?«

»Ähm ... nun, es geht um mehr Geld für unsere Arbeit, und er wollte diesen Wunsch nicht in Anwesenheit von Travis oder Denniston äußern.«

»Aha ... dann geben Sie den Brief doch einem der Agenten dort drüben, die für meine Sicherheit zuständig sind. Dank des MI5 muss ich mit sieben Leibwachen reisen ... Lauter Wahnsinnige! Das ist zum einen **CHASE**, der zwischen **AVERY** und **FLOYD** steht. Und dort ein anderer, zwischen **EVANS** und **BYRNE**. Zwischen **FLOYD** und **EVANS** sind drei weitere Agenten. **GRANT** steht direkt neben **EVANS**. DAVIS in der Mitte blickt gerade zu uns herüber. Und **AVERY** ist irgendwo links von **DAVIS**. Geben Sie den Brief dem Ersten in der Reihe, ganz links. Ich werde ihn nach meiner Rückkehr in die Downing Street aufmerksam lesen und veranlassen, was Sie für nötig befinden. Sehr erfreut, Ihre Bekanntschaft gemacht zu haben, Professor Brandt!«

Sie verabschieden sich vom Premierminister, immer noch tief bewegt von der Begegnung. Dann gehen Sie auf die sieben Agenten des MI5 zu. Sie nähern sich dem ersten Mann in der Reihe. Wie hieß der noch gleich?

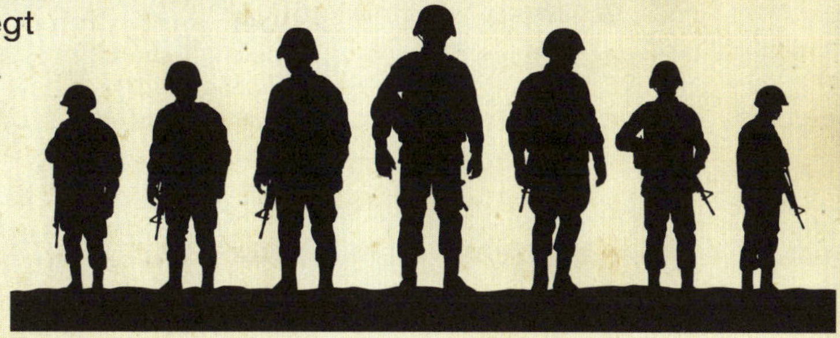

**Wie ist der Name des ersten Agenten?**

**BLÄTTERN SIE NICHT WEITER!**

**Bevor Sie die nächste Seite aufschlagen können, müssen Sie das obige Rätsel lösen.**

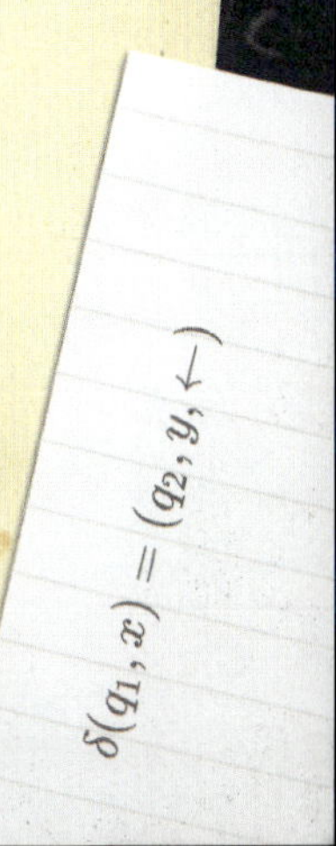

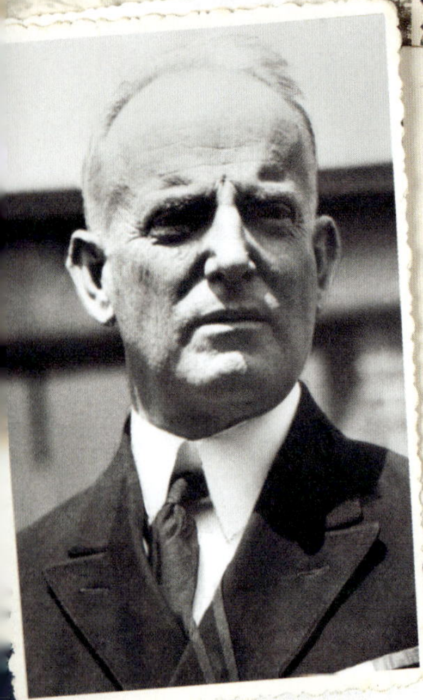

# DIE BEGEGNUNG MIT JAMES B.

Nachdem Sie Floyd den Brief übergeben und ihm die Wichtigkeit des Schreibens nochmals eingeschärft haben, schließen Sie sich wieder der Gruppe um den Premierminister an.

Und Sie stoßen dabei auf den Soldaten, der Churchill gerade den verrückten Plan zur Eroberung eines Codebuches der Marine-Enigma vorgeschlagen hat. Da Sie ihn nicht kennen, sprechen Sie ihn an:

»Ich habe vorhin Ihren Plan mitgehört, über die Operation Ruthless. Das ist wirklich eine gute Idee! Spionage vom Feinsten!«

»Ich hoffe sehr, dass wir diesen Plan in die Tat umsetzen können. Danke jedenfalls für Ihre aufbauenden Worte. Ich glaube nicht, dass wir uns schon vorgestellt wurden. Sie sind …?«

»Oh, mein Name ist Brandt. James Brandt.«

»Das hört sich ja cool an! Ich bin Leutnant-Commander Ian Fleming und freue mich, Ihre Bekanntschaft zu machen.«

Sie schütteln dem Marinesoldaten die Hand, ohne zu wissen, dass Sie etwa zwölf Jahre später seine Spionageromane voller Begeisterung verschlingen werden. Es geht dabei um den berühmtesten Agenten aller Zeiten, den berühmten 007, James Bond …

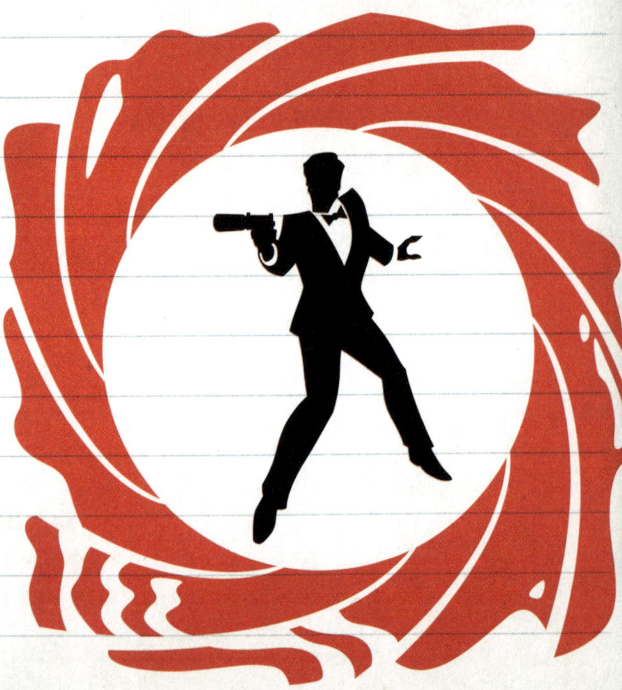

## ANWEISUNG VON CHURCHILL

Drei Tage später werden Alan Turing, Gordon Welchman, Hugh Alexander und Sie ins Büro von Commander Denniston gerufen. Der Commander wirkt nervös. Vermutlich erwartet Sie eine ungemütliche Viertelstunde …

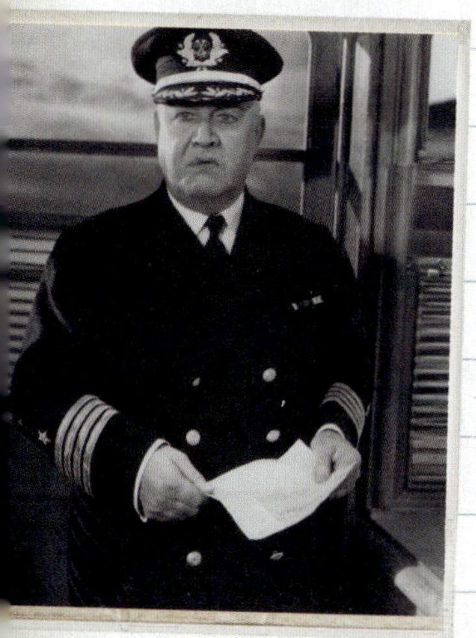

»Ich müsste Ihnen allen einen Platzverweis erteilen, was Bletchley Park angeht! Sie haben mich übergangen und sich direkt an Churchill gewandt, um mehr Mittel zu erhalten. Das ist vollkommen inakzeptabel! Von Ihnen, Turing, habe ich ja nichts anderes erwartet, Sie haben die Bedeutung von Autorität und militärischer Organisation ja nie begriffen! Aber dass Sie junge und vielversprechende Mitarbeiter wie Brandt in Ihre Ränke einbeziehen, hätte ich nicht gedacht!«

»Commander, wir haben diese Entscheidung gefällt, weil wir über… überzeugt sind, dass …«

»Halten Sie die Klappe, Turing! Ich will mit Ihren Rechtfertigungen keine Zeit verlieren. Vor allem, weil die Anweisungen von Churchill vollkommen klar sind …«

Denniston zieht einen Umschlag aus seiner Schreibtischschublade. Darauf prangt in großen Lettern die Aufschrift: »SOFORT UMZUSETZEN!« Denniston nimmt ein Schreiben aus dem Umschlag und gibt es Ihnen zum Lesen:

An Commander Denniston

Tun Sie alles, damit Turing und seine Leute alles bekommen, was sie brauchen. Und halten Sie mich auf dem Laufenden, was diese Anweisung angeht.

Winston Churchill

# HUNDERTE BOMBEN

Turing hat so viel Anstand, mit seinem Jubel zu warten, bis Sie alle Dennistons Büro verlassen haben:

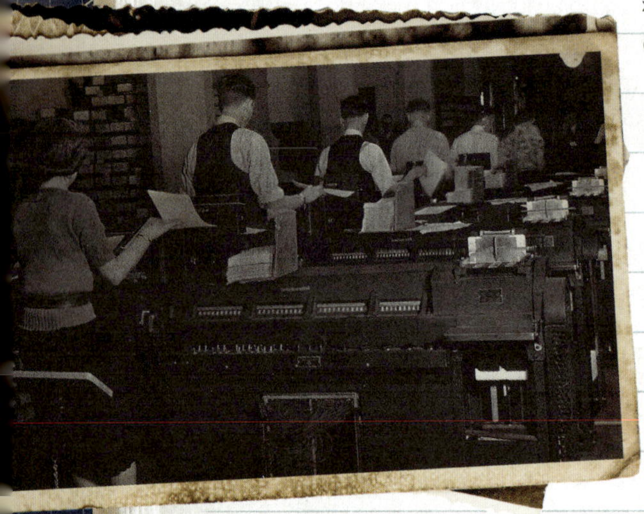

»Eine tolle Neuigkeit! Und das alles dank Ihrer Hilfe, Brandt! Ohne Ihre Hilfe wären wir an Churchill nie herangekommen. Ich höre schon den betäubenden Lärm Hunderter klickender Bomben. Eine fantastische Kakophonie! Diese Rechenkapazität und unsere jüngsten Fortschritte werden uns helfen, die Marine-Enigma zu knacken. Das müssen wir feiern. Brandt, bitte kommen Sie doch heute Abend in mein Cottage beim Herrenhaus.«

**Nun können Sie folgendes Objekt zu Ihrem Inventar hinzufügen. Es verschafft Ihnen Zugang zu anderen Kapiteln:**

**NEUE FINANZMITTEL**

DAS COTTAGE VON ALAN TURING

$\left(\frac{\pi}{2} + 2\pi k\right) - max$

$tg\frac{2\alpha}{2} = \frac{1-\cos\alpha}{1+\cos\alpha}$

# EIN LEBEN VOLLER GEHEIMNISSE

**ACHTUNG!**

Um dieses Kapitel aufschlagen zu können, müssen Sie folgende Objekte besitzen:

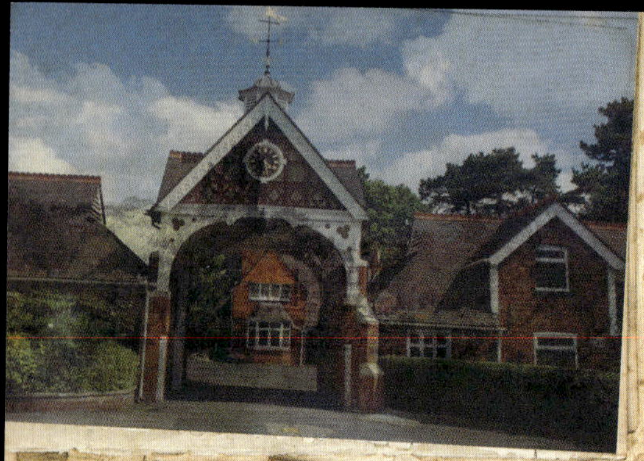

## DIE ALTEN PFERDESTÄLLE

Alan Turing hat Ihnen erzählt, dass er im September 1939 nach Bletchley Park kam, ganz zu Beginn des Zweiten Weltkriegs. Damals waren die Baracken erst im Bau. Daher hat er zusammen mit anderen Mathematikern im Speicher des alten Pferdestalls Quartier bezogen. In diesem Cottage stellte er die ersten Arbeiten zur Enigma an und hält sich immer noch gerne dort auf. Und dorthin hat er Sie heute eingeladen.

Es ist fast schon 20 Uhr, als Sie unter dem Vordach aus Holz und Ziegeln stehen, auf dem ein Wetterhahn glänzt. Ihre Zimmerwirtin hat eine Flasche Gin gestiftet, damit Sie die neuen Finanzmittel gebührend feiern können. Mit der Flasche in der Hand läuten Sie an der Tür des Cottage, dessen Ziegelmauern mit weißen Holzbalken verblendet sind. Turing öffnet Ihnen und begrüßt Sie mit schüchternem Lächeln. Dann bedeutet er Ihnen, näherzutreten.

Zum ersten Mal seit Ihrer ersten Begegnung vor ein paar Monaten haben Sie das Gefühl, das Genie näher kennenzulernen.

## TURINGS ZIMMER

Turings Zimmer liegt im ersten Stock eines Türmchens. Es quillt über von Büchern. Überall Aktenordner und Papier, das Chaos ist perfekt. An

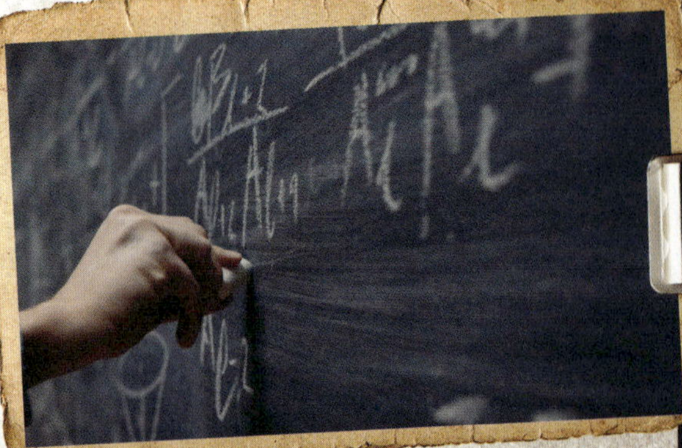

der Wand hängen schwarze Tafeln, die der Mathematiker mit seiner krakeligen Schrift gefüllt hat.

Turing befreit einen der Sessel von Heften und anderen Dokumenten, um Ihnen einen Platz anzubieten. Neben Ihnen sitzt ein Teddybär auf einem Stuhl. Als Turing merkt, dass Sie sich fragen, wie das Tierchen dahin kommt, meint der etwa Dreißigjährige nur: »Ach ja. Brandt, darf ich Ihnen Porgy vorstellen?«

»Eine Erinnerung an die Kindheit?«

»Eigentlich nicht. Ich habe ihn gekauft, als ich an der Universität war. Solange ich in Cambridge war, habe ich vor ihm immer den Text meiner Vorlesungen aufgesagt. Und er tröstet mich auch heute noch in schwierigen Zeiten. Ich erzähle ihm all meine Zweifel und Geheimnisse. Aber ich sehe, Sie haben uns etwas zu trinken mitgebracht. Also stoßen wir an auf den Erfolg der Schlacht gegen die Enigma.«

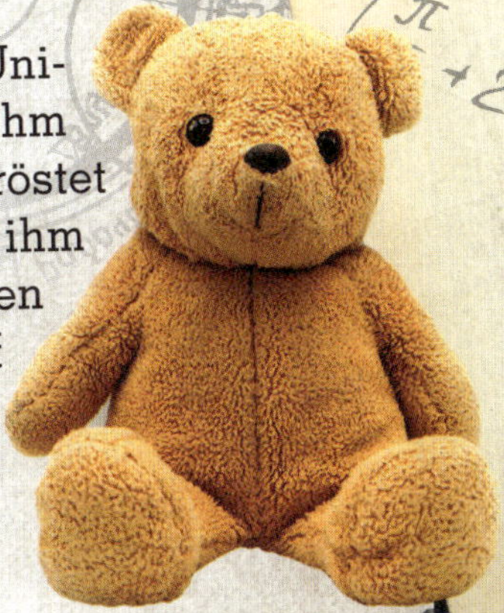

## DAS GESCHENK

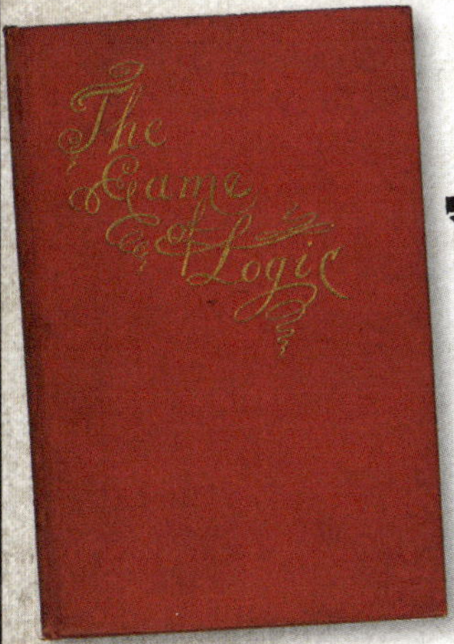


Turing schenkt den Gin in zwei Gläser ein und lässt sich in einen der Sessel sinken.

»Brandt, ich habe ein Geschenk für Sie. Ich wollte Mittel und Wege finden, um Ihnen für Ihre Hilfe in den letzten Wochen zu danken. Ohne Sie, ohne Ihr Gespräch mit Churchill, hätten wir diese Gelder nie erhalten. Also: Das hier ist für Sie!«

Turing überreicht Ihnen ein Holzkästchen mit einem fein geschnitzten Deckel. Darin entdecken Sie ein rotes Buch, das in goldenen Buchstaben den Titel *The Game of Logic* trägt.

Sie fangen an, darin zu blättern. Währenddessen erklärt Ihnen Turing: »Das ist ein Buch von Lewis Caroll, das weniger bekannt ist als *Alice im Wunderland.* Ich habe es verschlungen, als ich noch auf der Sherborne School war. Vermutlich hat es meine Arbeit zur Kal… Kalkulierbarkeit beeinflusst. Da ich Ihre Vorliebe für logische Rätsel kenne und Sie vermutlich wissen, dass auch Lewis Carroll Professor für Mathematik in Oxford war … Nun, das Geschenk erschien mir passend.«

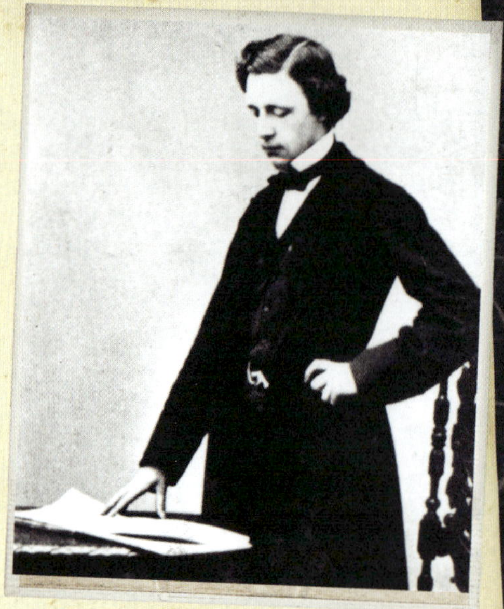

## FEUCHTE DEBATTEN

Sie und Turing tauschen sich über Ihren jeweiligen Werdegang aus, und Sie entdecken immer mehr Gemeinsamkeiten. Turing erzählt spannende Anekdoten über seine früheren Forschungsarbeiten, über künftige Projekte und seinen verrücktesten Plan: das Geheimnis menschlichen Denkens zu entschlüsseln und eine denkende Maschine zu bauen. Ganz in Ihre Diskussionen vertieft, bemerken Sie kaum, wie die Zeit verfliegt und die Flasche Gin sich leert.

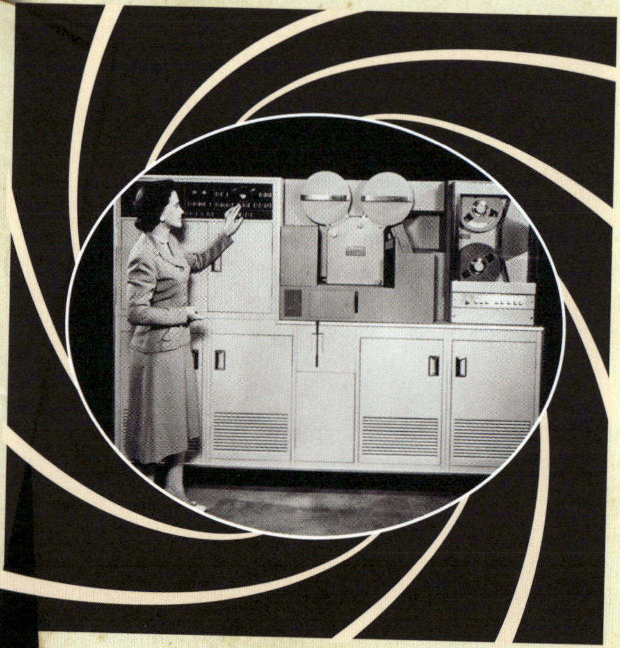

Um zwei Uhr morgens machen Sie sich einigermaßen angeheitert auf den Heimweg. Turing begleitet Sie zum Eingang von Bletchley Park und umarmt Sie am Ende. Bis heute hätten Sie nicht geglaubt, dass er zu so etwas fähig ist.

Die frische englische Landluft lässt Sie schwanken. Als Sie zu Hause sind, öffnen Sie das Holzkästchen noch einmal. Als Sie das Buch durchblättern, entdecken Sie, dass Turing eine Widmung für Sie hineingeschrieben hat.

Als Sie das Buch gerade wieder zurücklegen wollen, bemerken Sie am Boden der Schatulle fünf Rädchen. Kann es sein, dass sie ein Geheimfach enthält, für das Sie nun den Code suchen müssen?

**Welches Schlüsselwort hilft Ihnen, das Geheimfach zu öffnen?**

THE GAME

OF

LOGIC

Für James Brandt,

unschätzbarer Kollege in Bletchley Park,
unermüdlicher Partner
im Kampf gegen die Enigma
und Freund der Logique.
In aller Freundschaft

Alan M. Turing

BY

LEWIS CARROLL

**BLÄTTERN SIE NICHT WEITER!**

**Bevor Sie die nächsten Seiten lesen dürfen, müssen Sie das obige Rätsel lösen.**

$\delta(q_1, x) = (q_2, y, \leftarrow)$

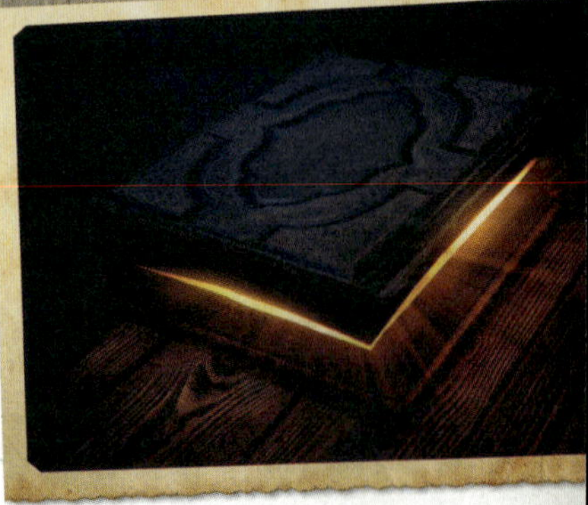

# DAS GEHEIMNIS

Sie haben die Rädchen auf das Codewort »Hütte« eingestellt, und siehe da: In dem Geheimfach findet sich ein Brief.

*Lieber James,*

*das Universum von Bletchley Park wird von Geheimnissen beherrscht, daher möchte ich Ihnen heute eines der meinen ans Herz legen.*

*Sie haben mich mehrmals gefragt, was mich dazu bringt, mich mit so schweren Herausforderungen wie der Entschlüsselung der Marine-Enigma zu messen. Die Antwort, die ich damals gab, lässt zu wünschen übrig, und da ich Sie zutiefst respektiere und wir ein Vertrauensverhältnis aufgebaut haben, bin ich Ihnen wohl eine Erklärung schuldig. Als ich die Sherborne School besuchte, lernte ich mit etwa 15 Jahren einen anderen Schüler kennen. Christopher Morcom wurde mein Freund. Er war ein ebenso begeisterter Wissenschaftler wie ich. Ich hatte als Kind immer enorme Probleme, mich irgendwo anzupassen. Nun aber besaß ich einen Kameraden, bei dem ich ganz ich selbst sein konnte. Ich konnte über Astrologie sprechen und mich über mathematische Theoreme austauschen. Chris war in all diesen Dingen besser als ich. Aber er war noch keine 20 Jahre alt, als ihn die Tuberkulose dahinraffte. Seit diesem Tag ist Chris meine Inspiration. Er hat mir auch geholfen, meine Neigung zu Männern zu erkennen.*

*Wie Sie vermutlich schon erraten haben, wird meine Verlobung mit Joan Clarke nicht zu einer Ehe führen. Joan hat meine Neigung akzeptiert, und wir bleiben lieber gute Freunde. Das ist die Antwort auf die Frage, die Sie mir gestellt haben, James: Wenn ich mich mit so komplexen Problemen auseinandersetze, dann weil ich der wissenschaftlichen Laufbahn Leben einhauchen möchte, die Christopher sicher erwartet hätte.*

*In aller Freundschaft*

*Alan.*

Tief berührt von Turings Aufrichtigkeit falten Sie den Brief zusammen.

Alan Turing hat Ihnen eine höchst vertrauliche Mitteilung gemacht und damit neues Licht auf seine Person geworfen: Offensichtlich widmet er sein Leben so sehr der Entschlüsselung von Geheimnissen, weil er versucht, mit seinem eigenen Geheimnis zu leben ...

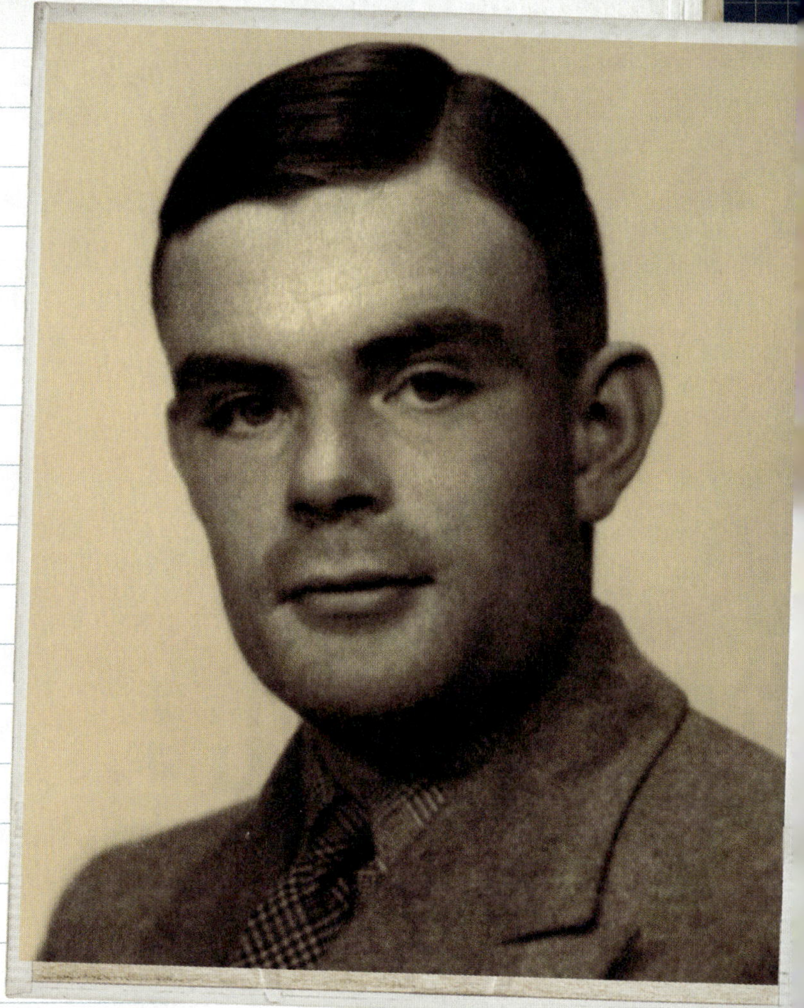

**BRAVO !**

**Sie haben Ihr Abenteuer zu Ende geführt! Nun dürfen Sie das Nachwort lesen, das auf Seite 139 beginnt.**

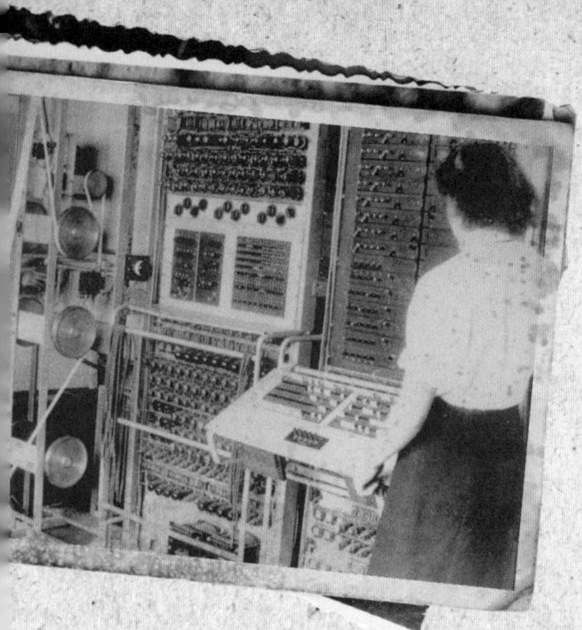

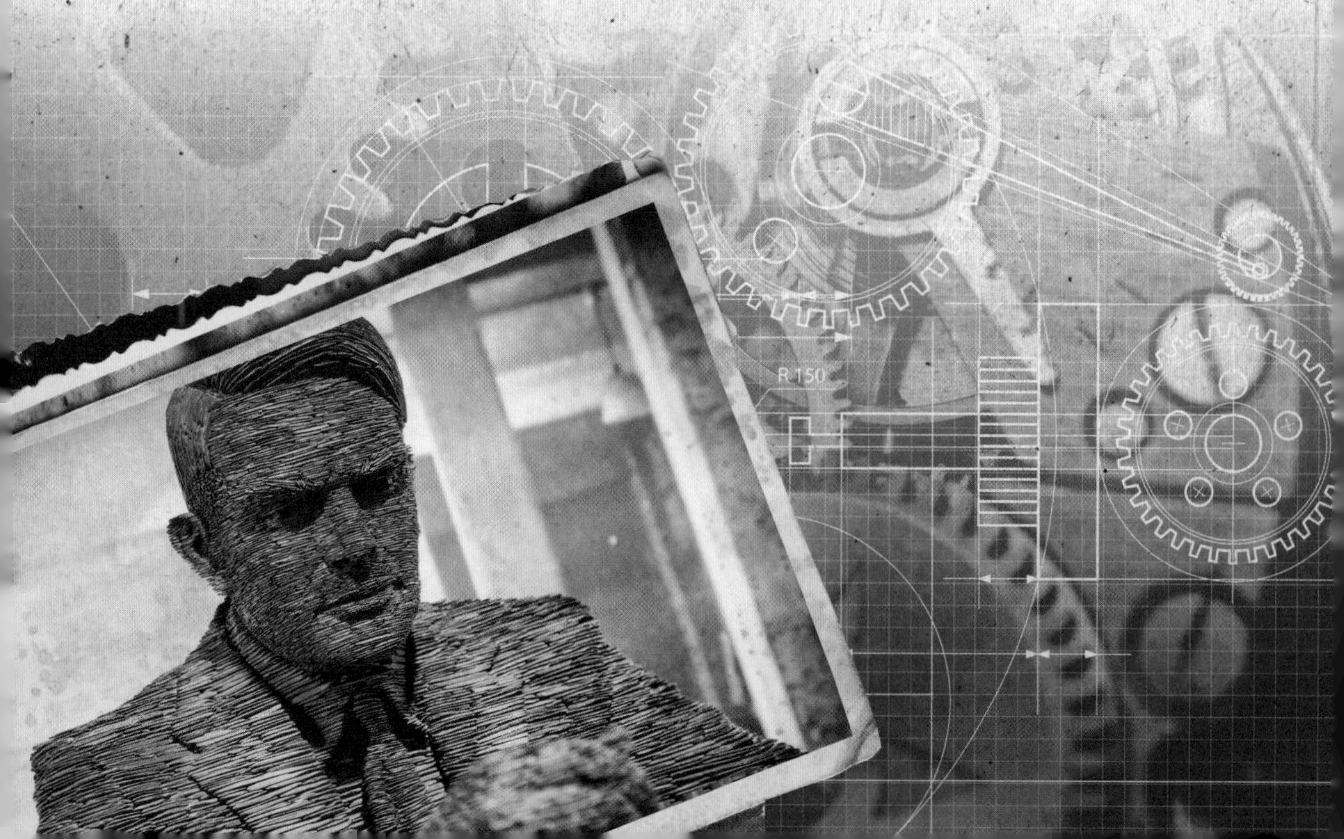
R 150

NACHWORT

# TURINGS GEHEIMNIS

# KRIEGSENDE

Sie sind bis zum Kriegsende in Bletchley Park geblieben und haben mit Alan Turing und der Gruppe von Baracke 8 gearbeitet. Im Lauf der Zeit kamen immer mehr Mitarbeiter hinzu, sodass die Government Code & Cypher School 1945 ganze 10 000 Personen beschäftigte.

1941 war das Jahr der größten Erfolge in der Entschlüsselung der deutschen Nachrichten, doch es blieb immer noch genug zu tun, denn die Deutschen perfektionierten die Enigma Monat für Monat und mit ihr auch die Chiffriermechanismen.

Die Mitarbeiter in Bletchley Park hatten noch andere Aufgaben, zum Beispiel die Entschlüsselung der Lorenz-Maschine, mit der die Deutschen Nachrichten der höchsten Befehlsebene verschlüsselten. Block F arbeitete mit allen Mitteln daran, bis Max Newman, ein Freund von Turing, Colossus entwarf, die erste programmierbare elektronische Rechenmaschine.

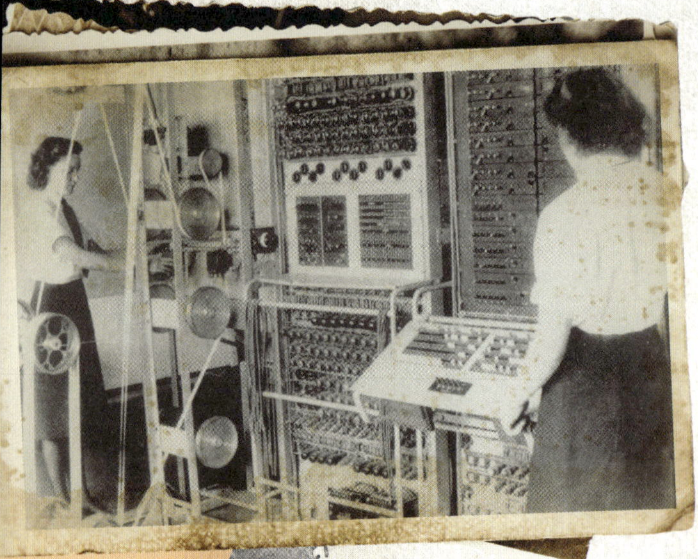

Alan Turing überließ die Leitung von Baracke 8 1942 Hugh Alexander. Er begab sich nach Amerika, wo er die Herstellung von Hunderten »Bomben« überwachte, mit denen auch die Marine-Enigma geknackt werden konnte.

# DAS RÄTSEL DES MENSCHLICHEN DENKENS

Nach dem Krieg hielten Sie weiterhin Kontakt zu Turing. Sie schrieben sich fleißig und sahen sich auch gelegentlich.

Während Sie Ihren Lehrstuhl für Logik in Oxford wieder einnahmen, arbeitete Turing weiter an seinem Traum: einer Maschine, die denken kann. Einige Monate später stellte er Ihnen seine Neuentwicklung vor: die Automatic Computing Engine, den Prototyp dessen, was als erster Computer der Menschheitsgeschichte gelten konnte.

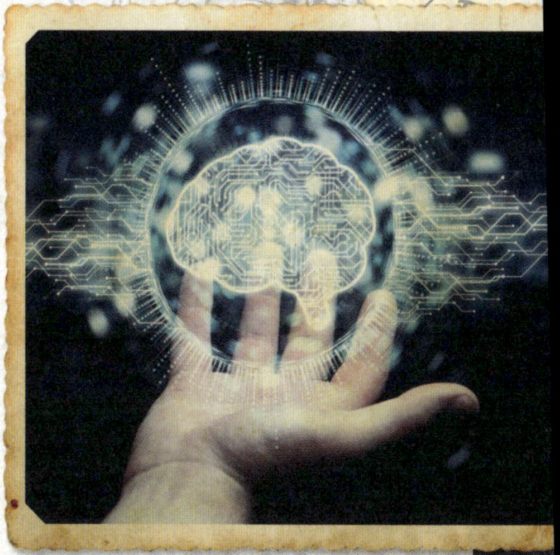

Voller Elan widmete Turing sich dem Rätsel des menschlichen Denkens und untersuchte Probleme der Künstlichen Intelligenz. Er entwickelte Tests für die »Bewusstheit« einer Denkmaschine.

Gleichzeitig trainierte er fleißig, weil er ein begeisterter Marathonläufer war. Fast hätte er es in die britische Auswahl für die Olympischen Spiele 1948 geschafft.

# VERURTEILUNG UND SELBSTMORD

Zum letzten Mal haben Sie Alan Turing 1952 gesehen, als ihm der Prozess gemacht wurde.

England war zu jener Zeit noch sehr puritanisch. Man verurteilte Turing wegen seiner Homosexualität. Um einer Gefängnisstrafe zu entge-

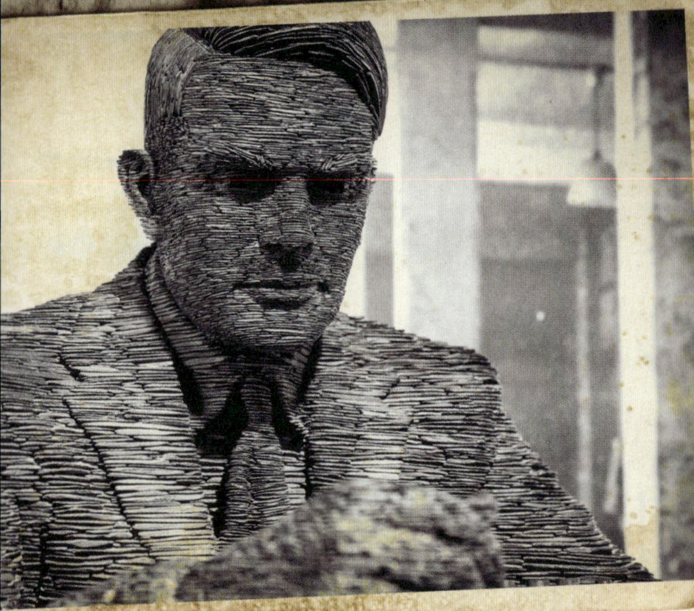

hen, entschied er sich für eine chemische Kastration, die seine »perversen Neigungen« abstellen sollte.

In den beiden Folgejahren lehnte Turing jeden Besuch ab. Er litt unter den Nebenwirkungen der Medikamente und stürzte von einem Stimmungstief ins nächste. Da man ihm außerdem weibliche Hormone injizierte, verlor sein Körper jede Form, was ihn noch mehr deprimierte.

Am 7. Juni 1954 setzte der einundvierzigjährige Turing seinem Leben ein Ende. Er starb in seinem Haus in Wilmslow in der Nähe von Manchester und wurde von seiner Haushälterin tot im Bett gefunden. Auf seinem Nachttisch fand die Polizei einen angebissenen Apfel, der voller Zyankali war.

Wie die böse Stiefmutter im Märchen von Schneewittchen und den sieben Zwergen hatte Turing den Apfel in einen Kessel getaucht, damit er sich mit Gift vollsog.

Dieser außergewöhnliche Mann, dieser Mathematiker ohnegleichen, hatte das Geheimnis der Rotoren der Enigma entschlüsselt, es jedoch nie vermocht, das Rätsel seines eigenen Lebens zu lösen.

Am 24. Dezember 2013 sprach Königin Elizabeth II. von England Turing eine königliche Begnadigung aus und würdigte seine Verdienste für das Land. Ohne seine Erfolge im Kampf gegen die Enigma hätte, wie man mittlerweile weiß, der Zweite Weltkrieg mindestens zwei Jahre länger gedauert und 14 Millionen Opfer mehr gefordert.

# ÜBERPRÜFUNG DER SCHLÜSSELWÖRTER

| | Universität Oxford | Am Bahnhof von Bletchley | Das Pub in Bletchley | Die Unterkunft | Eingang zu Bletchley Park | Das Herrenhaus | Der Wasserturm | Baracke 1 | Baracke 2 | Baracke 3 | Baracke 4 | Baracke 6 | Baracke 8 | BlocK D | Am See | Das Cottage von Alan Turing |
|---|---|---|---|---|---|---|---|---|---|---|---|---|---|---|---|---|
| AGNES | ☹ | ☹ | ☹ | ☹ | ☹ | ☹ | ☹ | ☺ | ☹ | ☹ | ☹ | ☹ | ☹ | ☹ | ☹ | ☹ |
| AVERY | ☹ | ☹ | ☹ | ☹ | ☹ | ☹ | ☹ | ☹ | ☹ | ☹ | ☹ | ☹ | ☹ | ☹ | ☹ | ☹ |
| BLAUE | ☹ | ☹ | ☹ | ☹ | ☹ | ☹ | ☹ | ☹ | ☹ | ☹ | ☹ | ☹ | ☹ | ☹ | ☹ | ☹ |
| BLITZ | ☺ | ☹ | ☹ | ☹ | ☹ | ☹ | ☹ | ☹ | ☹ | ☹ | ☹ | ☹ | ☹ | ☹ | ☹ | ☹ |
| BREST | ☹ | ☹ | ☹ | ☹ | ☹ | ☹ | ☹ | ☹ | ☹ | ☹ | ☹ | ☹ | ☺ | ☹ | ☹ | ☹ |
| BYRNE | ☹ | ☹ | ☹ | ☹ | ☹ | ☹ | ☹ | ☹ | ☹ | ☹ | ☹ | ☹ | ☹ | ☹ | ☹ | ☹ |
| MITTE | ☹ | ☹ | ☺ | ☹ | ☹ | ☹ | ☹ | ☹ | ☹ | ☹ | ☹ | ☹ | ☹ | ☹ | ☹ | ☹ |
| CHASE | ☹ | ☹ | ☹ | ☹ | ☹ | ☹ | ☹ | ☹ | ☹ | ☹ | ☹ | ☹ | ☹ | ☹ | ☹ | ☹ |
| CHRIS | ☹ | ☹ | ☹ | ☹ | ☹ | ☹ | ☹ | ☹ | ☺ | ☹ | ☹ | ☹ | ☹ | ☹ | ☹ | ☹ |
| DAVIS | ☹ | ☹ | ☹ | ☹ | ☹ | ☹ | ☹ | ☹ | ☹ | ☹ | ☹ | ☹ | ☹ | ☹ | ☹ | ☹ |
| ELITE | ☹ | ☹ | ☹ | ☹ | ☺ | ☹ | ☹ | ☹ | ☹ | ☹ | ☹ | ☹ | ☹ | ☹ | ☹ | ☹ |
| EVANS | ☹ | ☹ | ☹ | ☹ | ☹ | ☹ | ☹ | ☹ | ☹ | ☹ | ☹ | ☹ | ☹ | ☹ | ☹ | ☹ |
| LAUFE | ☹ | ☹ | ☹ | ☹ | ☹ | ☹ | ☺ | ☹ | ☹ | ☹ | ☹ | ☹ | ☹ | ☹ | ☹ | ☹ |
| FLOYD | ☹ | ☹ | ☹ | ☹ | ☹ | ☹ | ☹ | ☹ | ☹ | ☹ | ☹ | ☹ | ☹ | ☹ | ☺ | ☹ |
| GRANT | ☹ | ☹ | ☹ | ☹ | ☹ | ☹ | ☹ | ☹ | ☹ | ☹ | ☹ | ☹ | ☹ | ☹ | ☹ | ☹ |
| LOTSE | ☹ | ☹ | ☹ | ☹ | ☹ | ☹ | ☹ | ☹ | ☹ | ☺ | ☹ | ☹ | ☹ | ☹ | ☹ | ☹ |
| HÜTTE | ☹ | ☹ | ☹ | ☹ | ☹ | ☹ | ☹ | ☹ | ☹ | ☹ | ☹ | ☹ | ☹ | ☹ | ☹ | ☺ |
| LOTUS | ☹ | ☹ | ☹ | ☺ | ☹ | ☹ | ☹ | ☹ | ☹ | ☹ | ☹ | ☹ | ☹ | ☹ | ☹ | ☹ |
| GRAUE | ☹ | ☹ | ☹ | ☹ | ☹ | ☹ | ☹ | ☹ | ☹ | ☹ | ☹ | ☹ | ☹ | ☹ | ☹ | ☹ |
| APFEL | ☹ | ☹ | ☹ | ☹ | ☹ | ☺ | ☹ | ☹ | ☹ | ☹ | ☹ | ☹ | ☹ | ☹ | ☹ | ☹ |
| RENNE | ☹ | ☹ | ☹ | ☹ | ☹ | ☹ | ☹ | ☹ | ☹ | ☹ | ☹ | ☺ | ☹ | ☹ | ☹ | ☹ |
| GELBE | ☹ | ☹ | ☹ | ☹ | ☹ | ☹ | ☹ | ☹ | ☹ | ☹ | ☹ | ☹ | ☹ | ☺ | ☹ | ☹ |
| SONAR | ☹ | ☹ | ☹ | ☹ | ☹ | ☹ | ☹ | ☹ | ☹ | ☹ | ☺ | ☹ | ☹ | ☹ | ☹ | ☹ |
| ULTRA | ☹ | ☺ | ☹ | ☹ | ☹ | ☹ | ☹ | ☹ | ☹ | ☹ | ☹ | ☹ | ☹ | ☹ | ☹ | ☹ |
| GRÜNE | ☹ | ☹ | ☹ | ☹ | ☹ | ☹ | ☹ | ☹ | ☹ | ☹ | ☹ | ☹ | ☹ | ☹ | ☹ | ☹ |

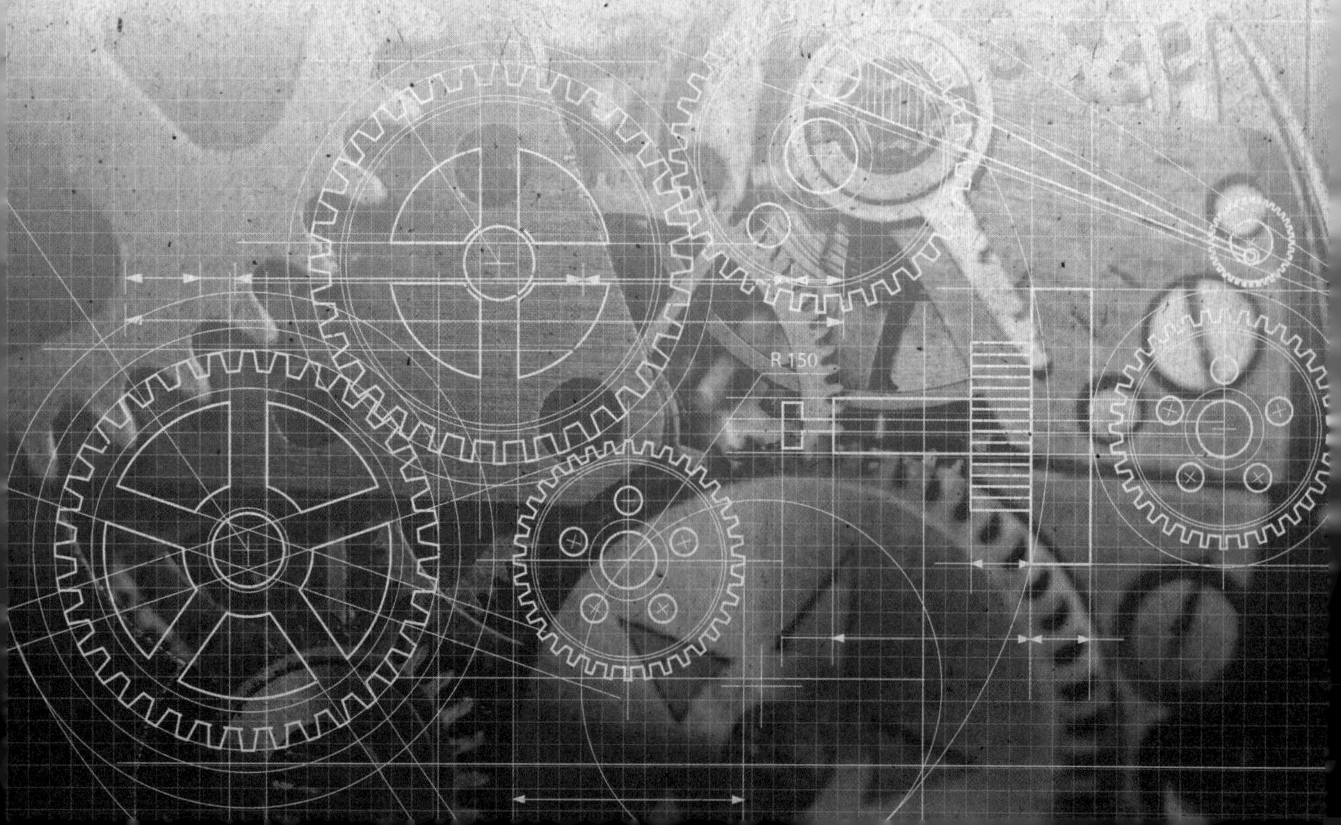
R 150

# TIPPS

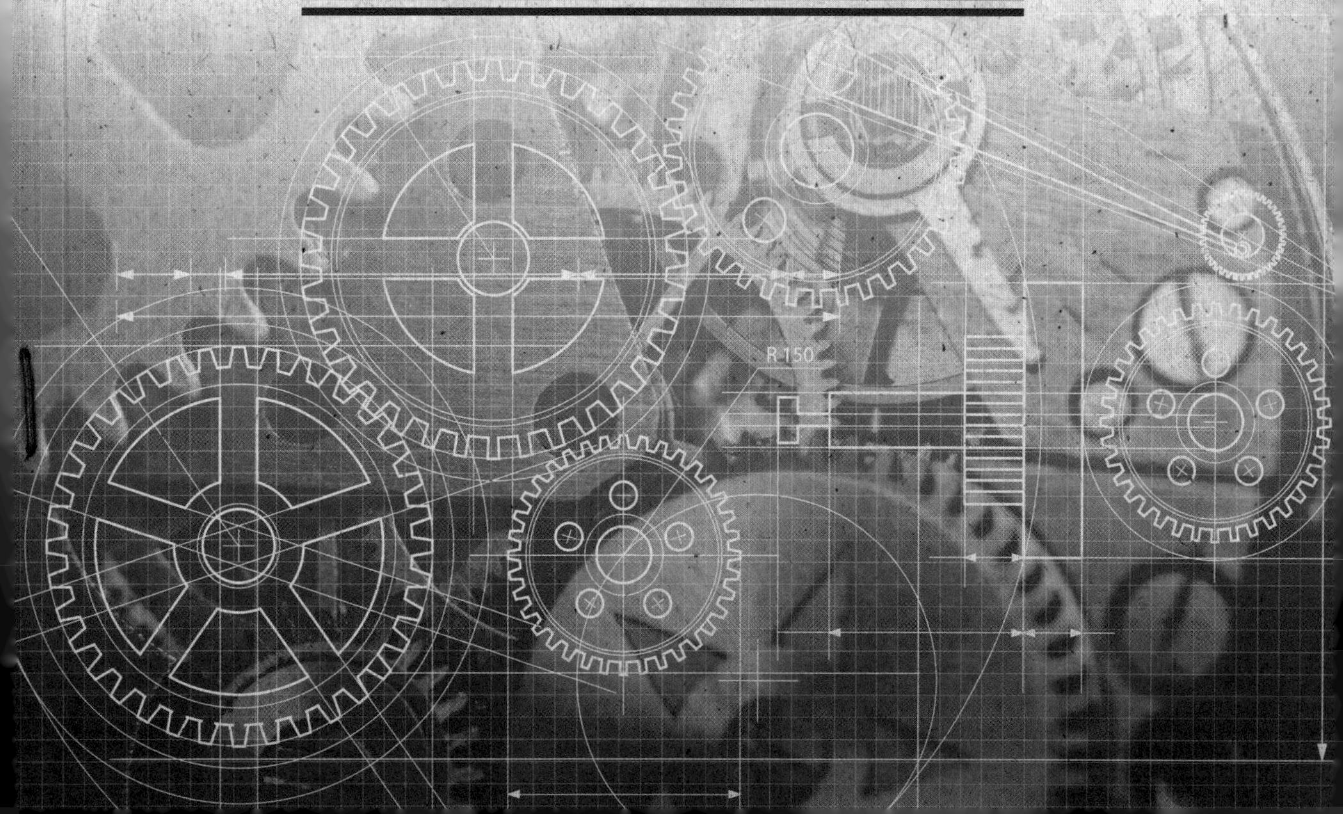

## UNIVERSITÄT OXFORD

Schreiben Sie die Kreiszahl Pi mit den Dezimalstellen unter die Buchstaben der Nachricht …

## AM BAHNHOF VON BLETCHLEY

Die Telefonnummer, die Wählscheibe und die Vermittlung sollten Sie auf die richtige Spur bringen …

## DAS PUB IN BLETCHLEY

Die von den Pfeilen erreichten Punkte können (von oben nach unten) in Buchstaben übersetzt werden. Der Code: A = 1, B = 2 et cetera. Vergessen Sie nicht, dass Welchman die Enigma und ihre Walzen auswendig kennt …

## DIE UNTERKUNFT

Markieren Sie auf dem Kalender aus dem Jahr 1941 alle Tage, an denen Mrs Bowden Schachkurse gibt …

## DER EINGANG ZU BLETCHLEY PARK

Setzen Sie die Dienstabzeichen der genannten Herren übereinander, und zwar in der Reihenfolge, in der die Herren auf dem Zettel stehen. Fassen Sie die Namen in Dreiergruppen zusammen, so erhalten Sie fünf Buchstaben …

## DAS HERRENHAUS

In diesem Falle sollten Sie die angegebenen Kästchen schwärzen und sehen, was sich daraus für ein Motiv ergibt. Die Zahlen seitlich und oben sagen Ihnen, wie viele Kästchen Sie in dieser Spalte bzw. Zeile ausmalen müssen.

## DER WASSERTURM

Ersetzen Sie die Farben durch Buchstaben. Bei den Sekundärfarben (Violett, Orange und Grün) legen Sie die Buchstaben, aus denen diese Farbe entsteht, einfach übereinander.

## BARACKE 1

Suchen Sie den kürzesten Weg vom Rotor links oben nach ganz rechts unten. Dabei müssen Sie auf die in der Notiz angegebene Farbfolge achten. Auf diesem Weg stoßen Sie auf Buchstaben, die das Lösungswort bilden. Wenn Sie dabei Schwierigkeiten haben, können Sie auch gerne rechts unten anfangen.

## BARACKE 2

Vergleichen Sie zuerst die Resultate der Worte REICH und LEBEN. Diese Überlegung liefert Ihnen vier Buchstaben des Codewortes. Das Wort ALIAS liefert Ihnen den restlichen Buchstaben. Nun müssen Sie die Buchstaben nur noch in die richtige Reihenfolge bringen, und schon haben Sie das Schlüsselwort.

## BARACKE 3

Ordnen Sie die Schiffe auf der Karte des Nordatlantik so an, wie es im Telegramm angegeben ist. Dabei steht E für East = Osten, die restlichen Buchstaben bezeichnen die anderen Himmelsrichtungen.

## BARACKE 4

Fangen Sie mit den Kästchen an, in denen kein Schiff oder Schiffsteil eingezeichnet ist. So können Sie schon bestimmte Kästchen ausschließen. Vergessen Sie nicht, dass auch die Kästchen unmittelbar neben den Schiffen leer bleiben müssen, was mit dem Mindestabstand zwischen zwei Schiffen zusammenhängt.

## BARACKE 6

Hier geht es um ein Sudoku. Sie müssen die fünf Buchstaben T, R, O, N und E so anordnen, dass in einer Zeile oder Spalte nie der gleiche Buchstabe zweimal vorkommt. Das gilt auch für die von den dicken Strichen umgebenen Abschnitte.

## BARACKE 8

Bevor Sie den ersten Buchstaben dechiffrieren, müssen Sie darauf achten, dass auf Höhe des blauen Striches die Buchstaben N-N-E eingestellt sind. (Die rechte Walze hat sich ja um eine Einheit bewegt.) Nun suchen Sie rechts außen nach dem Buchstaben T, dem ersten des zu decodierenden Textes. Folgen Sie den Kabelverbindungen, die von dort ausgehen. Auf der rechten Walze (blaues Kabel) wird das T zum Q, das mittig (grünes Kabel) zum O wird, dann zum Y (blaues Kabel). Der Reflektor verwandelt den Buchstaben in ein T, die rechte Walze macht daraus L, das dann in ein C und schließlich in ein B umgewandelt wird.

Der erste Buchstabe des Klartextes ist also ein B. Machen Sie auf diese Weise weiter, wobei Sie bei jedem Buchstaben die äußere rechte Walze und einen Buchstaben in Ihre Richtung weiterschieben.

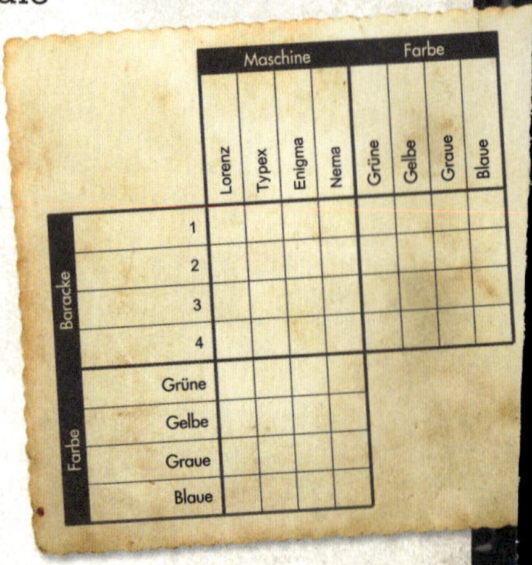


## BLOCK D

Um dieses Rätsel zu lösen, müssen Sie sich ein Schema wie das nebenstehende zeichnen. Tragen Sie dort alle Informationen ein.

## AM SEE

Da DAVIS in der Mitte ist und CHASE zwischen AVERY und FLOYD steht und da ein Agent (unbedingt GRANT) zwischen EVANS und BYRNE steht, sind nur folgende acht Anordnungen möglich:

ACFDEGB – ACFDBGE – FCADEGB – FCADBGE – EGBDACF – BGEDACF – EGBDFCA - BGEDFCA

Die anderen Hinweise machen es möglich, aus diesen Vorschlägen den richtigen herauszulesen.

## DAS COTTAGE VON ALAN TURING

Achten Sie auf die unterstrichenen Buchstaben in Turings Widmung und setzen Sie einmal mehr Ihren Enigma-Nachbau ein.

# DIE LÖSUNGEN

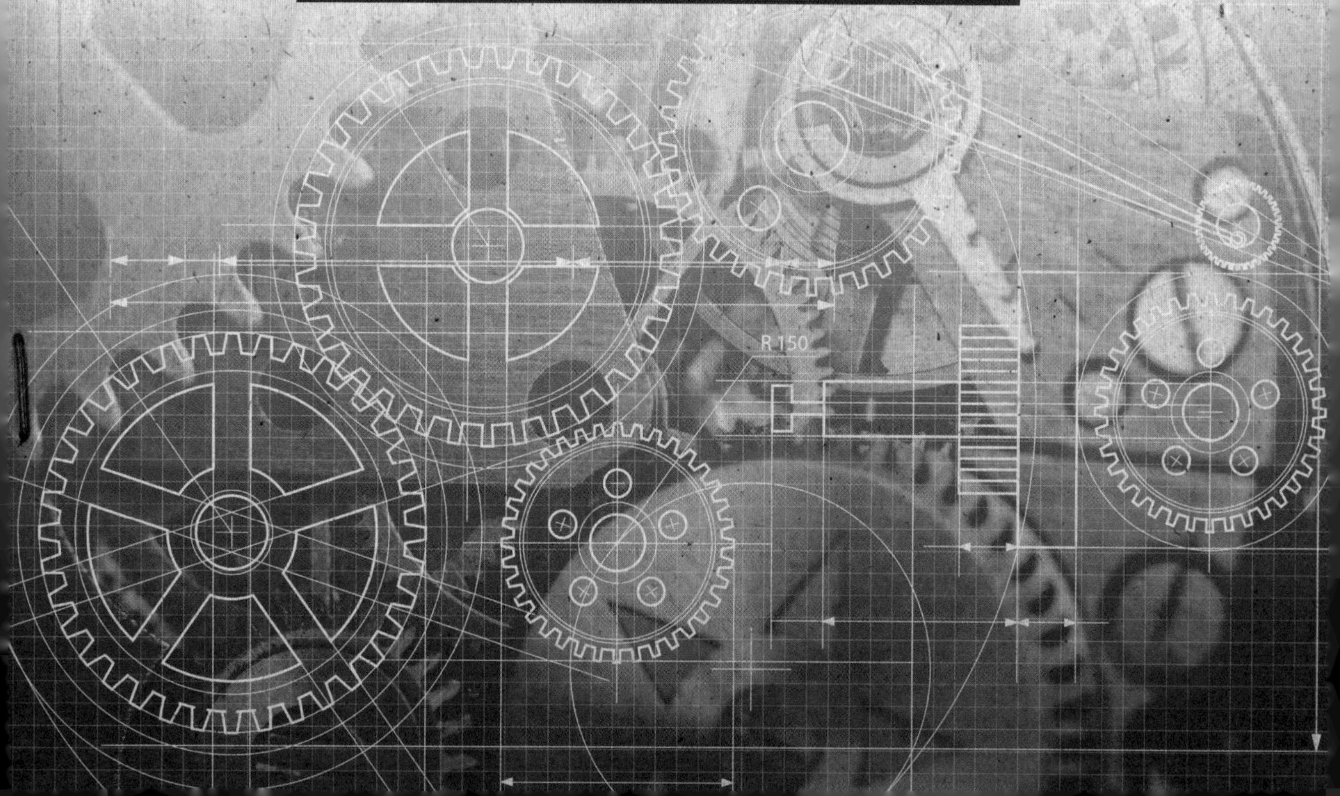

## UNIVERSITÄT OXFORD

Um die Botschaft zu entschlüsseln, müssen Sie die Kreiszahl Pi mit den entsprechenden Dezimalstellen unter die Buchstaben schreiben. Dann gehen Sie jeweils um so viele Buchstaben weiter, wie die Zahl es angibt.

```
 DDNLVEDFVPC
+31415926535
=GERMANFLASH
```

Die Antwort ist also das Wort **BLITZ**, das deutsche Wort für »flash«.

## AM BAHNHOF VON BLETCHLEY

Für jede der Ziffern der Telefonnummer (85872) gibt die Vermittlerin die Position des richtigen Buchstabens an (2-3-1-2-1).
Der zweite Buchstabe von Loch Nummer 8 ergibt also ein U.
Für die Ziffer 5 ist der dritte Buchstabe ein L.
So geht es weiter bis zum Ende. Das Passwort ist: **ULTRA.**

## DAS PUB VON BLETCHLEY

Wenn Sie die Punkte auf der Dartscheibe von oben nach unten in die Position der Buchstaben im Alphabet umrechnen, erhalten Sie die Buchstabenfolge: LDZGG. Mit Ihrem Enigma-Nachbau und der Grundeinstellung, die Sie aus der Punktetafel entnehmen (G/H/J), können Sie die Nachricht entschlüsseln: **MITTE.**

## DIE UNTERKUNFT

Wenn Sie auf dem Kalender von 1941 alle Tage markieren, an denen Mrs Bowden Schachunterricht gibt, erhalten Sie das Wort: **LOTUS** :

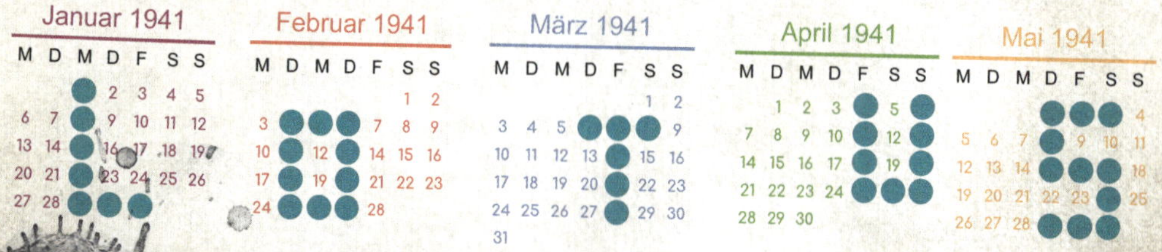


## EINGANG ZU BLETCHLEY PARK

Ordnen Sie die Namen in Dreiergruppen, und legen Sie die Abzeichen dann entsprechend übereinander. So erhalten Sie die Buchstabenfolge: **ELITE.**

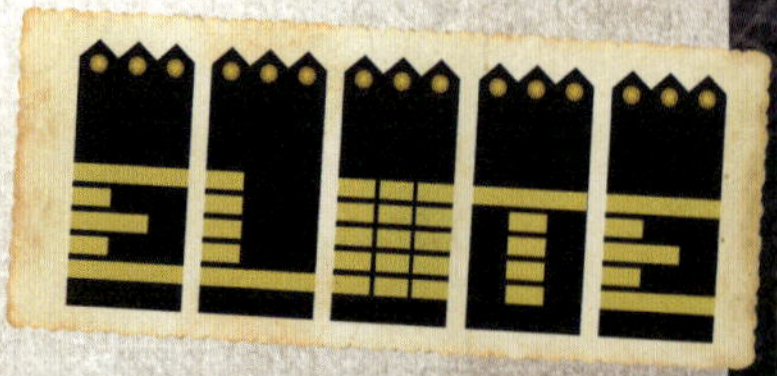

## DAS HERRENHAUS

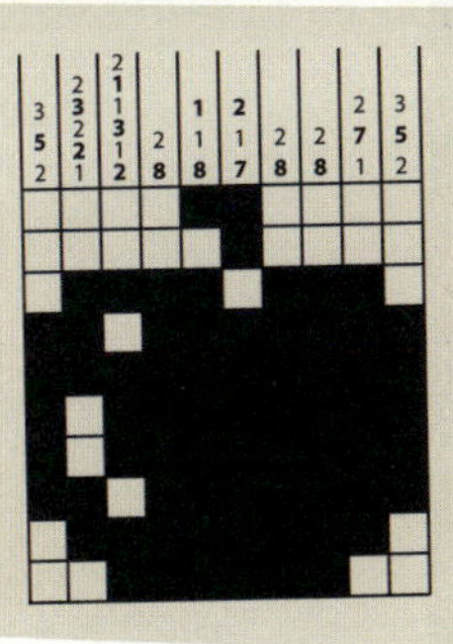

Schwärzen Sie die Kästchen, den angegebenen Zahlen und Zeilen folgend.
Die Antwort, die Turing erwartet, ist folglich: APFEL.

## DER WASSERTURM

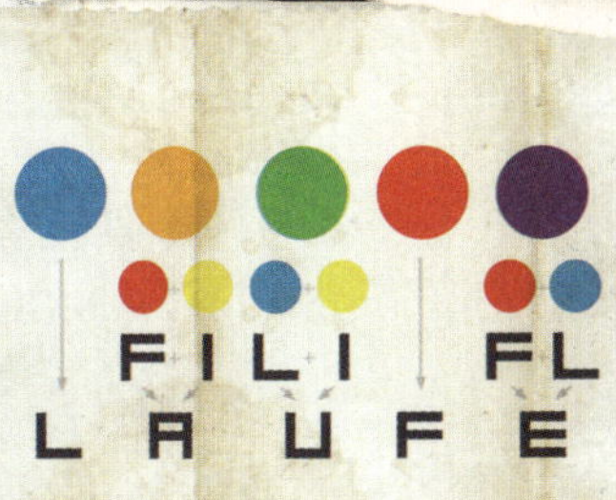


Die Farben auf der Nachricht vom MI6 müssen mit den farbigen Tasten dargestellt werden. Für die Sekundärfarben legen Sie die entsprechenden Tasten übereinander. Rot und Blau gibt ein E, Rot und Gelb ein A und Blau und Gelb ein U.
Das Lösungswort ist also LAUFE.

## BARACKE 1

Der kürzeste Weg von links oben nach rechts unten führt über die Buchstaben A, G, N, E und S. Das Lösungswort ist also AGNES.

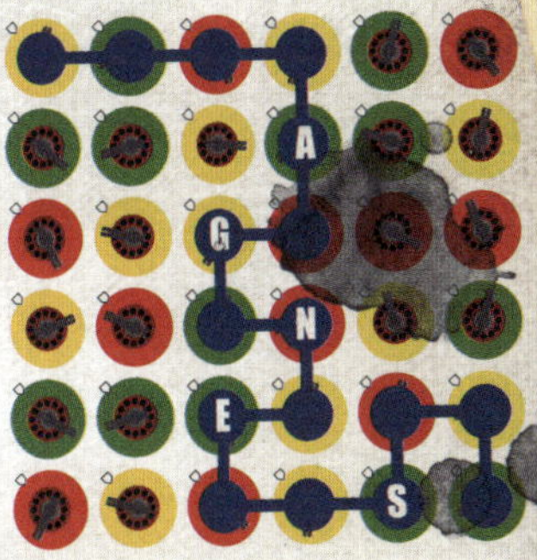


## BARACKE 2

Sie wissen, dass LEBEN keinen Buchstaben des Lösungswortes enthält. Umgekehrt hat ALIAS einen richtigen Buchstaben und einen an der richtigen Stelle. Daraus können Sie entnehmen, dass der richtige Buchstabe ein S am Ende ist und dass das Lösungswort kein E enthält.
Die 4 schlecht platzierten, aber richtigen Buchstaben von REICH sind: R, I, C, H. Das Lösungswort besteht also aus folgenden Buchstaben: R, I, C, H und S.
Wir wissen, dass der Buchstabe I im Wort WITZE falsch platziert ist. Daraus können wir entnehmen, dass die beiden richtigen Buchstaben in CHINA die Buchstaben C und H sind. Da der letzte Buchstabe ein S ist, kann das I nur an vierter Stelle stehen.
Das Schlüsselwort ist also: CHRIS

## BARACKE 3

Wenn Sie die Schiffe so verteilen wie im Telegramm angegeben (wobei der Buchstabe die Richtung zeigt: Norden, Süden, Westen und Est = Osten. Die Zahl ergibt die Distanz.), lautet das Lösungswort: LOTSE.

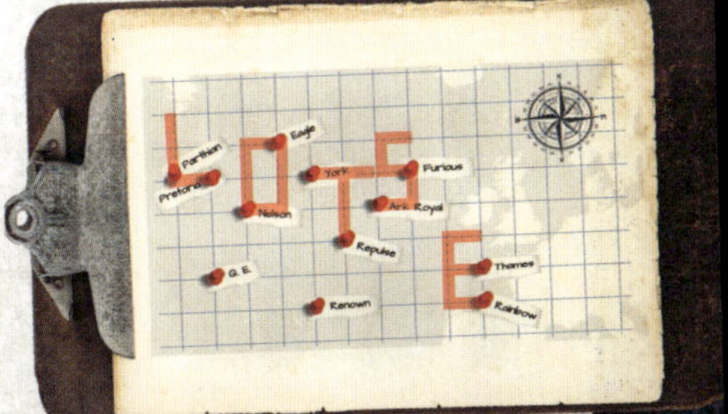

## BARACKE 4

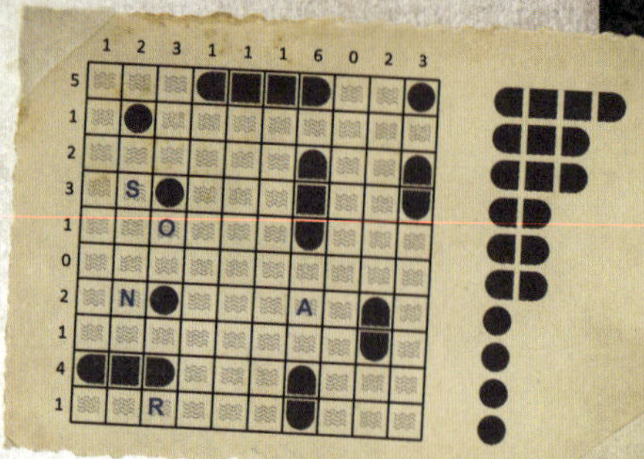


Die einzig mögliche Position der Schiffe ist diese:
Die übrig bleibenden Buchstaben ergeben das Wort: SONAR

## BARACKE 6

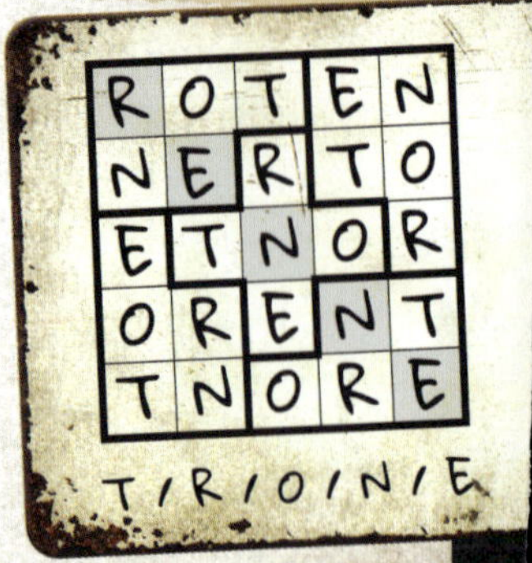


Ist das Sudoku gelöst, ergibt sich in der Diagonalen das Wort: RENNE

## BARACKE 8

Der decodierte Text ergibt das Wort: BREST

## BLOCK D

Wenn Sie den Indizien folgen, die Mimi Galilee hinterlassen hat, kommen Sie zu folgender Lösung:
Die GELBE Kiste beinhaltet die Enigma.

## AM SEE

Die einzige Anordnung, die sich mit den Hinweisen verträgt, ist folgende:
FLOYD – CHASE – AVERY – DAVIS – EVANS – GRANT - BYRNE
Der erste Agent ist also FLOYD.

## DAS COTTAGE VON ALAN TURING

Stellen Sie Ihren Enigma-Nachbau auf die Anfangsbuchstaben: A – M – T ein, Turings Initialen. Die unterstrichenen Buchstaben ergeben das codierte Wort: YIIMQ. Entschlüsselt lautet es: HÜTTE (und steht für die Baracken)

MONTAGEANLEITUNG

# DER NACHBAU DER ENIGMA

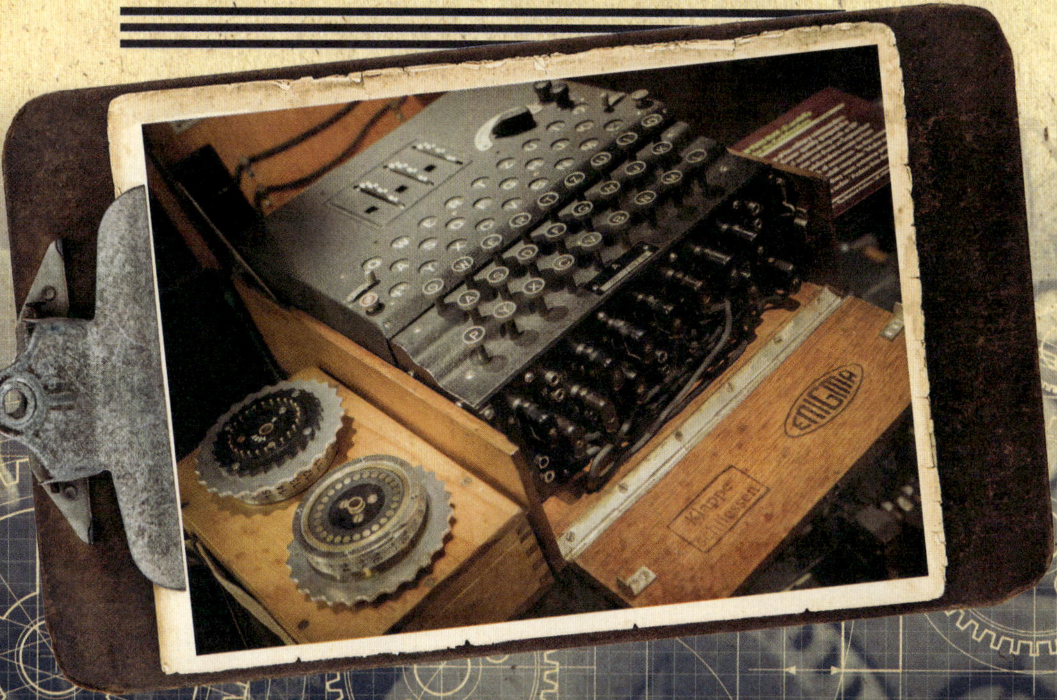

# ANLEITUNG

❶ Schneiden Sie zuerst den Korpus der Maschine aus (Tafel 1). Rollen Sie ihn zu einem Rohr zusammen.

❷ Schneiden Sie nun die Walzen aus (Tafel 2) und kleben Sie diese zu drei Ringen zusammen, die über den Korpus passen. Die Anordnung entnehmen Sie bitte der nachstehenden Zeichnung. Die drei Ringe müssen sich problemlos um den Korpus herum verschieben lassen. Die Buchstabenreihe steht auf der linken Seite jeder Walze.

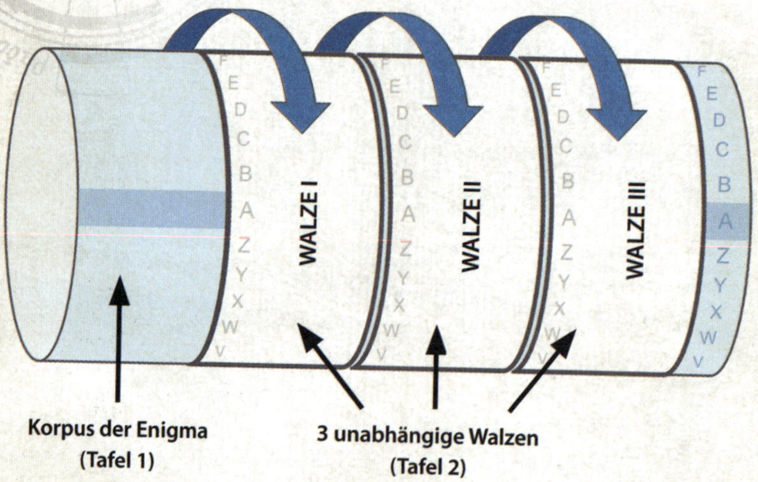


# HERUNTERLADEN DER TAFELN

Sie können sich die einzelnen Tafeln auch herunterladen und selbst ausdrucken. Verwenden Sie dafür dickes Papier oder kleben Sie die Zeichnung auf dünnen Karton auf. So können Sie die Enigma öfter nachbauen und sie leichter einsetzen.

m-vg.de/link/enigma

# TAFEL 1

Bestreichen Sie diesen Bereich mit Kleber, um aus dem Ganzen ein Rohr zu formen.

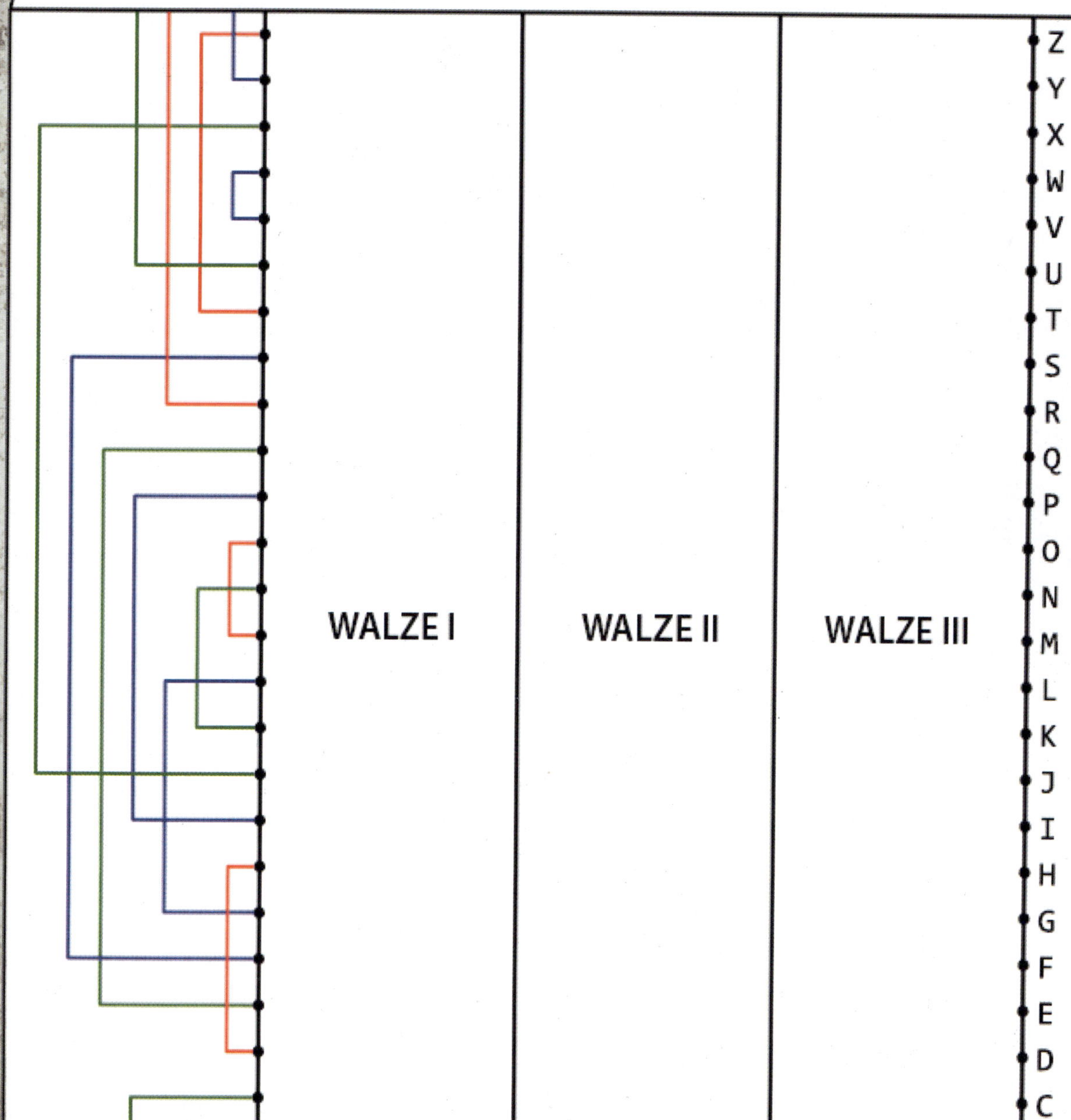

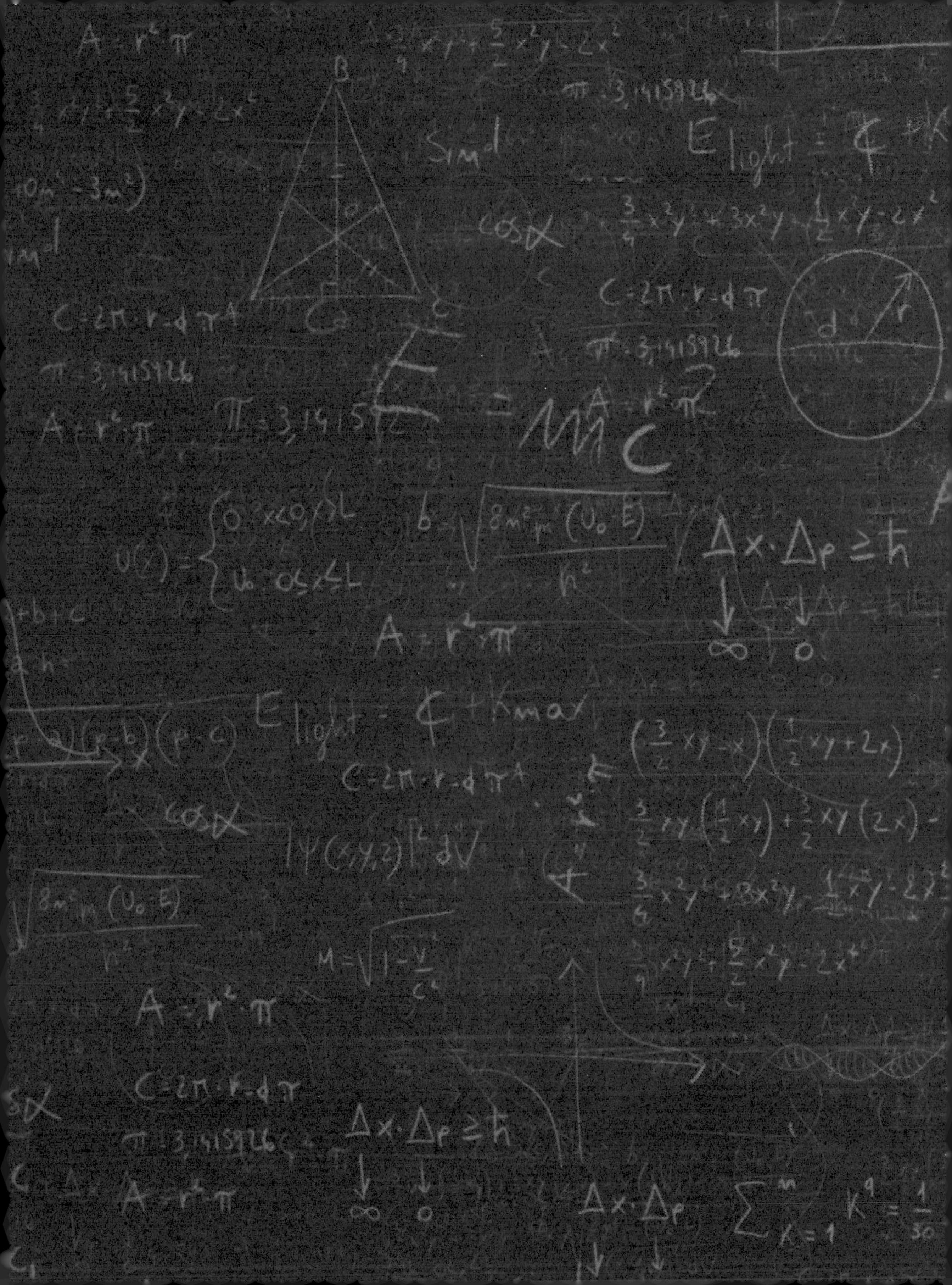

A = r²·π
π = 3,1415926
C = 2π·r = d π
E light = ¢ + Kmar
Δx·Δp ≥ ħ
cos α

# TAFEL 2

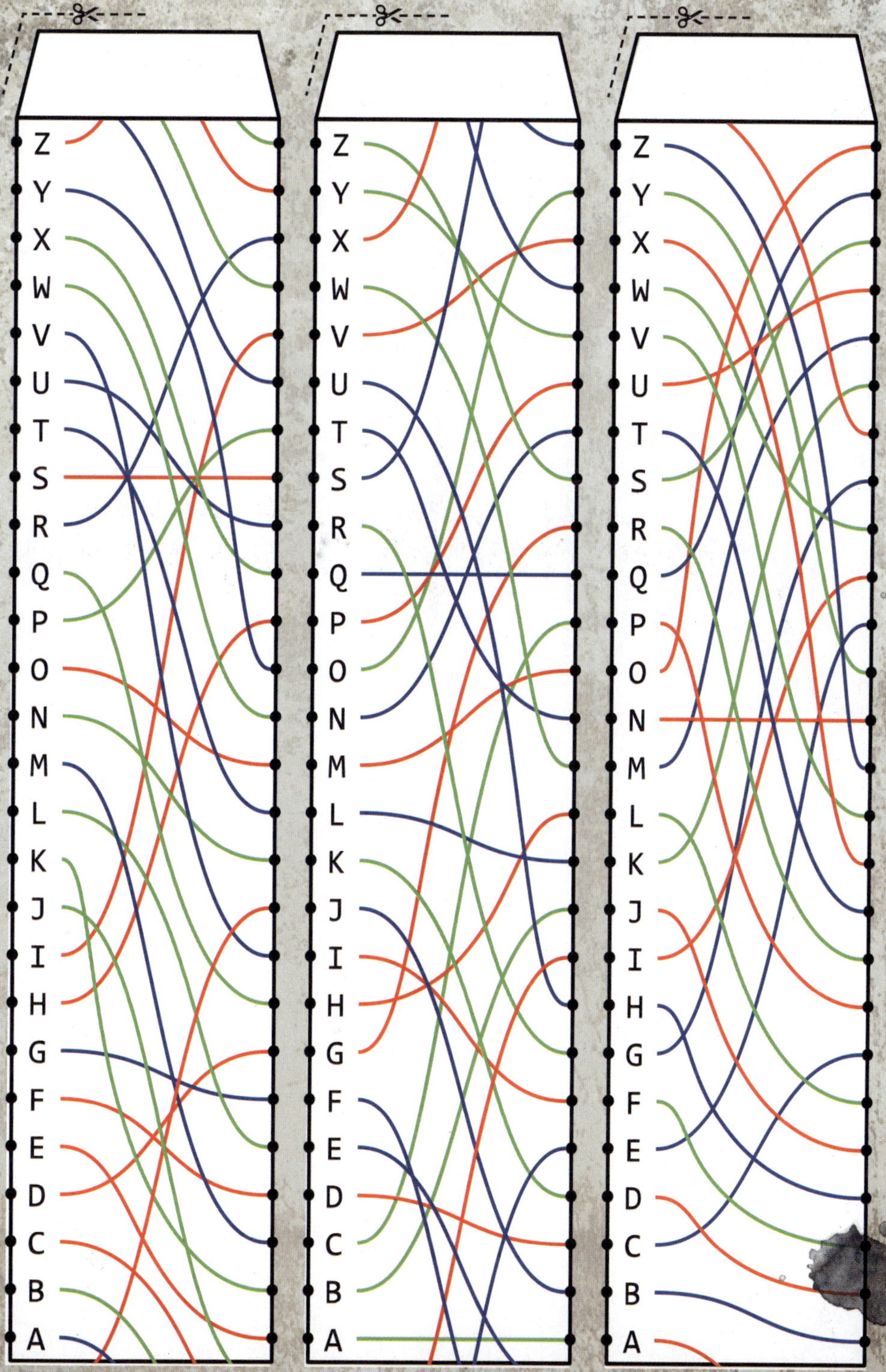


WALZE I WALZE II WALZE III

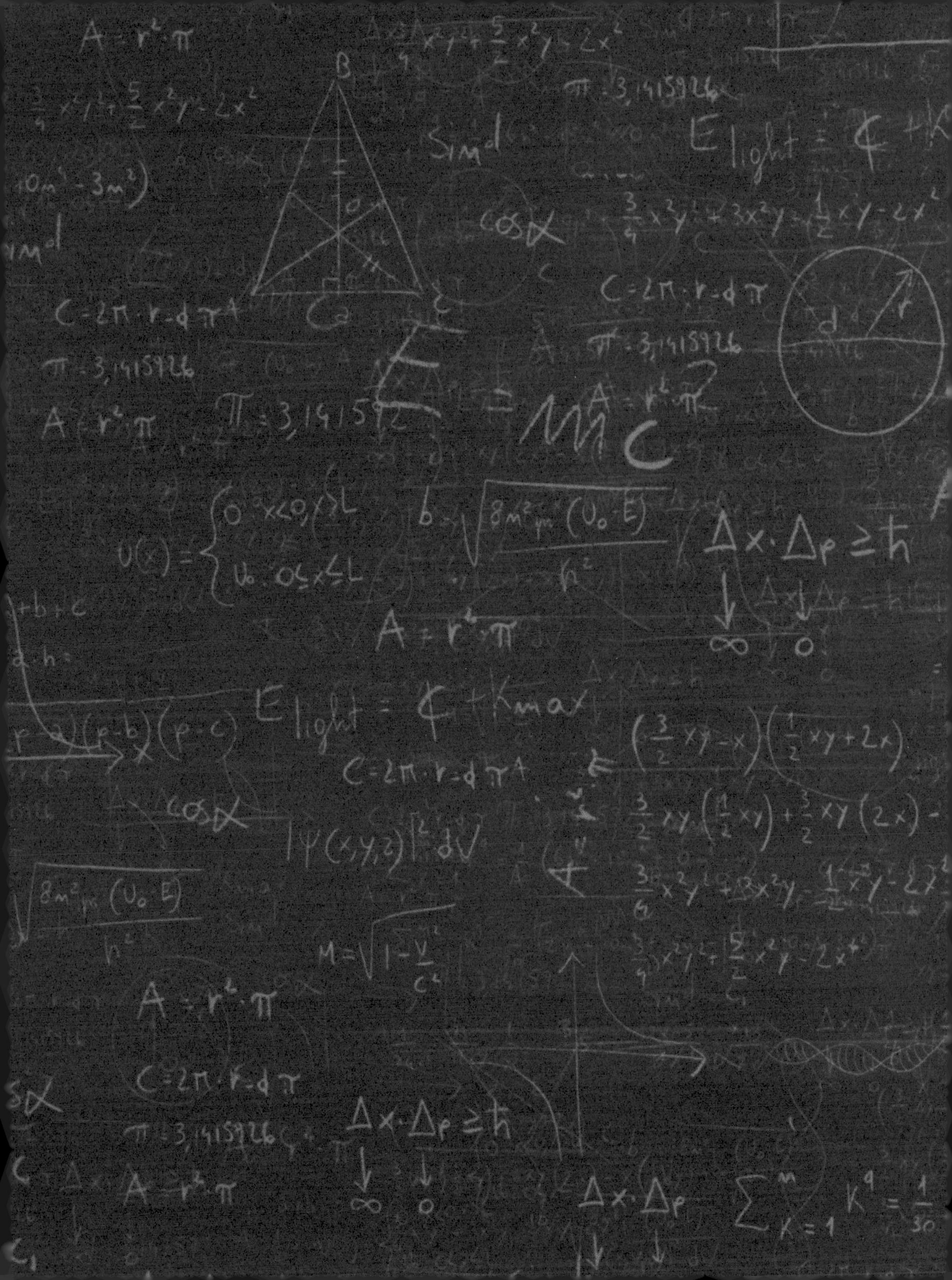

A = r²·π
π = 3,1415926
C = 2π·r = d π
Δx·Δp ≥ ħ
E light = ϕ + Kmax

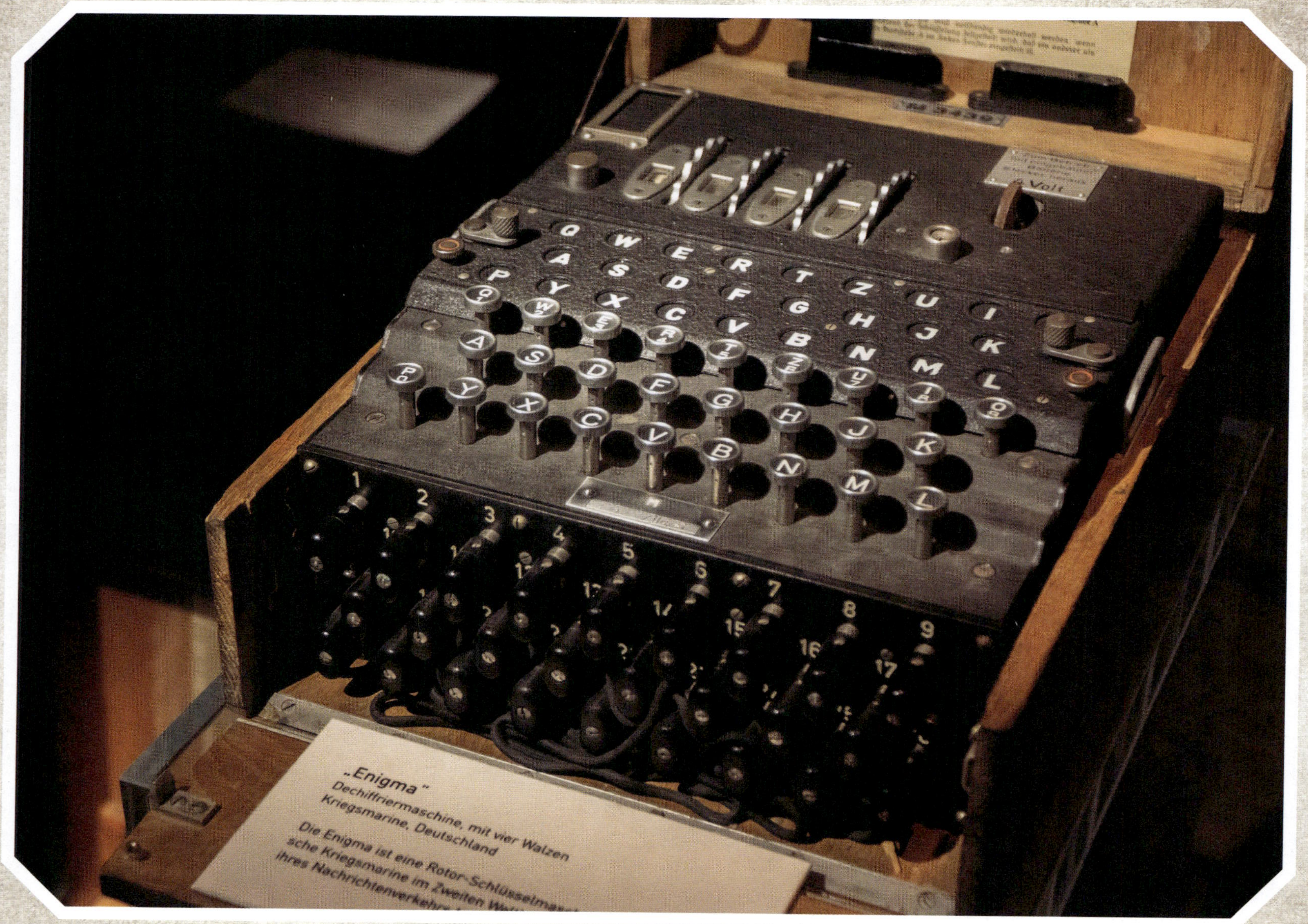
„Enigma"
Dechiffriermaschine, mit vier Walzen
Kriegsmarine, Deutschland

## *Bildnachweis:*

S. 6 © akg-images /Science Photo Library ; Pages d'introduction et d'ouverture de chapitre : voir intérieur ; S. 12 h : © Nattapoom V/Shutterstock.com ; S. 12 b : Ph. Coll. Archives Larbor ; S. 13 h : Ph. Coll. Archives Larousse (Imperial War Museum, Londres) ; S. 13 b : © Gwoeii/Shutterstock.com ; S. 14 h : Ph. Moreau © Archives Larbor ; S. 14 b : © tomertu/Shutterstock.com ; S. 15 h : © hbpro/Shutterstock.com ; S. 16 h : © mizar_21984/Shutterstock.com ; S. 16 b : © ThinAir/Shutterstock.com ; S. 7 : © BigAlBaloo/Shutterstock.com ; p. 20 : © patat/Shutterstock.com ; S. 21 h : © aapsky/Shutterstock.com ; S. 21 b : © Ioan Panaite/Shutterstock.com ; S. 22 h : © Jonathan Weiss/Shutterstock.com ; S. 22 b : © Everett Collection/Shutterstock.com ; S. 23 : © Stokkete/Shutterstock.com ; S. 24 : © JRC-Stop Motion/Shutterstock.com ; S. 25 h :© Kev Gregory/Shutterstock.com ; S. 25 b : © svekloid/Shutterstock.com ; S. 28 h : © Lucky-photographer/Shutterstock.com ; S. 28 m : © Everett Collection/Shutterstock.com ; S. 28 b : © George Rudy/Shutterstock.com ; S. 29 h : © Trygve Finkelsen/Shutterstock.com ; S. 29 m : © moibalkon/Shutterstock.com ; S. 29b : © Iamnee/Shutterstock.com ; S. 30 : © Elizaveta Ruzanova/Shutterstock.com ; p. 31 : © ComicSans/Shutterstock.com ; S. 32 : © dayat banggai/Shutterstock.com ; S. 33 : © Everett Collection/Shutterstock.com ; S. 36 h : © Olga Pink/Shutterstock.com ; S. 36 b : © Andrew Roland/Shutterstock.com ; S. 37 h : © Everett Collection/Shutterstock.com ; S. 37 b : © Dreamer Company/Shutterstock.com ; S. 38 © ideyweb/Shutterstock.com, © Heather Wallace/Shutterstock.com ; S. 40 © Everett Collection/Shutterstock.com ; S. 41 : © Andrey_Popov/Shutterstock.com ; S. 44 h : © John Cairns/Shutterstock.com ; S. 44 b : © Nerthuz/Shutterstock.com ; S. 45 b : © CarpathianPrince/Shutterstock.com ; S. 46 : © Everett Collection/Shutterstock.com ; S. 47 : © Everett Collection/Shutterstock.com ; S. 48 h : © Nicoleta Ionescu/Shutterstock.com ; p 48 b : © Neil Lang/Shutterstock.com ; S. 50 : © akg-images /Science Photo Library ; S. 51 h : © Rob Atherton/Shutterstock.com ; S. 51 b : © Everett Collection/Shutterstock.com ; S. 53 h : © Everett Collection/Shutterstock.com ; S. 53 b : © freemind-production/Shutterstock.com ; p.54 h : © akg-images /Science Photo Library ; S. 54 b : © EQRoy/Shutterstock.com ; S. 55 : © Sergey Nivens/Shutterstock.com ; p. 56 h : © Andrey_Popov/Shutterstock.com ; S. 56 b : Ph. Coll. Archives Larousse ; S. 57 : © Core-pics VOF/Shutterstock.com ; S. 60 : © Havoc/Shutterstock.com ; S. 61 b : © Everett Collection/Shutterstock.com ; S. 62 h : © Dawid Lech/Shutterstock.com ; S. 62 à 65 : © Love Silhouette/Shutterstock.com, © Jason Winter/Shutterstock.com, © tele52/Shutterstock.com ; S. 64 : © Everett Collection/Shutterstock.com ; S. 65 b : © 19srb81/Shutterstock.com ; S. 68 h : © Minka Guides/Shutterstock.com S. 68 b : © EQRoy/Shutterstock.com ; S. 69 h : DR ; S. 69 b : © Golden Shrimp/Shutterstock.com ; S. 72 h : © EQRoy/Shutterstock.com ; S. 72 b : © Everett Collection/Shutterstock.com ; S. 3 : © Ablakat/Shutterstock.com ; S. 76 h et b : © Everett Collection/Shutterstock.com ; S. 77 h : © Viktor Gladkov/Shutterstock.com ; S. 77 b : © Everett Collection/Shutterstock.com ; S. 78 h et b : © Everett Collection/Shutterstock.com ; S. 79 h : © Runrun2/Shutterstock.com ; S. 79 m : © Mirror-Images/Shutterstock.com ; S. 80-81 : © Everett Collection/Shutterstock.com ; S. 84 h : © PHILIPIMAGE/Shutterstock.com ; S. 84 m : © david muscroft/Shutterstock.com ; S. 85 b : Ph. Jeanbor © Archives Larbor (BDI, Université de Paris) ; S. 86 h : © Benny Marty/Shutterstock.com ; S. 86 b : © Das Bundesarchiv ; S. 87 : © NorSob/Shutterstock.com ; p. 88 h et m : © Busran Baka/Shutterstock.com, © shaineast/Shutterstock.com ; p. 88 b : Ph. Signal - Coll. Archives Larbor ; S. 9 : Ph. Coll. Archives Larousse ; S. 92 h et b : © Everett Collection/Shutterstock.com ; S. 93 m : © Everett Collection/Shutterstock.com ; S. 93 b : © EQRoy/Shutterstock.com ; p. 94 : © AndrewHeffernan/Shutterstock.com, © chaiyapruek youprasert/Shutterstock.com ; S. 95 : © kaisaya/Shutterstock.com ; S. 96 h : © Nmaneer/Shutterstock.com ; S. 96b : Ph. Coll. Archives Larousse (Imperial War Museum, Londres) ; S. 97 : akg-images / © Science Source/SCIENCE SOURCE ; S. 100 h : © EQRoy/Shutterstock.com ; S. 100 b : DR ; S. 101 h : DR ; S. 101 b : © Everett Collection/Shutterstock.com ; S. 102 : © Everett Collection/Shutterstock.com ; S. 103 : © Everett Collection/Shutterstock.com ; S. 104 h : Ph. Signal - Coll. Archives Larbor ; S. 104 b : Ph. Coll. Archives Larousse ; S. 105 : Ph; Jeanbor © Archives Larbor (Musée des deux Guerres Mondiales, BDIC, Université de Paris) ; S. 108 h : © stockwars/Shutterstock.com ; S. 108 m : akg-images / © Science Source/SCIENCE SOURCE ; S. 109 h : © Ljupco Smokovski/Shutterstock.com ; S. 110 h : © vrender/Shutterstock.com ; S. 110 b : © vipman/Shutterstock.com ; p. 112 : US Army (MacArthur Museum) ; S. 113 h : © kidstudio852/Shutterstock.com ; S. 113 b : © AlexandrBognat/Shutterstock.com ; S. 116 h et b : © Everett Collection/Shutterstock.com ; S. 117 h : © Everett Collection/Shutterstock.com ; S. 117 b © Archives Larbor (Musée d'Histoire contemporaine et Bibliothèque de Documentation internationale contemporaine, Paris) ; S. 118 h : © Everett Collection/Shutterstock.com ; S. 118 b : © John Kasawa/Shutterstock.com ; S. 119 : © veronchick_84/Shutterstock.com ; S. 120 : © Lenscap Photography/Shutterstock.com ; S. 121 h : © Creative-Material/Shutterstock.com ; S. 121 b : © ittiplus chaipa/Shutterstock.com ; S. 124 h : © Gordon Bell/Shutterstock.com ; p. 124 m : © Erman Erikoglu/Shutterstock.com ; S. 124 b : Ph. Coll. Archives Larbor ; S. 125 m : © Andrey VP/Shutterstock.com ; S. 125 b : © Everett Collection/Shutterstock.com ; S. 126 h : © Everett Collection/Shutterstock.com ; p. 126 b : Ph. Coll. Archives Larbor (Imperial War Museum, Londres ; S. 127 : © Black Creator 24/Shutterstock.com ; S. 128 h : © Everett Collection/Shutterstock.com ; S. 128 b : © Malchev/Shutterstock.com ; S. 129-130 : © Everett Collection/Shutterstock.com ; S. 132 h : © Rob Atherton/Shutterstock.com ; S. 132 b : © Gorodenkoff/Shutterstock.com ; p. 133 m : © NUM LPPHOTO/Shutterstock.com ; S. 133 b : DR ; S. 134 h et b : © verett Collection/Shutterstock.com ; S. 136 : © rangizzz/Shutterstock.com ; S. 137 : akg-images / © Science Source/SCIENCE SOURCE ; S. 140 h : Ph; Jeanbor © Archives Larbor (Musée des Deux Guerres Mondiales, BDIC (Université de Paris) ; S. 140 b : DR ; S. 141 : © sdecoret/Shutterstock.com ; p. 142 : © Lenscap Photography/Shutterstock.com.